CB078436

MILAGRES PODEM MUDAR A SUA VIDA

ERIC METAXAS

MILAGRES PODEM MUDAR A SUA VIDA

35 HISTÓRIAS PROVAM QUE ELES EXISTEM

Tradução
SANDRA MARTHA DOLINSKY

FONTANAR

Copyright © 2014 by Metaxas Media, LLC

"Seven Stanzas at Easter", em *Telephone Poles and Other Poems*, de John Updike, copyright © 1958, 1959, 1960, 1961, 1962, 1963, John Updike. Usado com a permissão de Alfred A. Knopf, uma marca do Knopf Doubleday Publishing Group, divisão da Random House LLC. Todos os direitos reservados. Qualquer uso deste material por terceiros fora desta publicação é proibido. Os interessados devem solicitar permissão diretamente à Random House LLC.
"Seven Stanzas at Easter" (35 linhas) em *Telephone Poles and Other Poems*, de John Updike (em alemão, 1963) copyright © John Updike, 1963.

O selo Fontanar foi licenciado para a Editora Schwarcz S.A.

Grafia atualizada segundo o Acordo Ortográfico da Língua Portuguesa de 1990, que entrou em vigor no Brasil em 2009.

Todos os relatos de milagres foram usados com permissão. Alguns nomes e pormenores foram modificados.

TÍTULO ORIGINAL Miracles: What They Are, Why They Happen, and How They Can Change Your Life

CAPA estúdio insólito

FOTO DE CAPA Pablo Baracat Photography/ Getty Images

PREPARAÇÃO Daila Fanny

REVISÃO Mariana Cruz, Renato Potenza Rodrigues e Julia Barreto

Dados Internacionais de Catalogação na Publicação (CIP)
(Câmara Brasileira do Livro, SP, Brasil)

Metaxas, Eric
Milagres podem mudar a sua vida: 35 histórias provam que eles existem / Eric Metaxas ; tradução Sandra Martha Dolinsky. — 1ª ed. — São Paulo : Fontanar, 2015.

Título original: Miracles: What They Are, Why They Happen, and How They Can Change Your Life.
ISBN 978-85-390-0661-8

1. Milagres I. Título.

14-10331 CDD-231.73

Índice para catálogo sistemático:
1. Milagres : Cristianismo 231.73

[2015]
Todos os direitos desta edição reservados à
EDITORA SCHWARCZ S.A.
Rua Bandeira Paulista, 702, cj. 32
04532-002 — São Paulo — SP
Telefone (11) 3707-3500
Fax (11) 3707-3501

Para Ed Tuttle, e meus melhores desejos a praticamente todos que conheço.

Sumário

Milagres não acontecem em contradição com a natureza, mas só em contradição com o que sabemos dela.
Santo Agostinho

Mas minha crença de que milagres aconteceram na história da humanidade não é mística, em absoluto; acredito neles graças a evidências humanas, como acredito no descobrimento da América. Acerca disso, há um simples fato lógico que só precisa ser declarado e esclarecido. De alguma forma, surgiu a extraordinária ideia de que os descrentes em milagres os contemplam de maneira fria e imparcial, enquanto os crentes os aceitam apenas em conexão com algum dogma. Mas a verdade é bem diferente. Os crentes em milagres os aceitam (com ou sem razão) porque têm provas em favor deles. Os descrentes os negam (com ou sem razão) porque têm uma doutrina contra eles. A opção óbvia, aberta e democrática é acreditar em uma velha vendedora de maçãs quando ela testemunha um milagre, do mesmo modo que acredita nela quando testemunha um assassinato. Se a questão é testemunho humano, existe uma asfixiante enxurrada de testemunhos em favor do sobrenatural. Se você os rejeita, pode significar duas coisas: você rejeita a história do camponês sobre o fantasma ou porque o homem é um camponês ou porque a história é sobre fantasmas. Ou seja, nega o princípio fundamental da democracia ou afirma o princípio fundamental do materialismo: a abstrata impossibilidade do milagre. Você tem todo o direito de fazê-lo, mas, nesse caso, está sendo dogmático. Nós, cristãos, aceitamos todas as provas; vocês, racionalistas, repudiam a evidência real, impelidos por seu credo. Mas eu não sou impelido por qualquer credo relativo ao tema e, observando de forma imparcial certos milagres de tempos medievais e modernos, cheguei à conclusão de que ocorreram. Todos os argumentos contra esses fatos óbvios andam em círculos. Se eu disser: "Documentos medievais atestam certos milagres tanto como atestam certas batalhas", vocês responderão: "Mas os medievais eram supersticiosos"; se eu quiser saber em relação a quê eram supersticiosos, a única resposta é que eles acreditavam em milagres. Se eu digo: "Um camponês viu um fantasma", ouço: "Mas os camponeses são tão crédulos!". Se eu pergunto: "Por que crédulos?", a única resposta é: eles veem fantasmas. A Islândia não pode existir, pois só marinheiros estúpidos já a viram; e os marinheiros são estúpidos porque dizem ter visto a Islândia.
G. K. Chesterton, *Ortodoxia*

Introdução

A maioria dos leitores pode considerar este volume um desvio de minha obra anterior; em relação a minhas recentes biografias, é certamente um desvio. Na verdade, os sujeitos daqueles livros, William Wilberforce e Dietrich Bonhoeffer, não parecem ter tido qualquer experiência que poderia ser descrita como milagrosa, pelo menos não no sentido em que a palavra é usada neste livro. A vida profundamente inspiradora dos dois — suas extraordinárias ações e realizações — foi manifestamente alimentada por sua fé apaixonada no Deus da Bíblia; contudo, não temos nenhum registro de que Deus tenha falado ou se revelado a eles em maneiras que se qualificariam para figurar num livro como este. De modo que talvez devêssemos deixar esses homens exemplares como prova de que é possível ter uma vida religiosa transformadora e até piedosa sem experiências milagrosas. Esse é um contraponto útil ao pensamento de que essas experiências são o suprassumo da fé cristã. Por outro lado, permite que este livro e seus relatos se apresentem como um contraponto útil para aqueles que acreditam que tais histórias são impossíveis.

Ao pensar em que forma dar a este livro, senti que grande parte deveria ser de relatos de milagres, uma vez que essas histórias são, talvez, a melhor prova que podemos ter deles. (Na edição brasileira, vamos diretamente para esses relatos, mas também é possível ler a primeira parte deste livro depois da segunda, como na edição americana.) Decidi limitar o livro às histórias de pessoas que conheci pessoalmente. Isso naturalmente limita o escopo dos depoimentos que poderia incluir, mas a vantagem é que não tenho que questionar o caráter e a credibilidade das pessoas que as contaram. E também ressalta como essas histórias são imensamente comuns. Não vasculhei o mundo atrás desses relatos; só pedi às pessoas que conhecia bem que me confiassem suas histórias. Não perguntei a muitos amigos e conhecidos porque ficou claro para mim que se pedisse a cada um que me contasse histórias como essas, eu teria material demais para o livro e nunca poderia terminá-lo. Mas a riqueza dos relatos de milagres que pude encontrar dentro de um círculo bastante próximo de amigos faz pensar que muitas outras histórias estão por aí, entre os meus amigos e os seus.

Chequei as histórias e todos os detalhes com o maior cuidado. Era vital que eu obtivesse o máximo de especificidade possível, e qualquer coisa que deixasse dúvidas quanto a ser um milagre, simplesmente não incluí. Eu fazia perguntas para obter esclarecimentos sobre os fatos. Muitas vezes, a pessoa que contava a história supunha algo que, se não fosse questionado e explicitado, teria sido percebido como uma lacuna, seja na lógica do relato, seja em sua forma artística, seja em ambos. Fiz perguntas que achei que o leitor gostaria de fazer, e tentei respondê-las no decorrer do relato.

Ouvi algumas histórias que muito provavelmente foram milagres, mas que poderiam ter sido coincidências naturais. À menor dúvida de que um caso havia sido realmente milagroso, eliminei-o. Mas, apesar de tudo, ouvir as pessoas contando histórias da intervenção direta de Deus em sua vida foi imensamente tocante. É impressionante e divertido, e pode ser ao mesmo tempo esclarecedor e surpreendente, porque a ideia de que o Deus do universo se humilharia para tocar a vida de qualquer um de nós está, no final, muito além de nossa plena compreensão.

Para quem ver esses relatos como contos meramente subjetivos e provas não objetivas, devo dizer que a História abrange os contos subjetivos dos seres humanos; e desses contos subjetivos se chega a uma verdade "objetiva" — que, em si, é ainda subjetiva em certa medida. Nunca se pode questionar se essas coisas são subjetivas; o único questionamento genuíno pode ser se os relatos subjetivos são confiáveis. As respostas a tais questionamentos são elas próprias subjetivas, dependendo do ponto de vista e das conjecturas de quem julga. Isso não quer dizer que não existem verdades objetivas, nem nos levar ao pântano do relativismo. Ao contrário, quer dizer que temos que trabalhar duro para peneirar as informações que temos, analisar cuidadosamente as testemunhas, por assim dizer. Isso é o que todo júri deve fazer quando decide um caso legal, e é o que cada um deve fazer para tomar suas decisões quanto a um relato. Aqui estamos. Não há outra saída. Recuar diante dessa tarefa é recuar diante da própria vida.

PARTE I

RELATOS DE MILAGRES

Introdução aos relatos de milagres

Em seu livro *Cristianismo puro e simples*, C. S. Lewis diz que para decidir quem foi Jesus Cristo, temos apenas três opções. Em primeiro lugar, podemos dizer que Ele foi um mentiroso, que tudo que disse foram simplesmente mentiras. Em segundo lugar, podemos dizer que Ele não era mentiroso, e sim louco, de modo que não poderia ser responsabilizado por dizer as coisas que disse. E em terceiro lugar, poderíamos dizer que Ele foi, na verdade, o que disse ser: o Senhor do céu e da terra.

Lewis diz que não há outras opções além das três: Senhor, mentiroso ou louco; porque Jesus não nos deixou quaisquer alternativas. Considerar Cristo como um maravilhoso professor de Ética e Moral não é possível, porque Ele disse muitas coisas que um maravilhoso professor de Ética e Moral nunca diria. Como quando Ele amaldiçoou uma figueira, ou ressuscitou pessoas, ou disse que Ele era o prometido Messias do mundo, ou quando perdoou pecados ou curou cegos, para citar só alguns exemplos. Sócrates não fez nem pretendeu fazer nada disso, mas se houvesse alegado ter feito, nós, com razão, diríamos que ele era um mentiroso ou uma fraude, ou simplesmente maluco. E assim deve ser com Jesus. Ele dificilmente poderia ser alguém que pronuncia coisas profundamente sãs e sábias de um lado, e um louco ou enganador do outro. Somos forçados a escolher. Lewis nos direciona para o lógico.

Eu acredito que quando chegarmos às histórias que vou contar nos capítulos seguintes, nos depararemos com uma situação similar. Talvez possamos imaginar que as pessoas que contaram essas histórias estavam simplesmente mentindo para se engrandecer, ou por qualquer outro motivo. Ou talvez imaginemos que estão simplesmente enganadas, que convenceram a si mesmos de que essas coisas aconteceram, embora não tenham acontecido. Ou, por fim, podemos concluir que por mais difícil que seja explicá-las, elas não deixam de ser histórias verdadeiras.

As pessoas que contam essas histórias (eu, é claro, sou uma delas) devem ser cuidadosamente consideradas testemunhas confiáveis dos eventos ou testemunhas não confiáveis dos eventos (ou dos não eventos). Devemos considerar se o que estão dizendo é um embelezamento total ou parcial — ou embelezamento nenhum, simplesmente factual. Devemos considerar a fonte, por assim dizer, porque, em um tribunal de justiça, quando se tenta determinar os fatos de um caso, a pessoa tem que falar da confiabilidade das testemunhas. Se alguém tem uma testemunha confiável, há uma forte indicação de que o que ela está dizendo realmente aconteceu. Mas se a testemunha não for confiável, simplesmente não há como saber se o que está sendo dito ocorreu.

É por isso que decidi me limitar a contar as histórias de gente que conheço pessoalmente. Isso acrescenta um nível de confiabilidade a essas pessoas, porque eu não precisei aceitar a palavra de alguém, e por isso são confiáveis. Eliminei o que pudesse confundir. Se eu tivesse escolhido contar as histórias de pessoas que não conheço, poderia ter encontrado mais relatos de milagres exóticos e incríveis, mas não teria a satisfação de saber que a pessoa que contava a história era real e verdadeiramente confiável. Então, o que temos nestas páginas tem escopo limitado: são histórias contadas a mim por gente que eu conheço pessoalmente, e porque conheço pessoalmente, são relatos que acredito ser verdadeiros.

Mas não creio que são verdadeiros simplesmente porque confio nas pessoas que os narraram. Eu ouvi muitas histórias ao longo dos anos, nem todas verdadeiras. Temos que tentar chegar ao fundo do que as pessoas nos dizem, e tentei incluir só as histórias que acredito que resistiram a meu ceticismo e perguntas iniciais. Só porque algumas histórias de milagres são verdadeiras não significa que todas são.

As histórias a seguir ilustram que esse tipo de experiência não é apenas para os místicos, ou reservado a freiras, monges, sacerdotes ou "certas" pessoas. Elas ilustram que o Deus do universo quer se comunicar com cada um de nós, e que não faz isso de uma única maneira. Como Ele nos criou diferentes, vai se comunicar conosco individualmente. Embora Ele seja o mesmo Deus para cada um de nós, em sua ternura e desejo de chegar a nós, Ele é capaz de falar conosco de maneiras muito específicas para cada um. A história de minha conversão, no próximo capítulo, ilustra particularmente essa ideia. Deus nunca vai exigir que falemos Sua língua; ao contrário, no amor, Ele condescende e fala a nossa. Ele usa visões, sonhos, palavras, circunstâncias e experiências para se comunicar conosco, e quer que esperemos por isso — não que o exijamos, tampouco que nos fechemos.

1. Milagres de conversão

Eu estava perdido, mas agora fui encontrado, estava cego, mas agora eu vejo.
John Newton, hino "Amazing Grace"

A conversão cristã [...] é algo radical e sobrenatural. O coração muda. E a prova disso não é apenas novas decisões, mas novos afetos, novos sentimentos.
John Piper

Eu mudei. Eu me transformei em uma pessoa diferente neste meio minuto.
Joy Davidman

Enquanto não desistirmos de nós mesmos para Ele, não teremos um verdadeiro eu.
C. S. Lewis

Muitas vezes ouço pessoas dizerem que o maior milagre de todos é a conversão de alguém da descrença para a crença, ou que a maior evidência de um milagre é a vida que se transforma quando alguém se converte. Mas outras pessoas são da opinião de que não podemos mudar, que somos o que somos e ponto. Quando alguém afirma ter mudado, elas concluem que provavelmente está se enganando, ou, mais provavelmente, tentando enganar os outros. Exemplos dessa visão surgem quando criminosos condenados afirmam se voltar para a fé. *Como isso é conveniente para eles!*, dizem os cínicos, concluindo que o objetivo real dessa afirmação é convencer o juiz ou o diretor do presídio ou o oficial de condicional a ser indulgente para com o convertido. Esse certamente pode ser o caso, mas, ainda assim, posso pensar em várias pessoas que se converteram de verdade depois de cometer crimes. O que dizer sobre isso?

Um deles foi meu querido amigo Chuck Colson. Chuck era conselheiro especial de Richard Nixon, um dos famosos "homens do presidente" que levaram a amoral ambição política a novas alturas e que, um dia, caiu espetacularmente no desastre histórico e "longo pesadelo nacional" conhecido como escândalo Watergate. Chuck era chamado de "pistoleiro" na Casa Branca, e dizia-se que estava disposto a "atropelar sua avó" para garantir a reeleição do presidente. Mas antes de tudo desabar em público, as coisas estavam desmoronando em particular para esse ex-fuzileiro naval. Ele começou a ter pensamentos sobre Deus, e no verão de 1973, ao longo de algumas semanas, se converteu de forma dramática.

Mas quando vazou a informação de que o durão sanguinário havia se tornado um cristão renascido, a mídia teve um dia agitado. Ninguém poderia acreditar que aquele repugnante operador político havia realmente mudado seus conceitos. Ele foi satirizado em charges políticas nos programas noturnos de televisão. Mas, maravilhoso dizer, realmente aconteceu. Na verdade, Chuck era tão sério em sua nova fé que se recusou a fazer um acordo para evitar a prisão, porque teria que mentir. Seu advogado pensou que ele era maluco por recusar, mas Chuck não cedeu. E então, foi preso. Quando saiu da prisão, entendeu que Deus queria que ele passasse o resto da vida ajudando prisioneiros, coisa que fez, fundando a Prison Fellowship. Em vez de reiniciar uma carreira jurídica muito lucrativa com clientes famosos, ele optou por voltar às prisões, e foi o que fez até morrer. Ninguém faz algo assim por 35 anos só para enganar os outros, levando-os a pensar que ele mudou. Mas muitos ainda duvidavam de que Chuck tenha mudado, e até alguns obituários não parecem capazes de ver a realidade de sua vida mudada, depois de todos esses anos. Mas eu o conheci pessoalmente e vi quem ele foi. Sua conversão, ao abrir espaço para Deus e para o próximo pela primeira vez na vida, ao amar seus inimigos, ao se comportar de forma que glorificasse a Deus e abençoasse as pessoas a seu redor, foi totalmente profunda e autêntica.

Ainda assim, persiste a crença de que alguém é intrinsecamente mau e que mudar está fora de cogitação. Quem já conheceu alguém realmente horrível — ou que pelo menos parecia ser — se esforça para imaginar que a pessoa poderia mesmo entregar a vida e os pecados a Deus, ser perdoado e mudar da água para o vinho. Eu entendo o que pensam de Chuck, e posso pensar em algumas pessoas que se encaixam nessa descrição. Lembro especialmente quando eu ainda não nem tinha quinze anos, trabalhando algumas horas às sextas-feiras e aos sábados à noite como ajudante de garçom em um restaurante grego perto de casa. Como eu era menor de idade, o emprego não era registrado e eu ganhava só as gorjetas, mas queria dinheiro para comprar equipamentos de mochileiro, de modo que perguntei a meu pai se ele conhecia alguém que poderia me empregar. Ele sugeriu um restaurante não muito longe de casa. O dono e administrador era — sem brincadeira — um sacerdote ortodoxo grego corrupto, que já havia sido nosso pároco, mas foi dispensado pelo conselho da paróquia. Nos anos posteriores, eu soube por amigos que ele havia perseguido garçonetes, e, por fim, foi preso por fraude fiscal. Quem pode duvidar que ele levou pessoas para longe de Deus?

Todavia, por mais vil que ele fosse, o cozinheiro do restaurante era pior. Ele era um grego grosso, bruto, chamado Manolis, que toda vez que eu entrava na cozinha com minha bacia de louça suja dizia vulgaridades, coisas obcenas sobre as mulheres, reais ou imaginárias. Ele só falava obscenidades, de modo que eu não levava para o lado pessoal, por mais nojento que fosse. "Eric, você tem *namogada*?", perguntava ele olhando-me de soslaio, como um sátiro. "Você tem *namogada*?" Na verdade, eu não tinha *namogada*, mas para que parasse de me encher eu disse que sim. Naturalmente, isso só jogou lenha na fogueira. "Eric! Eric! Sua *namogada* te dá a coisa, né?" Era isso o tempo todo. Um dia, Manolis me perguntou sugestivamente se eu conhecia a filha adolescente do sacerdote, e começou a se entusiasmar ao descrever a aparência dela, quando o clérigo entrou pelas portas giratórias e o ouviu. Mas Manolis era um *cozinheiro* decente, de modo que o sacerdote só disse: "*Ela, sar-rap, vre Boubouna!*". Agora, não me pergunte por que, mas quando penso em alguém não regenerado que me parece impossível ver mudando, lembro dele.

Mas quem se diz cristão ou uma pessoa que considera a Bíblia como inspiração divina, não pode ter esse tipo de pensamento. Segundo a Bíblia, ninguém está fora do alcance da graça de Deus. Além disso, quem somos nós para saber quem a merece e quem não? Não há exemplos o bastante de pessoas que pensávamos estar aquém da graça, e, no fim, realmente mudaram e surpreenderam a todos?

A razão pela qual muitas pessoas consideram conversões genuínas como milagres é por causa das mudanças dramáticas muitas vezes testemunhadas na vida dos convertidos. Como acabei de dizer, Chuck Colson deixou de ser um fanático político superagressivo e imensamente orgulhoso, e se tornou humilde e serviu os pobres e os marginalizados com todos os talentos e a energia que usara antes para obter sucesso. Como isso aconteceu? Qual a explicação? Mais dramaticamente, David Berkowitz "Filho de Sam", o mal-afamado assassino em série de Nova York em 1977, foi descrito por alguém próximo como profunda e completamente convertido à fé cristã, de tal modo que se recusa a comparecer perante a junta de liberdade condicional por acreditar que não merece ser libertado pelo que fez.

Outra conversão que vale a pena citar é a de C. S. Lewis, o professor de Oxford cujos escritos após seu encontro com a fé tocaram milhões de vidas.

O MILAGRE DA CONVERSÃO DE C. S. LEWIS

A conversão é tida, muitas vezes, como algo instantâneo, e às vezes é assim mesmo. Mas, em outros casos, não. Mesmo quando se dá de forma aparentemente instantânea, o processo envolve mais questões do que os olhos podem ver. Mais adiante neste capítulo, eu falo de minha própria experiência de ser transformado literalmente da noite para o dia, mas também lembro os passos ao longo daquela noite, que foram cruciais e fizeram parte de minha experiência de transformação. Assim, por um lado, aconteceu durante uma noite, por outro, levou anos. William Wilberforce descreveu sua conversão como "a grande mudança", e eu a descrevo em meu livro *Amazing Grace* [Maravilhosa graça]. Durante um período de quase dois anos, Wilberforce mudou continuamente. Mas ele nunca faz referência a qualquer momento em particular no qual tenha cruzado a linha de "conversão". Pelo que sabemos, a linha que ele cruzou era tão larga que lhe custou dois anos. Quem realmente pode saber?

A conversão de C. S. Lewis foi meio parecida com a de Wilberforce. Exceto que, para ele, não soou tanto como um longo processo, mas como uma série de etapas distintas. Ele escreve sobre o apogeu dela em seu livro autobiográfico, *Surpreendido pela alegria*. Certo dia, ele se sentou no *sidecar* da motocicleta de seu irmão, Warnie, e ambos foram para o Jardim Zoológico de Whipsnade. Quando se sentou no *sidecar*, diz Lewis, ele não acreditava que Jesus Cristo era o Filho de Deus; mas quando saiu do *sidecar*, no zoológico, sim. Em que ponto, então, nessa hora e meia na motocicleta, Lewis cruzou a lendária linha da descrença para a crença? Ou toda a viagem de 56 quilômetros foi a travessia da linha? Ou esse passeio no *sidecar* naquele dia foi simplesmente a etapa final de uma viagem mais longa? Novamente, é impossível dizer. O próprio Lewis certamente não sabia a resposta.

Em *Surpreendido pela alegria*, Lewis narra o que aconteceu antes de ele chegar a esse *sidecar*. Para ele, houve vários níveis de descrença e crença, e parece que esse é o caso da maioria das pessoas que se converte, embora geralmente seja difícil distinguir esses passos e articulá-los. Lewis era mais perspicaz e articulado que qualquer um, então, ele escreveu sobre o que percebeu dessa jornada. Mas até mesmo o grande Lewis poderia ter uma visão vaga do processo.

Lewis conta, em *Surpreendido pela alegria* que, quando criança, sofria um profundo anseio por algo além de si mesmo. Ele usa a palavra alemã *sehnsucht*, mas também a traduz como "alegria". Para ilustrar o contexto, a mãe de Lewis morreu quando ele tinha nove anos. Ele havia orado muito por sua recuperação, mas ela não se curou. Os anos que se seguiram não foram agradáveis. Os internatos aonde seu pai o enviara eram terríveis. A seguir, houve a terrível experiência de ser soldado na Grande Guerra. O tempo que Lewis passou nas trincheiras, em meio a bombas, gás venenoso e carnificina, além de ver seu melhor amigo morrer, só endureceu seu coração para o que quer que fosse que ele ansiava quando criança. Ele se tornou um ateu convicto.

Lewis podia não estar feliz da vida com isso, mas tinha a sensação de que era assim que as coisas eram, e era preciso encarar a verdade. Ele era velho demais para crer em qualquer Deus. Sua lembrança de orar pela cura de sua mãe, seguido da morte dela, foi o suficiente para resolver as coisas em sua cabeça.

Mas o desinteresse de Lewis no Deus da Bíblia não o fechou para o mundo de mitos e contos de fadas. Ele particularmente gostava, até mesmo amava, as antigas sagas nórdicas. Algo em si ecoava com elas e, embora nunca se perguntasse o que significava aquilo, Lewis tinha certeza de que eram só histórias, que não possuíam qualquer relação com o mundo material em que vivemos. Em *Surpreendido pela alegria*, ele escreve:

> *De um lado, um mar cercado de poesia e mito; por outro, um "racionalismo" simplista e superficial. Quase tudo que eu amava julgava ser imaginário; quase tudo que eu acreditava ser real me parecia sombrio e sem sentido.*

Lewis amava tanto a poesia e o mito que queria ser poeta. Isso foi nas primeiras décadas do século XX, quando a poesia ainda era amplamente lida e apreciada. Lewis escreveu sob vários pseudônimos, e até se esforçou com versos mais longos, incluindo *Dymer*, um poema épico escrito no estilo de Homero. Quando era estudante na Universidade de Oxford, Lewis conquistou o raro mérito de "triple first" e depois se tornou especialista em literatura medieval, lecionando e escrevendo em Oxford sobre obras-primas como *Sir Gawain e o Cavaleiro Verde* e *A rainha das fadas*, de Spenser.

Enquanto estava em Oxford, Lewis se tornou amigo de J. R. R. Tolkien, um católico devoto. Com o tempo, o ateísmo de Lewis tornou-se uma espécie de teísmo, mas não foi além daí. Como isso aconteceu, ele não sabia, porém o adiou o máximo que pôde. Não era algo que ele desejava. Em uma carta a seu amigo Arthur Greeves, ele disse: "Eu desisti, e admiti que Deus era Deus, e me ajoelhei e orei. Fui, talvez, naquela noite, o convertido mais desanimado e relutante de toda a Inglaterra".

Assim permaneceu sua fé, até certa noite, quando ele, Tolkien e Hugo Dyson, um amigo em comum, faziam uma rotineira caminhada noturna por uma alameda atrás do Magdalen College, em Oxford. O nome dessa trilha é Addison's Walk, e ainda existe, do jeito que era mais de oito décadas atrás, quando eles a percorriam. Em 19 de setembro de 1931, entre uma e duas horas da manhã, os três andavam pela Addison's Walk quando a conversa se voltou para o tema dos mitos. Tolkien sugeriu a Lewis que a história da morte e ressurreição de Cristo era de fato um mito, assim como as histórias de todos os jovens deuses que morreram e depois ressuscitaram. Mas também sugeriu que o mito de Cristo era verdadeiro. Sugeriu que fora a única vez na história que um mito realmente acontecera. Era por isso que ele acreditava, e encorajou Lewis a pensar nisso também.

Um verdadeiro mito. Isso era algo que Lewis nunca havia considerado. Seria realmente verdade? Poderia ser? Essa era outra história. Mas havia provas suficientes para que ele, pelo menos, considerasse a questão. Se um gênio como Tolkien acreditava nisso, e se o brilhante G. K. Chesterton, a quem ele tanto admirava, acreditava também; e se o grande escritor George MacDonald, de cujas histórias ele tanto gostava, acreditava, ele devia pelo menos pensar no assunto.

Nove dias depois dessa caminhada com Tolkien e Dyson, na ensolarada manhã de 28 de setembro, Lewis e seu irmão mais velho Warnie decidiram fazer uma viagem até o Jardim Zoológico de Whipsnade. A razão pela qual fizeram isso se perdeu na história, mas o que aconteceu naquele dia mudou tudo, porque Lewis disse que foi durante esse trajeto que as coisas mudaram. Foi na viagem pelas estradas rumo ao zoológico que ele cruzou a linha invisível, mas ultrarreal, entre a descrença e a crença, sem saber como, contudo. Não foi por decisão consciente, mas, ainda assim, aconteceu. Ele sabia. "Acabo de crer em Deus", escreveu ele, "definitivamente acreditar em Cristo, no cristianismo. Tentarei explicar isso outra hora. Minha longa conversa noturna com Dyson e Tolkien teve bastante a ver com isso".

Quem pode dizer como uma coisa dessas acontece? Mas o efeito que isso teve sobre Lewis ao longo dos anos foi de vastidão profunda e extraordinária. Por um lado, depois que se voltou para a fé, começou a falar sobre ela em uma onda interminável de livros que foram lidos por milhões de pessoas ao redor do globo. Seus livros de apologética, como *Cristianismo puro e simples*, têm despertado milhões de pessoas para a racionalidade da fé cristã, enquanto os de ficção e fantasia, como *As crônicas de Nárnia*, despertam o lado imaginativo e mítico. Parece que depois que esses dois lados da fé se juntaram na conversão de Lewis, ele passou as próximas décadas de sua vida compartilhando-os com o mundo.

MINHA CONVERSÃO

Minha própria conversão, que relato neste capítulo, não foi do tipo clássico, embora eu tenha chegado a pensar que não existe isso de "conversão clássica". Em meu caso, minha conversão não me faz sentir especialmente grato a Jesus por Ele ter morrido por meus pecados. Eu não senti nenhum sentido particular de arrependimento. Não pensei no que Jesus havia feito na cruz. Eu acreditava em tudo isso e sabia que era de enorme importância, mas não foi um entendimento profundo dessas questões que me levou à conversão, como muitos descrevem com frequência. Algumas pessoas diriam que eu não poderia ter me convertido sem que essas questões — nas quais insistem — não tivessem sido resolvidas dentro de um formulário mental que elas usam para determinar quem experimentou uma conversão real ou não.

Mas essa não foi apenas a minha experiência; há inúmeros exemplos de conversões que não envolvem esses sentimentos. Talvez eu já conhecesse Jesus de alguma forma, e talvez esse tenha sido só um passo grande e importante para aceitá-Lo total e inteiramente. Quem sabe? Deus sabe. Tudo que sei é que, naquele sonho, Ele se revelou para mim de uma forma que mudou tudo e, desde então, não tenho dúvida de que Ele é exatamente quem diz ser, e que eu quero lhe dar toda minha vida.

Na conversão de Paulo — essa sim, um clássico — na estrada lendária e proverbial de Damasco, ele não se libertou de uma carga de culpa e pecado. Não temos registros de que ele se alegrou por ter sido perdoado, nem que a morte de Jesus na cruz o tenha livrado dos pecados, pagado sua dívida para com Deus. Certamente ele viria a compreender e sentir essas coisas — e a ajudar todos nós a entendê-las —, mas quando ele caiu do cavalo naquele dia, nenhuma dessas coisas parece ter entrado em cena. Foi simplesmente um encontro, humilde, com o próprio Jesus.

Na verdade, eu pensava em conversão não como cruzar uma linha de chegada, e sim a linha de partida. Só quando conhecemos Deus e o convidamos a entrar em nosso coração é que podemos começar a correr a maratona real à qual estávamos destinados. E quando isso acontece, todos os tipos de coisas começam a mudar na vida. Às vezes, essas mudanças são rápidas; por exemplo, eu ouvi de muitas pessoas que, de repente, não sentiam mais o desejo por algo em que antes eram viciadas. Subitamente se libertaram do desejo de usar crack ou heroína. Isso é claramente milagroso, e o que os cristãos chamam de "libertação". Mas outros continuam a lutar contra os vícios por muitos anos, ou para o resto da vida, apesar de um verdadeiro comprometimento com Deus e um desejo de ser libertado do vício ou da tentação, seja qual for.

Em meu caso, a única coisa que pareceu mudar rapidamente foi minha atitude em relação ao sexo fora do casamento. De repente, soube que não poderia mais fazer isso, apesar de ter uma relação longa com alguém que eu amava e com quem pensava em casar. Logo percebi que essa situação era incompatível com a nova pessoa que eu me tornara, e que, para honrar a Deus, teria que abrir mão. Mas o milagre para mim foi que desistir do sexo ficou em segundo plano. Senti que a santidade de Deus era bem mais importante, e queria estar perto dEle e lhe dar carta branca em minha vida. Por isso, não foi difícil. De repente, senti um desejo de canalizar aquele desejo para o casamento. Mas foi uma mudança tão poderosa que eu sabia ser realmente milagrosa. Era como se eu pudesse, de alguma forma, sentir Deus dentro de mim, preenchendo cada parte do meu ser que o procurava nessa direção. Subitamente, eu não queria o mesmo que antes. Eu sabia que Deus era a resposta para todos os meus desejos. Eu queria Deus.

POR QUE ESSES MILAGRES SÃO TÃO PODEROSOS

Algumas das evidências mais fortes de que as conversões genuínas são mesmo verdadeiras — portanto, milagrosas — é que quase sempre inundam o convertido. Todos nós já conhecemos pessoas que não conseguem parar de falar de sua fé, e que acabam se tornando insuportáveis, como se todas as conversas tivessem que ser sobre Deus e a Bíblia. Às vezes isso é só irritante, e evidencia algo com que Deus tem pouco a ver; mas, em outros casos, mostra que essa pessoa teve uma experiência transformadora, avassaladora, que ela mesma dificilmente pode compreender. Em diversas ocasiões, isso foi comparado a se apaixonar. Alguém apaixonado costuma se comportar feito bobo, vertendo seu amor sobre a pessoa amada em todas as oportunidades. Muito disso tem a ver com um vulcão emocional cuja erupção a pessoa dificilmente pode controlar. Quando alguém encontra Deus de forma real e poderosa, o efeito é quase sempre o mesmo. Ele fala sobre Deus e simplesmente não consegue parar de falar ou pensar nele.

Falo por experiência própria. Tenho certeza de que nos primeiros meses e anos de minha conversão, vários amigos meus e familiares pensaram que eu estava maluco. E, até certo ponto, eu estava. Em termos práticos, como em qualquer caso de amor tórrido, o sentimento acaba se acalmando até um fervor gerenciável. Em meu caso, isso levou anos. Mas acabei aprendendo a canalizar minha fé e meu zelo por Deus de uma maneira que não fosse desagradável para as pessoas, logo de cara. Não me iludo ao pensar que não sou mais desagradável em alguns momentos para algumas pessoas, mas sei que tenho feito progressos.

Durante meus primeiros anos como convertido, eu não só não conseguia parar de falar sobre minha fé como também, às vezes, era crítico em relação àqueles que não a compartilhavam. Mas, por outro lado, lembro que tinha sentimentos de amor e empatia para com estranhos, um sentimento de amor de Deus por eles, e um desejo de fazer qualquer coisa possível para lhes mostrar Seu amor, abençoá-los, ajudá-los. Era tudo um pouco avassalador, mas estou feliz em dizer que a maior parte ficava do lado positivo dessa equação.

Muitas vezes eu era mais duro com aqueles que já estavam no mundo cristão, por sentir que não eram tão zelosos como poderiam para alcançar aqueles que não conheciam Deus. Como é de praxe, eu era mais duro comigo mesmo, minha família e minha igreja de infância, a Igreja Ortodoxa Grega. Eu a via como uma instituição que essencialmente não conseguira me preparar para o mundo e seu secularismo. Eu entrei em um pântano cheio de jacarés, e quando Deus finalmente me puxou para fora, me perguntei por que a fé que tinha quando criança não havia pelo menos me armado com uma espingarda ou algo para me proteger.

Lembro-me de conversar com Peter Karloutsos, o maravilhoso sacerdote ortodoxo grego da igreja na qual cresci, que é um amigo querido. Mas sei que muitas das coisas que disse a ele devem tê-lo feito pensar que eu havia me tornado um fanático religioso ou entrado para alguma seita. Eu era jovem e muito fervoroso com minha nova fé em Jesus e, do meu jeito equivocado, tentava comunicar isso a ele. Mas não duvido que metade do que disse pareceu mais uma crítica em relação a ele e à antiga fé ortodoxa, e tenho certeza de que, após algumas dessas conversas, ele decidiu simplesmente desistir de mim, para sua própria saúde mental. Pelo menos por um tempo. Tenho certeza de que foi fatigante para ele. Fico feliz em dizer que, depois de quinze anos ou mais, nos entendemos e temos amor um pelo outro, como deveríamos, considerando que nos conhecemos há quase quarenta anos. Mas, naquela época, eu não teria previsto isso.

Eu estava em apuros. Minha conversão a Jesus havia sido tão forte que eu sentia que tinha que ir aonde Ele estava me levando, e, naquela época, Jesus me levava a expressões evangélicas de minha fé, em vez da antiga Igreja ortodoxa. Mas, para muitos gregos ortodoxos, a Igreja é a única conexão com sua etnia. Para mim, era a comunidade em que eu havia crescido. Eu não havia deixado de ser grego ou de amar as pessoas que conheci naquela comunidade. Então, às vezes, quando elas iam à igreja da qual me sentia exilado, eu me sentia como um pintarroxo no inverno, desejando poder entrar, sentar perto da lareira e talvez comer um *souvlaki* e beber um pouco de *ouzo*.

Lembro que, cerca de três anos após minha conversão, eu acordei em uma manhã de sábado e estava orando pelo dia seguinte. Eu não tinha planos específicos, e ao orar, senti Deus me impelindo para ir até Danbury a fim de ajudar com o Festival Grego, que aconteceria naquele fim de semana na Assumption Church. Eu me vesti e dirigi 45 minutos rumo ao norte e ofereci meus serviços. Eles não poderiam me mandar embora, certo? Eu havia frequentado a igreja a vida toda, e meus pais ainda a frequentavam. Eles eram meu povo. Só porque eu não comparecia mais aos domingos, não significava que não pudesse ajudar no evento. Quando cheguei, a recepção do padre Peter foi morna, mas quando perguntei como eu poderia ajudar, eles me colocaram no que considero a linha de frente de todo festival grego: o estande de *souvlaki*. É o lugar mais quente, mais barulhento e mais movimentado para ficar. Mas eu estava feliz por estar ali, ajudando minha comunidade. Eu queria reparar a brecha que havia criado com algumas das minhas declarações arrogantes e, pelo menos, mostrar que embora frequentasse outra igreja, eu ainda era grego, e ainda fazia parte daquela comunidade.

Foi divertido trabalhar lá, e uma prova definitiva da boa-fé helênica. Nas poucas horas que passei lá, desfalecendo de calor na tenda de *souvlaki*, inalando a fumaça de carne de porco e orégano, ouvi algumas pessoas falando sobre algo controverso. À medida que escutava, deduzi que havia alguém na frente da calçada da igreja distribuindo folhetos cristãos, alguém que não tinha nada a ver com a Igreja Ortodoxa Grega. O padre Peter estava por perto, e eu o ouvi dizer em um tom claramente irônico que devia ser algum "cristão nascido de novo". Doeu um pouco ouvir isso, porque, pelo que me pareceu, ele quis que eu ouvisse; mas em poucos minutos me dei conta de que eu deveria ir até lá e ver quem era essa pessoa e o que estava distribuindo.

Andei uns 25 metros até a entrada da igreja, onde o homem se encontrava. Estava posicionado de modo que quase todos que fossem ao festival tinham de passar por ele. Ele estava distribuindo panfletos evangelísticos, que os cristãos chamam de "folhetos". Mas eis qual foi a verdadeira surpresa: ele era grego! É claro, ele pensou que seria inteligente ir ao festival e falar a seus compatriotas sobre o que ele havia encontrado, sobre "nascer de novo" e ter um relacionamento pessoal com Jesus, em vez de uma "religião" sem sentido e nominal que consistia apenas em frequentar a igreja. Ele queria desesperadamente comunicar isso, e pensou que aquele seria o lugar ideal. De certa forma, achei engraçado, e não pude deixar de aplaudi-lo por dentro. Que maravilha se todas as pessoas com quem ele falava encontrassem o que ele encontrou — o que eu havia encontrado!

Eu não sabia quem era o homem ou de onde viera, mas o que ele estava fazendo claramente irritou a liderança da igreja. Então, um dos membros do conselho paroquial da igreja apareceu; um homem baixo, de bigode. Eu já havia visto homens como esse ao longo dos anos. Eles tinham pouca paciência para esse tipo de coisa. "Vá andando, fora daqui!", disse ao homem. "Nós temos nossa própria religião! É a religião mais antiga que existe!" Eu entendi o que ele quis dizer: que a ortodoxia grega era, em alguns aspectos, a forma original da fé cristã. Até certo ponto, isso é correto. Entendi que ele falava cheio de orgulho, tanto bom como ruim. É positivo conhecer seu patrimônio e se orgulhar dele, mas o membro do conselho não tinha noção do que o outro homem havia experimentado; que ele havia, ao que parece, encontrado na Igreja Ortodoxa Grega apenas uma tradição vazia, e agora que encontrara a alegria e a paz de um relacionamento real com Deus, não ia parar de falar sobre isso.

Voltei para a barraca de *souvlaki* rindo para mim mesmo. Mais tarde, regressei para a casa dos meus pais. Planejamos voltar ao festival à noite, quando haveria dança grega. Meu irmão e sua esposa apareceram também, e, por volta das seis, decidimos que era hora de ir ao festival. Mas desde que saíra de lá, me sentia estranhamente assombrado, pensando no homem distribuindo folhetos. Por alguma razão, pensei que o conhecia. Eu não teria a chance de descobrir, de qualquer maneira, pois haviam se passado muitas horas desde que eu saíra de lá, e com certeza ele havia ido embora. Mas quando pegamos a Clapboard Ridge Road em direção à igreja, fiquei emocionado ao vê-lo ainda distribuindo os panfletos e conversando com as pessoas sobre sua fé. Estacionamos o carro e eu me dirigi imediatamente a ele. De perto, notei que ele parecia ter um brilho positivamente angelical sobre si, uma alegria. Ele não era um homem irritado; transmitia bondade e gentileza. Ele não portava um machado teológico; parecia encarnar a paz de Deus, do modo como os cristãos deveriam ser, mas muitas vezes não são. Quando olhei para ele, ainda me fez lembrar alguém, e eu estava louco para saber se estava certo. Fiz algumas perguntas sobre seu histórico de trabalho e em poucos segundos eu tive a resposta inacreditável: era Manolis, o cozinheiro do Hiltop Diner. Eu não o via havia treze anos. Ele estava tão diferente do homem com quem eu falara pela última vez em 1978 que foi simplesmente surpreendente. Tudo o que ele havia sido não estava mais ali. Ele fora profundamente mudado. Os cristãos geralmente citam o versículo da Bíblia que diz que Deus nos faz uma "nova criatura em Cristo", e esse homem era o exemplo mais claro que eu poderia ter imaginado.

Naturalmente, eu perguntei o que havia acontecido com ele para explicar a mudança, e ele me contou. Sua esposa havia se tornado cristã renascida. De início, ele rejeitara a ideia inteiramente, mas, com o tempo, passara a ver que a conversão dela havia sido genuína e positiva, e por fim seguira o exemplo. Do meu ponto de vista, esse dia e eternamente, aquilo não foi nada menos que um milagre. Foi uma oportunidade única em minha vida de ver a transformação milagrosa de um ser humano, de ver como verdadeiramente milagrosa uma real conversão pode ser. Tenho certeza de que nunca vou esquecer isso e nunca vou parar de falar nisso até o dia em que eu morrer.

O restante deste livro é, obviamente, composto de relatos de milagres. Achei que seria certo que a primeira história, que segue agora, fosse a extraordinária conversão de meu amigo Ed Tuttle. Este livro é dedicado a ele, que é a pessoa que Deus, em seu mistério e graça, usou para me trazer à fé no verão de 1988. A conversão é muitas vezes chamada de "segundo nascimento", e aqueles que se voltam para a fé dizem que "nasceram de novo". Todos esses nascimentos espirituais, assim como os físicos, não só trazem uma pessoa para a existência, mas muitas vezes anunciam futuros nascimentos. Assim, o novo nascimento de Ed foi o preâmbulo para meu próprio segundo nascimento, como meu segundo nascimento foi preâmbulo do segundo nascimento de outros, e assim por diante, tal como deve ser, um mundo sem fim. Amém.

TORNANDO-SE QUEM FOMOS DESTINADOS A SER

Eu conheci Ed Tuttle na primavera de 1987, quando comecei a trabalhar na Union Carbide, em Danbury, Connecticut. Nossa amizade mudou radicalmente minha vida, como conto na história depois desta.

Ed Tuttle cresceu em Southington, Connecticut, em um lar que pode razoavelmente ser descrito como muito católico. Quando seus pais namoravam, o pai fez para a futura esposa uma caixa em forma de crucifixo para ela guardar o rosário. Ed lembra que havia uma pequena capela em sua casa, que se via assim que se abria a porta da frente. Testemunhas de Jeová e outros visitantes não precisavam de muito tempo para saber com quem estavam lidando.

Quando garoto, a grande ambição de Ed era se tornar paleontólogo. Ele frequentou a St. Mary Elementary School, em Waterbury, e um dia, no quarto ano, teve uma experiência marcante que mudou seus sonhos e ambições imediatamente. Ele se lembra de estar sentado na quarta fileira de trás, perto da janela, quando, de repente, sem qualquer ligação com o que o professor estava dizendo, uma onda poderosa pareceu invadi-lo, e Ed soube na hora que era um chamado para servir a Deus. Foi tão intenso que ele imediatamente bateu no ombro da garota na frente (que, como uma enorme percentagem de meninas da época, chamava-se Dawn) e sem rodeios lhe disse que ia ser padre. Dawn deu de ombros e virou para frente de novo. Mas Ed sabia o que ele havia experimentado. Assim que chegou em casa, disse a sua mãe que sabia que queria ser padre, que, dada sua criação, era a única interpretação possível para o chamado de servir a Deus. Sua mãe orgulhosamente contou o anúncio muitas vezes aos outros nos anos que se seguiram.

Depois de oito anos no St. Mary, Ed frequentou por quatro anos um seminário católico em Cheshire, Connecticut. Depois de se formar, para prosseguir seus estudos e se tornar padre, Ed decidiu ir para um seminário no nordeste, gerido pela mesma ordem católica de seu colégio. Segundo os requisitos do seminário, Ed faria bacharelado em Filosofia.

Os anos de seminário ficaram cada vez mais confusos. Ed era tão inteligente que havia pulado um ano no ensino fundamental, e tinha apenas dezessete anos quando entrou na faculdade. Logo achou a atmosfera do seminário difícil de compreender em alguns aspectos. Ele teve namoradas nesse momento, mas foi fortemente desencorajado a vê-las porque isso interferiria em sua vocação de padre. Ainda assim, ele sabia que no fim de semana muitos colegas iam a bares gays em Boston na companhia de padres mais jovens. Na confusa ideologia do seminário, isso era de algum modo considerado aceitável, porque não levaria ao casamento.

Um fim de semana, no segundo ou terceiro ano, um dos padres que se tornara amigo de Ed levou-o ao Cape certa noite, no fim de semana. O padre, que tinha cerca de trinta anos, pagou-lhe o jantar e o animou a beber. Mais tarde naquela noite, Ed acordou e ficou estarrecido ao encontrar o padre ao seu lado na cama, com as mãos onde não deveriam estar. Ed não esperava por aquilo, e se sentiu muito perturbado e confuso. Ele lembra que o líder da ordem religiosa que supervisionava o seminário se adiantou para conversar com ele sobre este incidente, dizendo que Ed não devia ser tão duro com o agressor; afinal, todo mundo é diferente, e ele não deveria criar caso. A mensagem que Ed extraiu disso foi que ele não devia falar sobre isso com ninguém, e só anos mais tarde foi que ele conseguiu contar a seus pais.

Esse incidente e atmosfera, juntamente com a relação muito difícil que tivera com seu pai anos trás, só fizeram aumentar a depressão e confusão de Ed, tanto sexual quanto teologicamente. Ele sabia que espiritual e moralmente estava à deriva, mas não sabia onde.

Uma noite, sentado na cama em seu quarto no alojamento, muito deprimido, Ed se encontrou encarando um alto carvalho do outro lado da janela.

Ele se lembra de pensar que, se aquela enorme árvore havia crescido de uma pequena bolota, Deus era realmente poderoso e poderia fazer qualquer coisa. Ed continuou pensando em Deus, quando, de repente, a sala se encheu com uma presença tão forte que quase o paralisou. Ele quase não conseguia respirar ou se mexer. Mas ele sabia que era Deus. Então, ouviu uma voz clara dizer: "Eu venho cuidando de você há dezoito anos, e não vou parar agora". Foi algo diferente de qualquer coisa que ele já havia experimentado desde que a onda se abatera sobre ele no quarto ano. E o afetou tanto que, enquanto ele caminhava pelo corredor do alojamento, seus amigos perguntaram o que lhe havia acontecido.

Ed nunca esqueceu essa experiência, mas os efeitos dela desvaneceram.

Depois de seu primeiro ano no seminário, ele decidiu que não poderia voltar. Graduou-se no Merrimack College e morou no alojamento de lá. Naquele ano, Ed conheceu sua futura esposa, Donna, que estava no mesmo ano que ele e logo se tornou sua amiga. Donna havia crescido em New Jersey e fazia licenciatura em Química, com especialização em Biologia.

Foi só em sua formatura, em 1978, que Ed percebeu que seus sentimentos por Donna iam além da amizade, mas aí, ela já havia aceitado um bom emprego como técnica de laboratório no sul da Califórnia. Se Ed quisesse dar continuidade ao relacionamento, teria que se mudar para lá. A essa altura, Ed percebera que queria ser artista e se tornar ilustrador, de modo que se inscreveu e foi aceito no prestigiado Art Center College of Design, em Pasadena. Ele se mudou para o sul da Califórnia e continuou seu relacionamento com Donna, que logo se tornou sério.

Mas assim que Ed fez algumas aulas, entendeu que pouquíssimos créditos de seu bacharelado em Filosofia em Merrimack eram transferíveis, de modo que teria que fazer outro bacharelado. Ele sabia que não poderia trabalhar e nem poderia pagar o curso, visto que havia pouca ajuda financeira para obter um segundo bacharelado. Então, depois de um curto período de tempo ele largou o curso, e em 1979 foi morar com Donna. Eles viviam a uma quadra e meia da praia em San Diego. Ed lembra que levava uma vida muito louca, fumava maconha e bebia em grande parte do tempo livre. Mas, a certa altura, eles acharam que deviam se estabilizar, e planejaram se mudar de novo para perto de Nova York, a fim de ficar próximos de suas famílias. Donna conseguiu um emprego de pesquisadora química na American Cyanamid, em Connecticut, e eles se mudaram para um apartamento na Rua Dois em East Norwalk, em 1981. Em junho de 1982 eles se casaram. Ed arranjou um emprego na agência de design dirigida por Tom Fowler, considerado um dos principais designers do país. Vendo apenas uma pilha de desenhos e anúncios, Tom ficou suficientemente impressionado com o talento de Ed e o tirou do departamento de layout, colocando-o como seu subordinado direto. Isso permitiu a Ed ter uma boa vida ao longo dos anos seguintes, e mais que isso, compensou sua impossibilidade de continuar os estudos de arte.

Na superfície, como eles dizem, tudo estava bem. Mas a inquietação interior de Ed não podia ser amenizada por seu trabalho gratificante e seu casamento com a mulher que amava. Na verdade, depois de seis meses de casamento, Ed decidiu que queria abandonar Donna. Como ele relembra, ele "queria porque queria", e se recusava a ver mais além. Na verdade, ele estava envolvido com várias linhas da Nova Era, e as pessoas que ele encontrara nesse caminho foram o incentivando a se "realizar" e "seguir seu próprio caminho", fosse como fosse. De modo que seu egoísmo — ao custo de deixar

Donna devastada — lhe parecia o caminho verdadeiro e mais "espiritual". Ele se sentou com Donna na cama e categoricamente disse que estava cansado dela. As lágrimas dela pareciam não surtir efeito algum sobre ele.

Certa noite, não muito tempo depois dessa conversa, Ed teve uma experiência extraordinária. Ele morava no primeiro andar em um prédio de três pavimentos, com um apartamento por piso. Ed usava o segundo quarto como estúdio, e estava trabalhando lá uma noite, ouvindo David Bowie no aparelho de som. Donna estava dormindo no outro quarto. Ed lembra que estava ao mesmo tempo orgulhoso de si mesmo e grato por trabalhar em um projeto muito importante para a General Foods, uma grande corporação.

Então, de repente, no canto da sala, ele viu uma luz extraordinariamente brilhante. Ed diz que assim que viu a luz, o aparelho de som silenciou. Se foi só uma impressão, ao ser envolvido por essa presença esmagadora, ou se realmente o som se desligou, ele não sabia, mas, de repente, só havia a poderosa luz e um pesado silêncio. Ed reconheceu essa presença como sendo a mesma que havia encontrado no quarto ano, e, depois, em seu dormitório, quando tinha dezoito anos; por isso não se assustou. Por um tempo, ele falou com essa presença, e sempre que parava de falar, ela "respirava" sobre ele. Era claramente uma espécie de intercâmbio, e ele sentiu total paz e conforto. Ed sabia que aquilo não estava ligado às coisas da Nova Era com que havia se metido. "Era real", diz ele. "Eu falava com a luz e ela respondia respirando sobre mim." Ele sabe que parece brega, mas foi exatamente assim que aconteceu.

A certa altura, Ed disse: "Por que você está aqui?". E, de repente, a luz desapareceu e o silêncio se foi, e ele ouviu a música de novo. Mas havia sido tão maravilhoso que ele entrou em pânico. "Eu me assustei", disse ele. "Pensei: só pode ser brincadeira!" Ele precisava continuar a conversa, mas, em vez de abaixar o rádio, ele correu para a cozinha para escapar do som. Pegou um copo de água e ficou de frente para a pia tentando ordenar seus pensamentos. Então, voltou-se e a luz brilhante estava bem ali a sua frente, não no alto como havia sido em seu estúdio, mas mais baixa, no nível de seus olhos.

Ed disse que mais uma vez a luz começou a respirar sobre ele. Ele ficou emocionado e animado por ela estar ali de novo. Mas então, de repente, como se alguém apagasse uma vela, houve um respiro final, e nesse momento, Ed se sentiu atingido no coração. Naquele momento, a luz desapareceu e Ed caiu no chão da cozinha, confuso, chorando e se perguntando o que tudo aquilo significava. "No ano e meio seguinte", explicou ele, "fiquei louco." Pela primeira vez na vida ele sentia um forte ódio de seus pecados: a maneira como tratava Donna e a considerava garantida, a maconha e a pornografia... De repente, ele soube que essas coisas eram todas erradas, mas, ao mesmo tempo em que as odiava, sentia que o puxavam com mais força que nunca.

Ele diz que, durante esse tempo, percebeu-se num cabo de guerra com sua alma, como se estivesse sendo dividido ao meio.

Ele ficou tão desesperado para se reconectar com o que havia perdido na cozinha que tentou todo e qualquer caminho espiritual que pôde encontrar. A certa altura, ele experimentou a "projeção astral", mas não deu certo. Mas ele se lembra de estar desesperado e meio maluco naquela época. Durante esse tempo, ele e Donna decidiram se mudar para Waterbury. Ambos tinham empregos garantidos lá e encontraram um lugar para morar. Assim, rescindiram o contrato de aluguel em Norwalk e arrumaram a mudança. No entanto, num piscar de olhos, o emprego de Ed não deu certo nem o de Donna, e tampouco o lugar para onde iriam se mudar. Encontraram-se com todos os pertences num caminhão em movimento, sem ter para onde ir e sem trabalho. Acabaram indo morar com os pais de Ed. Um grande amigo de Ed do ensino médio, Tom Vaichus, deixou que ele e Donna guardassem as coisas no porão da casa.

Esse período foi imensamente humilhante para Ed e Donna, mas a amizade com Tom e sua esposa, Susan, era um ponto positivo. Tom e Susan eram cristãos convertidos. Ed e Donna não estavam claramente na mesma situação, mas Tom e Susan eram amáveis, simpáticos e emocionalmente saudáveis. Ed ficou arrasado ao se ver desempregado e vivendo com sua esposa em um pequeno quarto na casa de seus pais, mas Tom e Sue o ajudaram a encarar isso. A certa altura, Tom deu a Ed alguns livros que talvez pudessem ajudar. Ed não estava de acordo com tudo que lia, mas algumas coisas penetraram seu coração e tornaram o momento um pouco mais fácil.

Um dia, Tom e Susan contaram a Ed e Donna sobre uma semana de eventos cristãos que aconteceria em Springfield, Massachusetts, a uma hora e meia de distância. Haveria eventos de segunda a quinta-feira à noite, e sexta e sábado o dia inteiro. Ed e Donna amavam Tom e Sue o suficiente para concordarem em ir e ver como era. Mas, conforme a semana passava, Ed ia ficando cada vez mais irritado. Ele chegou à conclusão de que o que estava ouvindo era "lixo cristão", que além de ser bobagem, era também extremamente perigoso. Na quinta-feira à noite ele estava furioso. Na viagem de volta, ele praticamente gritava com Tom, e quando saiu do carro, em Waterbury, ele se postou diante de Tom, literalmente apontando o dedo no peito do amigo e dizendo que nunca, jamais, seria arrastado de novo para aquela coisa. Ed disse à queima-roupa: "É errado. É perigoso. Para mim, chega. E de jeito nenhum eu sequer pensaria em voltar atrás".

No dia seguinte, por causa do trabalho, Tom e Sue não poderiam ir ao evento. Pelo menos não até a noite. E, por alguma razão, Donna não queria ir também. Quanto a Ed, apesar de seus ardentes protestos da noite anterior, sem qualquer razão que ele pudesse compreender no momento ou nos anos seguintes, decidiu entrar no carro e ir sozinho.

Durante uma das palestras, o homem no palco começou a falar sobre como o marido deve tratar a esposa. Ele estava falando sobre o versículo dos Efésios que diz: "Maridos, ame cada um a sua mulher, assim como Cristo amou a igreja". O orador deixava claro que o marido não devia olhar para a esposa de forma egoísta, a fim de ter suas necessidades atendidas. Devia se dar inteiramente a ela com amor e tentar atender às necessidades dela. Ed sentiu, num instante, como se o homem apontasse diretamente para ele, como se estivesse dizendo tudo aquilo só para seu benefício, como se cada palavra fosse destinada só para ele. Ed não podia acreditar na força com que aquilo o afetou. Ele sabia que o modo como estava tratando Donna era errado, e ficou arrasado. Imediatamente após o fim da palestra, deram ao público a oportunidade de se levantar para fazer uma oração e entregar a vida a Jesus. Ed não hesitou. Ele se levantou e orou junto com o homem no palco, entregando publicamente sua vida a Cristo. O que aconteceu naquele momento ele jamais pôde esquecer. De súbito, tudo pareceu completamente diferente para ele. "Era como se, antes, eu tivesse sombras sobre os olhos, e elas tivessem sido afastadas, e eu pude ver", diz ele. "Eu gostaria de poder explicar melhor. Foi como quando Dorothy saiu de sua casa na Terra de Oz e de repente tudo era colorido." Ed diz que, para ele, tudo o que podia ver era Jesus, embora não o tenha visto literalmente. Mas ele sabia, quando aconteceu, que era Jesus, que agora ele podia enxergá-Lo, e que antes estava cego.

Esses eventos foram realizados no grande ginásio de esportes de Springfield, e depois disso, Ed se levantou da cadeira e andou pelo corredor, cambaleando por conta do que via e sentia. Ele acha que devia estar parecendo um zumbi, olhando para todos com pura admiração e espanto pelo que enxergava e experimentava. Imediatamente depois disso, ele sentiu uma onda de amor por Donna diferente de tudo que sentira antes, como se naquele dia, pela primeira vez, soubesse o que era amar sua esposa. Foi sexta-feira, 27 de julho de 1984.

Naquela noite Donna chegou com Tom e Sue, e ela viu a mudança de Ed; ele não estava mais ardendo de raiva, e sim fazendo anotações sobre o que ouvia.

Daquele dia em diante, Ed sentia um desejo insaciável de ler a Bíblia, e por um período, lia-a de cinco a sete horas por dia. Donna não sabia bem o que havia acontecido e temia que tudo fosse apenas outra fase para Ed, de modo que só ficava observando e esperando para ver quando aquilo acabaria. A boa notícia é que ela ainda está esperando. Agora eles estão casados há 32 anos e têm quatro filhas adultas e um neto.

O que aconteceu comigo no verão de 1988 mudou minha vida para sempre. Foi o milagre que abriu a porta para muitos outros em minha vida. Aconteceu perto do meu aniversário de 25 anos, mas não lembro a data exata. Eu tive um sonho no qual Deus falou comigo no que eu chamei de "o vocabulário secreto do meu coração". Mas para que o sonho faça sentido para alguém além de mim, vou ter que revelar o vocabulário.

Se alguém investigasse minha vida naquele momento para determinar os fundamentos de quem eu era, provavelmente estabeleceria três temas principais no cerne de minha identidade: em primeiro lugar, ser grego; segundo, pescar em água doce; e terceiro, ser ativo intelectualmente e buscar por significado.

Meus pais são imigrantes europeus (meu pai é da Grécia, minha mãe, da Alemanha) que chegaram a Nova York em meados dos anos 1950, conheceram-se em uma aula de inglês em Manhattan e se casaram. Eu vim ao mundo em 1963, no Astoria General Hospital, e frequentei uma escola paroquial ortodoxa grega até o quarto ano. Em 1972, nós nos mudamos para os arredores relativamente rurais de Danbury, Connecticut, onde frequentei a escola pública, e a igreja grega todos os domingos.

Para os gregos nos Estados Unidos, sua origem é importante, e talvez por eu ser só meio grego, foi essencial para meu pai passar isso para mim. Uma vez, quando ele viu um peixe cromado na parte de trás de um carro, ficou todo animado e me explicou que aquilo vinha da palavra grega *IXTHYS*, que significa "peixe", porque os primeiros cristãos usavam essa palavra como acrônimo — *Iesus Xristos Theos Ymon Sotir* —, que significa "Jesus Cristo Filho de Deus, nosso Salvador". Era o símbolo secreto deles.

Meu único hobby verdadeiro, além de ver TV, era pescar em água doce. Eu pescava trutas e percas, às vezes fazendo minhas próprias iscas, mas principalmente pescava robalos, tanto de boca grande como de pequena. Até participei de um torneio de pesca. Também pescava no gelo.

Em Yale, fui exposto ao que às vezes chamamos de vida intelectual. Eu sabia desde o primeiro ano que queria me especializar em inglês, mas não só porque amava as palavras. Eu adorava o significado também, ou o fato de que por meio dos símbolos e ideias na literatura descobrimos, na verdade, o sentido da própria vida.

Eu nunca levei a sério a ideia de que a vida não tem sentido, mas também nunca me agarrei a nenhuma alternativa em particular. Eu havia rejeitado o cristianismo como nada mais que paroquial. Yale era agressivamente secular, e cheguei a pensar que, se houvesse verdade no universo, talvez a fé cristã a alcançasse, mas ela tinha que ser algo muito maior, algo que provavelmente incluiria todas as religiões.

Algum tempo depois da formatura, surgiu em mim uma espécie de resposta, envolvendo a imagem simbólica de perfurar o gelo na superfície de um lago. Era uma ideia vagamente junguiana/freudiana que dizia que o objetivo da vida e de todas as religiões era perfurar esse gelo, que representava a mente consciente, a fim de tocar a água abaixo, que representava o "inconsciente coletivo" de Jung, uma vaga "força de Deus" que, de alguma forma, conectava toda a humanidade. Era uma ideia oriental e impessoal de Deus, sem fazer reivindicações particulares a ninguém. O procedimento de "perfurar o gelo" era outra história. Eu não tinha nem uma pista, mas gostei da ideia.

Minha graduação foi como cair do topo da escada que eu estivera galgando a vida inteira. Boas notas me levaram a Yale. Eu me formei em Inglês, editei a revista de humor da universidade, trabalhei no refeitório e cantei em alguns musicais. Na formatura fui segundo orador da turma, precedendo o principal — meu futuro amigo Dick Cavett, e recebi vários prêmios por meu conto de ficção. O que mais poderia estar por vir senão o sucesso?

Mas, em vez do êxito, fui lançado em um vazio, incapaz de subir em direção ao que eu pensava querer alcançar: sucesso e aclamação como escritor de ficção. Nos anos seguintes eu tentei escrever — a maior parte do tempo, em vão — contos de ficção, e vendi algumas obras literárias de humor para a revista *Atlantic*. Passei meses improdutivos e sem rumo nas colônias Yaddo e MacDowell para escritores de elite. Eu subloquei um apartamento na área de Boston, e com insegurança, me agarrei a um relacionamento em perpétuo naufrágio. Pode-se dizer que eu flutuava e derivava o que, era inevitável, me levaria ao beco sem saída singularmente humilhante de voltar a morar com os pais, coisa que fiz. Eu tinha 24 anos.

Os pais dos meus amigos de Yale viram que eu tentava "encontrar a mim mesmo", mas os meus próprios pais — que nunca tiveram o privilégio de frequentar uma faculdade e que trabalharam duro para financiar a minha — preferiam que simplesmente "encontrasse eu mesmo um emprego". Foi de verdade uma época horrível. Meu namoro à distância afundava pela terceira vez e aceitei o único emprego que consegui: revisor de manuais de produtos químicos e outros materiais não literários na sede mundial da Union Carbide. Meu cubículo parecia ficar a quatrocentos metros da janela mais próxima.

Mas foi lá, sozinho no ventre daquela baleia corporativa, que pensei, por fim, na questão de Deus. Em minha miséria, fiquei amigo de um designer gráfico brilhante, que começou a me envolver na questão da fé. Ed era mais velho, já casado e com filhos, um desses cristãos convertidos dos quais fui ensinado, em Yale, a manter distância. Eu era sempre cauteloso, mas em minha dor e anseio por alívio, sentia-me desesperado o suficiente para manter a conversa por semanas e depois meses. Para evitar envolvimento real ou controvérsias, eu meio que fingia concordar com ele e suas posições. Mas sempre que ele me convidava para ir à igreja, eu declinava. Um dia, na hora do almoço, Ed disse: "Talvez você não conheça Deus tanto quanto pensa, Eric". Fiquei ofendido. Quem ele pensava ser, e como alguém poderia alegar conhecer Deus? Qualquer pessoa com um cérebro estava ciente de que, mesmo que fosse tudo verdade, certamente não poderíamos saber, de modo que teríamos que nos contentar com isso, com o agnosticismo. Era a única escolha lógica. Mas eu não estava satisfeito com nada. Ed me disse uma vez para pedir a Deus que se revelasse para mim, mas eu pensei que orar a um Deus que eu não tinha certeza de que existia não fazia sentido algum. E não fez mesmo. Mas, em minha confusão, algumas vezes eu pedi algum sinal.

Foi uma época desagradável em minha vida, no geral. Dirigir quilômetros de trânsito pela I-84 até a Union Carbide todas as manhãs era penoso, e aumentava minha depressão. Eu ouvia a estação FM de rock local, e uma das músicas top 40 na época era "Heaven Knows" [O céu sabe], de Robert Plant. Lembro que em meus devaneios desesperados sobre a vida, eu às vezes me perguntava se essa ou aquela canção poderia ser um sinal de Deus para mim. Parece ridículo agora, mas, na época, eu tinha fome desesperada de algo, de que qualquer coisa se revelasse a mim e me mostrasse o caminho a seguir. Um dia, eu estava ouvindo Robert Plant cantando "Heaven Knows", e lembro que me perguntei: *O céu sabe? Deus sabe? Ele sabe quem eu sou e que estou aqui ouvindo essa música e querendo que Ele fale comigo? Se é que Ele existe.* A música havia acabado de começar quando entrei no vasto complexo de cimento da Union Carbide, e enquanto eu dirigia por seus longos e deprimentes túneis de concreto em direção ao estacionamento, ouvia a canção e continuava a me perguntar. Parei em minha vaga e esperei que a música terminasse, e quando acabou, desliguei o rádio. Mas lembro que depois pensei: *Muito bem, Deus, se você é real, faça que essa música esteja tocando quando eu ligar o rádio novamente.* É constrangedor agora eu ter pensado isso, que aquilo teria tido significado para mim, mas eu estava desesperado. Eu queria desesperadamente saber se "Deus sabia". Nunca fui fã do Led Zeppelin, mas a letra da canção parecia incitar meu pensamento nesse sentido. Eu estava desesperado para saber se Deus estava ouvindo meus pensamentos e se era real. Mas eu precisava de um sinal, de modo que era por isso que orava — se é que isso pode ser chamado de oração; mas, em retrospecto, acho que sim, que pensamentos voltados para Deus, mesmo os especulativos para um Deus que pode ou não estar ali, são orações.

Oito horas depois, cansado de mais um dia naquele ambiente corporativo esmagador, arrastei-me até o carro, entrei, dei a partida, coloquei o cinto de segurança e engatei a ré para sair da vaga. Liguei o rádio por força do hábito, e a música que estava tocando era "Heaven Knows", de Robert Plant. Eu havia esquecido completamente que oito horas antes eu havia pensado aquilo, ou pedido aquilo. Não passou pela minha cabeça nem uma vez desde que eu saíra do carro naquela manhã. Mas então eu estava no carro e lá estava ela. Lembro-me de ficar pasmo. Deus respondeu à minha oração? Deus existia? Ele era real? Era! Ele era real! O céu sabia. Era verdade! Lembro-me de sair do estacionamento pelo labirinto de rampas de concreto olhando para cima e gritando enquanto dirigia: "Você é real! Você é realmente real!". Eu estava fora de mim.

Mas eis a coisa mais incrível. Depois disso, eu não fiz nada. Tenho certeza de que esqueci tudo em poucos dias. Simplesmente evaporou. Eu não contei a Ed Tuttle. Não fiz nada, e a experiência se foi. Talvez eu tenha pensado que a bola estava com Deus ou algo assim, mas em poucos dias eu estava tão inseguro da existência dEle quanto estivera antes de aquilo acontecer. Talvez eu estivesse constrangido com meu entusiasmo e pensasse que havia sido só uma coincidência. Afinal de contas, era uma das top 40 da estação, e a canção estava perto do topo da lista, atingindo o número um em algum momento. Foi realmente um milagre? Acho que cheguei à conclusão de que não era. Mas nunca vou esquecer aquela sensação de que Deus era real, que Ele conhecia meus pensamentos, que eu podia falar com Ele. Durou pouco tempo, mas foi incrível. E se fosse realmente verdade? Naquele momento, porém, eu não estava nada convencido de que era.

Dois meses depois, em junho de 1988, meu tio Takis, que é irmão mais velho de meu pai, teve um AVC e entrou em coma. Naturalmente, minha família e eu nos entristecemos. Mencionei a situação para Ed que, um ou dois dias depois, disse estar intercedendo por meu tio, com alguns amigos. Fiquei espantado com a gentileza do gesto. E também impressionado com o pensamento dessas pessoas que acreditavam claramente na existência de um Deus que ouvia as orações e podia fazer algo a respeito. A ideia de que oravam para um Deus que estava "lá fora", que não era "nós" ou algum tipo de "nós", mas, na verdade, era "outro", abalou-me. Era diferente de tentar entrar em contato com nosso próprio "inconsciente coletivo" ou com a "divindade dentro de nós".

Poucos dias depois, Ed perguntou se podia orar por meu tio *comigo*. Fiquei meio surpreso, mas como queria tanto que meu tio se recuperasse, concordei, e segui Ed até uma medonha sala de conferências com luzes fluorescentes, não muito longe de onde ficava meu cubículo. Eu nunca havia feito nada parecido, mas sabia que aquilo certamente não faria mal. Então, nós nos sentamos em cadeiras, lado a lado, e eu fechei os olhos enquanto Ed orava em voz alta. Quando ele começou, algo transcendente parecia surgir. Não era nada físico ou profundamente místico, mas dentro de mim deu-se uma mudança sutil enquanto ele orava, como se uma janela fora aberta para outro reino e eu sentisse o mais leve toque de uma brisa celestial. Quando acabou, abri os olhos. *O que foi isso?*

Por essa época, uma leve mudança ocorria em minha mente também. Eu estava lendo o livro de M. Scott Peck, *Gente da mentira*, e os relatos desse proeminente psicólogo de Harvard sobre o verdadeiro mal chamaram minha atenção. Ele próprio não acreditava na existência do mal real, mas depois de uma série de experiências, ele sentiu que não havia outra coisa que pudesse explicar o que havia visto e ouvido. Com base no que li em seu livro, concordei. E pensei que se o verdadeiro mal existia, devia haver uma alternativa. Seria Deus? Eu também estava lendo o livro de Thomas Merton, *A montanha dos sete patamares*, o relato clássico de um brilhante estudante formado em Columbia que encontra seu caminho de fé e, a seguir, entra em um mosteiro trapista onde escreve sobre isso. No mesmo período, eu li *Discipulado*, de Bonhoeffer, que Ed havia me dado, mas não lembro se foi antes ou depois do sonho. Ah sim, o sonho.

Alguns dias depois de meu 25º aniversário, tive um sonho vívido. Sonhei que estava pescando no gelo no Candlewood Lake, em Danbury, Connecticut. O Candlewood é um lago artificial, criado em 1930 como uma fonte reserva para a usina hidrelétrica do rio Housatonic. Eu havia passado muito tempo em Candlewood na infância, nadara ali e pescara com barcos, na costa e no gelo também.

No sonho, eu estava em pé sobre o gelo e lembro vagamente que meu amigo de infância John Tomanio e seu pai estavam comigo. Era um dia de inverno espetacularmente brilhante e bonito, tão claro que era preciso semicerrar os olhos por causa da brancura da neve e do gelo. Olhei para o grande buraco que eu havia cortado no gelo e vi a cara de um peixe saindo, coisa que obviamente nunca acontece. Abaixei-me, peguei o peixe pelas guelras e o ergui. Era um grande lúcio. À brilhante luz do sol cintilando no céu azul e sobre o gelo e a neve branca, o peixe de tons de bronze parecia dourado. Mas, a seguir, no sonho, percebi que não se limitava a parecer dourado; era realmente dourado. Era um peixe dourado vivo, como se eu estivesse em um conto de fadas. E, de repente, no sonho, entendi que esse peixe dourado era *IXTHYS* — Jesus Cristo o Filho de Deus, nosso Salvador —, e soube imediatamente que Deus havia me excedido na língua do meu próprio sistema de símbolos. Eu queria tocar a água inerte, tocar o "inconsciente coletivo", mas Ele tinha algo mais para mim. Ele me dera Seu filho, uma pessoa viva, Jesus Cristo. Percebi no sonho que Jesus Cristo era real e havia vindo do outro lado para mim — para *mim* —, e agora eu o segurava ali, à luz do sol brilhante, e fui inundado de alegria ao pensar nisso. Finalmente minha busca havia terminado. Era o fim. E era verdade. Deus existia e Jesus era Deus, e Ele me havia mostrado isso de uma forma que eu pudesse entender, de uma maneira que absolutamente me surpreendeu. Deus me conhecia infinitamente melhor do que eu me conhecia, e Ele havia se dado o trabalho de falar comigo na linguagem mais intimista que havia: a linguagem secreta do meu próprio coração. Foi isso.

Quando fui trabalhar no dia seguinte contei a Ed meu sonho. Ele perguntou o que aquilo significava para mim, e eu disse o que nunca teria dito antes a ninguém — aliás, teria me encolhido ao ouvir alguém dizer isso. Eu disse que havia aceitado Jesus. E quando proferi essas palavras, fui inundado pela mesma alegria que senti no sonho. E carrego essa alegria comigo durante os últimos 26 anos.

Já narrei meu sonho com o peixe dourado inúmeras vezes. Não o conto muito em público, mas, cerca de um ano atrás, eu estava dando uma palestra na Lee University e o capelão do campus achou que eu deveria compartilhar minha história de conversão. Então, em vez de falar sobre Bonhoeffer ou Wilberforce, dei meu testemunho, como dizem os cristãos. Lembro que a conexão com os alunos nesse dia foi extraordinária. Havia cerca de 2 mil estudantes no auditório da capela, e não me recordo de uma multidão tão conectada e responsiva. Saí de lá nas nuvens, muito feliz por minha história ter sido recebida daquele jeito.

Na manhã seguinte, acordei, liguei meu computador e encontrei o e-mail de um dos alunos que estavam lá naquele dia. Ele me havia escrito por meio de meu site pela manhã. Falou que estivera na plateia no dia anterior e que, francamente, não havia ficado impressionado com minha palestra. Disse que a achara meio pretensiosa. Também afirmou que, ao sair do auditório, fizera um comentário sarcástico com seu amigo, dizendo: "Sei! Talvez Deus queira falar *comigo* em sonhos!". Dá para imaginar que esse texto recebeu toda minha atenção. Por que alguém que não gostara de minha palestra me escrevia e me dava todos os detalhes de como não a apreciara?

A frase seguinte, porém, explicava tudo. Ele disse que, naquela noite, Deus realmente falou com ele em sonhos, e por isso me escrevia. Eu mal podia acreditar no que estava lendo, mas, poderia dizer, pelo jeito como ele expressou tudo aquilo, que o rapaz estava sendo sincero; de modo que lhe enviei um e-mail imediatamente e perguntei se poderia me contar mais sobre isso. Ele me respondeu algumas horas depois e me contou sua história e o sonho. Disse que era da Inglaterra e calouro na Lee. Sua mãe se suicidara apenas três meses antes. Ele não era cristão e só acabara indo para essa universidade cristã por causa de uma bolsa como atleta. Então, contou-me o sonho. Uma coisa ficou clara quando li seu relato do sonho: era Deus falando, tudo bem. Era um sonho incrível. E o jovem também não tinha dúvida de que Deus falara com ele. Explicou alguns detalhes e disse que entendeu claramente Deus lhe mostrando que ele precisava aceitar Jesus para dar paz e conforto a seu padrasto e a seu meio-irmão de onze anos, que estavam, obviamente, muito enlutados pela perda da mãe, que tinha apenas 41 anos quando tirara a própria vida.

Eu o coloquei em contato com o pastor do campus. Recentemente falei com o rapaz, e fico feliz de informar que ele está crescendo em sua nova fé. A ideia de que Deus responderia ao comentário sarcástico de alguém sobre um sonho, visitando-o também em sonhos naquela noite e mudando sua vida da mesma forma que fez comigo, é algo que vai me incentivar por um longo tempo.

"SOU SUA VIDA"

Minha amiga Frederica Mathewes-Green é uma grande escritora. Não digo grande só como "totalmente incrível", mas no sentido de que ela é a escritora dos escritores, alguém cuja habilidade de observação, cujos conhecimento e capacidade de criar frases atraentes e cheias de técnica são superlativas. Frederica é conhecida principalmente como alguém que escreve sobre sua fé, por isso me é ainda mais extraordinário pensar que, muito antes de eu a conhecer ou ler seus escritos, ela não era uma pessoa de fé. Na verdade, Frederica diz que quando estava na faculdade, no início dos anos 1970, desprezava a fé cristã e era abertamente hostil a ela.

Frederica foi criada em um lar nominalmente cristão, mas rejeitou a fé de seus pais no início da adolescência. Ela não era materialista, e se manteve aberta a outros caminhos da espiritualidade. Frederica diz que, na adolescência, a essência de seu "sistema de crenças caseiro" era a força vital. Ela chegou à conclusão de que, de alguma forma, "a energia crua da própria vida [...] era a essência de Deus, e as várias religiões do mundo eram tentativas poéticas de expressar essa verdade". Ela simplesmente pegava de cada tradição aquilo de que gostava e ignorava o que não lhe agradava. Mas durante seu último ano de faculdade, ela teve um pensamento que a assustou. "Eu percebi que minhas escolhas eram, inevitavelmente, condicionadas por meus próprios gostos, preconceitos e pontos cegos", diz ela. "Eu estava construindo um Deus Frankenstein à minha própria imagem, que nunca teria mais de um metro e meio. Se eu quisesse crescer além de minha própria parca sabedoria, teria que me submeter a uma fé maior que eu e aceitar suas instruções."

Foi quando Frederica escolheu o hinduísmo como a fé a cujos princípios e condições se submeteria. Ela estava na Universidade da Carolina do Sul no momento. "Escolhi o hinduísmo, em parte, porque pensei que seria muito legal", diz ela. "Gostava da poesia e mitologia vivas da fé, mas não posso dizer que me comprometi profundamente. Enquanto eu flertava com todas as religiões do mundo para fazer minha escolha, nem levei o cristianismo em consideração. Achava-o uma religião infantil e inadequada. Considerava-o constrangedor, pueril, provavelmente porque a associava a minha própria infância ingênua. Um retórico poderia ter me dito que era uma falácia lógica eu presumir que, dada a minha imaturidade enquanto pré-adolescente cristã, a fé em si era imatura."

Não muitos anos depois de se formar, Frederica conheceu Gary, com quem se casou em um típico e charmoso casamento hippie no bosque. Ela usou flores no cabelo e sandálias. "Imagine só", escreve ela, "as mulheres com vestidos coloridos e lenços vaporosos estampados, o jovial labrador preto com uma bandana vermelha no pescoço, o banquete vegetariano sob as árvores..."

Imediatamente depois, ela e Gary partiram para a Europa. Eles haviam economizado dinheiro suficiente e planejaram estender a lua de mel por três meses. Iam pedir carona, viver de vinho e queijo e, no geral, fazer tudo que custasse pouco. Em 20 de junho de 1974, Frederica e Gary pegaram uma balsa do País de Gales para a costa irlandesa e, a seguir, foram de carona até Dublin. Encontraram um hotel barato, e no final da tarde decidiram fazer um passeio e ver alguns pontos turísticos.

Estavam em um lugar que parecia ser uma área comercial quando encontraram uma igreja e decidiram espiar dentro. Frederica se separou de Gary e foi admirar os vitrais e a cantaria do prédio mal iluminado. "Em certo momento", diz ela, "deparei-me com um pequeno altar lateral. Acima dele havia uma estátua de mármore branco de Jesus com os braços estendidos para baixo, abertos, e seu coração exposto no peito, envolto com espinhos e em chamas." Frederica explica que a estátua retratava uma aparição que uma freira francesa havia presenciado em 1675. A freira ouvira Jesus dizer: "Eis o coração que tanto amou a humanidade". Frederica nunca será capaz de explicar exatamente o que aconteceu a seguir. De súbito, essa jovem tão hostil ao cristianismo viu-se de joelhos na frente da estátua. "Eu podia escutar uma voz interior falando comigo", diz ela. "Não com meus ouvidos, era mais como um rádio dentro de mim, de repente ligado. A voz era ao mesmo tempo íntima e autoritária, e isso me preencheu. Dizia: 'Eu sou sua vida. Você pensa que sua vida é seu nome, sua personalidade, sua história. Mas essa não é sua vida. Eu sou sua vida'. E continuou, citando a noção de força vital que eu admirava: 'Além disso, você acha que sua vida é o fato de que está viva, de que a respiração entra e sai, de que a energia percorre suas veias. Mas isso ainda não é sua vida. Eu sou sua vida. Eu sou o fundamento de todo o resto em sua vida'."

Depois disso, Frederica se levantou, sentindo-se bastante instável. Ela diz que "era como estar sentada tranquilamente em sua sala de estar e ter o teto arrancado. Eu não tenho qualquer dúvida quanto ao 'eu' que estava falando comigo, e não era alguém que eu estivesse ansiosa para conhecer. Se me perguntassem meia hora antes, eu teria dito que não tinha certeza de que o sujeito havia existido. No entanto, ali estava Ele, e embora eu não O conhecesse, parecia que Ele já me conhecia, profundamente. Não toquei no assunto durante uma semana, tentando entender. Não contei nem a Gary, mas ele deve ter se perguntado por que eu andava com cara de espanto".

Frederica diz que não foi o tipo de "experiência espiritual infundada, na qual tudo fica borrado, e no dia seguinte você quer saber se realmente aconteceu. Foi chocante e real, como se eu houvesse encontrado uma dimensão da realidade que não sabia antes que existia". Ela explica que anos após essa experiência, ela leu o precioso livro de C. S. Lewis, *O grande abismo*. Começa — explica ela — "com a atraente ideia de que a cada dia um ônibus atravessa a grande fronteira entre o inferno e o céu. Quem quiser pode ir, e quem quiser pode ficar. A questão é que o céu fere. É real demais. Os visitantes do inferno não podem pisar na grama, pois as folhas perfuram seus pés como facas. Leva tempo para crescer e se tornar real o suficiente para suportar o céu, é um processo de inabalável autodescoberta e arrependimento que poucos estão dispostos a encarar. No final do dia, a maioria dos turistas volta no ônibus para o inferno".

Ela diz que a experiência daquele final de tarde na mal iluminada igreja de Dublin foi "real como isso, como a relva que perfura os pés. Nesse momento explosivo, descobri que Jesus era mais real que qualquer coisa que eu já havia encontrado, a pedra de toque da realidade. Isso me deixou faminta por mais, de modo que toda minha vida está inclinada na direção dEle, buscando-o, esforçando-me para quebrar as paredes internas que me protegem de seu olhar".

UM TRAFICANTE DE DROGAS DO BROOKLYN ENCONTRA DEUS

Ouvi falar de "Cisco" pela primeira vez por meio de meu amigo Joel Tucciarone, colega de Yale e consultor de marketing de longa data, que mora em Bay Ridge, Brooklyn. Durante anos, Joel participou de um estudo bíblico para homens, atrás de uma lanchonete, composta por *habitués* do Brooklyn, incluindo uma série de ex-presidiários, alguns dos quais já haviam se envolvido com o crime organizado. Por exemplo, um deles, sr. V, fazia parte de um grupo conhecido como "a Família" antes de encontrar Deus. Depois que alcançou a fé, foi até o líder da Família e pediu para ser liberado de seu ramo de negócio, coisa que, estranhamente, o chefe da máfia fez, e o sr. V jurou lealdade à Família. Cisco era membro desse grupo de estudo bíblico também, e era conhecido pelo que se costuma chamar "guerreiro de oração", alguém que passa horas em oração e cujas preces são conhecidas por terem um efeito particularmente poderoso.

Sempre que eu me via diante de algo particularmente árduo, Joel dizia que ia chamar Cisco e lhe pedir para orar. Algumas vezes fiquei ao telefone com Joel e Cisco juntos, e eu podia ouvir Cisco fazendo suas maravilhosas orações que, ao mesmo tempo que eram respeitosas, pareciam de alguém falando com seu melhor amigo. Por meio de Joel, por fim, ouvi um pouco sobre a história de Cisco. Quando comecei a escrever este livro, sabia que iria querer incluí-la, por isso, em uma noite bastante fria de dezembro, encontrei Joel e Cisco na mesa dos fundos de um restaurante italiano em Bay Ridge. Foi ali que Cisco me contou sua história.

Cisco — apelido de Francisco — Anglero nasceu em Porto Rico em 1944. Sua família foi para o Brooklyn em 1949, e foram os primeiros porto-riquenhos a viver em Coney Island, onde na época predominavam irlandeses, italianos, alemães e judeus. Durante a infância, nessa parte muito difícil do Brooklyn, a pele escura de Cisco e sua incapacidade de falar inglês fizeram dele um alvo das outras crianças. Ele me disse que "levava uma surra" quase toda vez que saía de casa, o que era mais que uma vez por dia, pois saía para entregar recados ou ir a escola. Seu pai lhe ensinou um tipo de luta francesa com os pés chamada *savate*, mas o proibiu terminantemente de lutar contra as crianças da vizinhança, de modo que ele simplesmente apanhava, com medo do que seu pai poderia fazer se ele lutasse e ferisse uma criança.

Em 1953, em seu nono aniversário, o pai de Cisco lhe deu uma luva de beisebol, que foi prontamente roubada por dois valentões da vizinhança, adolescentes de dezesseis e dezessete anos, respectivamente. Quando o pai de Cisco descobriu, perdeu a paciência e deu a seu filho permissão para se defender. Na verdade, ele foi muito além disso. Sabendo que Cisco seria vencido pelos meninos mais velhos, seu pai lhe entregou um taco de beisebol, colocou-o para fora de casa e deixou claro que era melhor ele voltar com a luva — ou outra coisa no lugar. Como estímulo adicional, ele disse que se Cisco não voltasse com a luva, quebraria o taco nas costas do filho. Cisco não acredita que seu pai tinha a intenção de cumprir a ameaça; sentiu que era um incentivo para fazer o que precisava fazer e enfrentar esses meninos mais velhos. Então, Cisco prontamente foi para a casa de cada um desses valentões, atraiu-os para fora e descarregou a raiva que vinha crescendo dentro de si havia anos, quebrando os joelhos de cada um com o bastão de forma brutal, especialmente tendo em conta sua idade. Desnecessário dizer que ele voltou com a luva para casa, e que depois que correu a notícia de que ele podia se defender, deixaram-no em paz.

Ao longo dos próximos anos a reputação de Cisco como alguém a ser temido só cresceu. Aos onze anos, ele e um amigo chamado Cookie começaram a levantar pesos, e logo Cisco ficou obcecado com isso. Ficou imensamente forte, e no fim da adolescência era tão grande quanto alguns dos melhores fisiculturistas do mundo. Aos dezessete anos, ele se gabava de ter quase cinquenta centímetros de bíceps, 1,27 metro de peito, uma cintura de 81 centímetros, e podia erguer 226 quilos. Aos 22 anos, embora tivesse pouco mais de um metro e meio, ele tinha 1,34 de peito, 53 centímetros de braço, e pesava 111 quilos. Ele treinava em um ginásio frequentado por Lou Ferrigno, e embora nunca tenha participado de nenhuma competição oficial de musculação, uma vez venceu, em uma competição informal, um fisiculturista de renome que se tornaria Mr. Universo. Não foi nada surpreendente que o jovem corpulento fosse contratado como segurança em vários clubes do Brooklyn e, mais tarde, como guarda-costas de alguns dos líderes do crime organizado na região. Mais tarde, usaram-no para cobrar dívidas. Finalmente, ele foi atraído pelo tráfico de drogas. Por qualquer que fosse o ângulo, Cisco levou uma vida estranha. Ele tinha um dia normal de trabalho, dirigindo um caminhão refrigerado de laticínios — coisa que fez por 38 anos —, mas, à noite, levava outra vida no mundo do crime organizado.

Cisco lembrou que durante todos esses anos, quando adolescente, sempre que ele voltava para casa depois de suas aventuras noturnas, sua mãe o cumprimentava em sua cadeira de balanço, feita pelo marido. O pai dela havia sido pastor pentecostal em Porto Rico, e sempre que ela não estava cozinhando ou limpando, podia ser encontrada em sua cadeira, orando e lendo a Bíblia. Cisco disse que ele entrava, ela carinhosamente perguntava como estava se sentindo e dizia que estivera orando para ele voltar para casa. Então, ela olhava para o céu e agradecia a Deus pela segurança do filho. Nada disso interessava a Cisco. Ele amava sua mãe, mas isso não era o tipo de coisa com que um cara durão de Coney Island devia se importar, e ele não se importava.

Na verdade, Cisco desprezava qualquer coisa ligada à igreja. Em grande parte, a razão disso tinha a ver com alguém do bairro que se tornou pastor. Cisco lembrava que esse homem dirigia uma igreja no meio de Coney Island, mas o que sabia dele não combinava com a imagem que tinha de como um pastor deveria se conduzir. Na maioria dos domingos, Cisco ia à casa de seu amigo Tito para jogar dominó. Esse pastor muitas vezes aparecia lá com cocaína e tentava seduzir as amigas das irmãs de Tito, que tinham todas entre doze e catorze anos. Cisco sabia que esse pastor tinha vinte e poucos anos e tinha uma esposa e filhos. Como ele podia viver consigo mesmo?

Como tinha asma, a mãe de Cisco começou a passar períodos no clima quente da Flórida. Mesmo lá, ela tinha ataques fortes de asma e corria para o hospital, mas depois de alguns dias, sempre se recuperava e a vida voltava ao normal. Isso aconteceu tantas vezes que se tornou um padrão previsível. Um dia, contudo, em 1968, quando Cisco tinha 24 anos, soube que a mãe havia morrido. Cisco não estava preparado para isso. Foi um choque tremendo. Sua mãe tinha apenas 52 anos. A notícia o atingiu com tanta força que Cisco começou a chorar incontrolavelmente. Quando ele saiu para ir para casa, ainda soluçando, viu o pastor de vinte e poucos anos. O fato de aquele hipócrita estar andando pela rua vivo, quando a pessoa que ele mais amava no mundo havia partido, deixou Cisco arrasado. De repente, ele se viu xingando Deus mais e mais. "Por que levou minha mãe?", gritava. "Ela ia à igreja o tempo todo. Ela O adorou e louvou, e você a deixou morrer! E esse pastor hipócrita que está sempre tentando molestar crianças, você deu a ele uma igreja e ele está andando por aí como se estivesse tudo bem!"

Depois desse dia, Cisco virou as costas para Deus completamente. Ele se tornou um homem de sucesso, matador de aluguel, mas durante nosso encontro naquela noite no restaurante italiano, ele deixou claro que não se sentia à vontade para me dar detalhes sobre essa parte obscura de sua vida. Durante esses anos, Cisco também afundou no tráfico de drogas. A certa altura, ele era o traficante principal de um bairro significativo no Brooklyn. Isso durou até 1988, quando ele foi preso por dois anos. Mas, mal havia sido libertado, foi preso de novo. Onze dias depois de sair da prisão, Cisco estava em casa, assistindo a um jogo dos Yankees. Percebendo que não tinha nada para beber em casa, foi até uma loja de bebidas na Brighton Beach Avenue e comprou cerveja. Assim que saiu da loja de bebidas, viu que dois oficiais do Departamento de Narcóticos haviam bloqueado seu carro com suas viaturas.

"O que vocês querem?", lhes perguntou. Eles disseram que iam revistar seu carro. Cisco era bastante cuidadoso e nunca tinha drogas consigo. Ele podia ser um dos maiores traficantes do Brooklyn, mas não seria pego com drogas no carro. Bem, os policiais não encontraram nada e Cisco estava prestes a entrar no carro e ir embora, quando um sargento da polícia apareceu numa van. Ele perguntou aos policiais o que haviam encontrado. Quando lhe disseram que nada, ele mandou um ir para a parte de trás da van, pegar um saco de um quilo de cocaína, colocá-lo sob seu colete e revistar o carro de Cisco novamente. Isso tudo foi dito bem na frente de Cisco.

Então, o policial foi até a parte de trás da van e voltou para revistar o carro de Cisco, dessa vez "encontrando" um quilo de cocaína, que ele levantou para que todos os espectadores pudessem ver e testemunhar no tribunal. Cisco sabia que não havia nada que pudesse fazer. Essa era a dura justiça daquele tempo e lugar. Os policiais sabiam que Cisco era um notório traficante de drogas, de modo que fazer uma armadilha para tirá-lo das ruas era perfeitamente aceitável. Os policiais o levaram para a delegacia e, naquele dia, ele começou aquela que seria uma jornada de seis anos no sistema penitenciário do estado de Nova York.

Depois que o autuaram, levaram Cisco a uma instalação correcional no Brooklyn, localizada no antigo Brooklyn Navy Yard. Cisco foi levado para o quinto andar, onde viu um telefone. Ele perguntou se poderia ligar para sua esposa, que, claro, não tinha ideia do porquê de seu marido não ter voltado para casa. Mas um grupo de prisioneiros rapidamente deixou claro que ele não poderia usar o telefone. Cisco ficou perplexo.

— Por quê? — perguntou. — Está quebrado?

— Não — disseram rispidamente. — Ninguém pode usar nada a menos que nós deixemos.

Três deles se aproximaram de Cisco, de forma ameaçadora. Um pouco mais tarde, ele falou com outros presos, que o informaram de que essa era a "gangue da casa". Os policiais haviam, em essência, deixado a gestão do lugar por conta deles. Enquanto Cisco estava sentado na beira da cama, silenciosamente indignado por esses homens o terem impedido de telefonar para casa, ele notou algo. Ao lado de cada cama havia pequenos armários de metal. Quando Cisco acidentalmente encostou em um, viu que não estava fixado no chão. Ele era grande e forte o suficiente para o que tinha em mente. Naquela noite, quando todos dormiam, Cisco levantou um dos armários e esmagou com ele, com toda sua considerável força, a cabeça adormecida do primeiro homem que o ameaçara, e a seguir, dos outros.

O terceiro acordou, mas Cisco conseguiu esmagar sua cabeça com o armário também. O quarto homem, que estava mais longe, viu o que estava acontecendo e correu gritando para a "bolha", que era como eles chamavam a área acrílica onde ficavam os policiais. Ele gritou que estava prestes a ser morto. Em um instante todas as luzes se acenderam e os policiais apareceram. Quando tentaram determinar o que havia acontecido, o capitão viu que havia sangue no armário de Cisco e lhe perguntou se ele havia feito tudo aquilo.

— Você está brincando? — disse Cisco. — É minha primeira vez aqui. Por que você não os acorda e pergunta a *eles* quem fez isso?

Os cinco membros da gangue da casa foram levados, quatro para a enfermaria. Quando Cisco se levantou, na manhã seguinte, perguntou ao restante dos homens se podia usar o telefone, e eles rapidamente informaram que era todo dele — que o telefone "era dele agora". Seja por causa do espancamento que haviam presenciado, ou pelo rumor de que Cisco tinha ligação com o crime organizado do lado de fora ou, mais provavelmente, porque os cinco membros da gangue da casa haviam desaparecido, as coisas já eram outras. Cisco pôde usar o telefone tanto quanto quis. Mas ele sabia que havia um monte de homens lá que nunca haviam sido autorizados a usar o telefone. Então, perguntou:

— Quantos de vocês nunca chegaram a falar com seus familiares?

Cerca de dez mãos se levantaram.

— Venham aqui — disse Cisco. — Peguem o telefone e liguem para casa.

E disse que podiam levar o tempo que quisessem.

Não muito tempo depois, Cisco esbarrou com um dos capitães da família do crime organizado para quem trabalhara, que estava cumprindo pena lá. O homem havia recebido instruções para cuidar de Cisco, e lhe arranjou um emprego no refeitório. Cisco trabalhava lá havia quatro ou cinco meses quando dois velhos amigos de seu bairro entraram. Eram Hector, um porto-riquenho, e Frankie, um afro-americano. Ele não os havia visto ainda, e todos se cumprimentaram cordialmente. E então, os dois perguntaram a Cisco se ele queria ir com eles assistir aos cultos da igreja lá em cima. Havia cultos toda semana em alguma parte da cadeia. Cisco pensou que eles deviam estar de brincadeira. "Ir aonde?", perguntou. Ele deixou claro que não estava interessado. A seguir, os três se sentaram e Cisco lhes contou como havia ido parar lá, começando com a morte de sua mãe e sua raiva contra Deus, e a espiral descendente até se tornar um insensível traficante de drogas.

Durante as próximas semanas ficou claro que Hector e Frankie haviam "encontrado Deus" na prisão. A cada chance que tinham, perguntavam se Cisco queria se juntar a eles nos cultos, e toda vez Cisco se recusava terminantemente.

— Esqueçam isso — dizia ele. — Isso pode servir para vocês, mas não é para mim.

Eles continuaram convidando-o. Um dia, Cisco cansou e explodiu.

— Não! — disse enfaticamente. — Vocês me convidam toda semana! Deixem-me em paz! Vocês estão me deixando louco! Então, ele ligou seu walkman para não ouvir os amigos irritantes. Mas, sem razão aparente, o aparelho não funcionou. Então, perguntou a Hector:

— Posso usar seu walkman?

Hector deu seu walkman a Cisco, mas, por algum motivo, não funcionou também. Cisco não seria dissuadido. Ele perguntou a Frankie se o walkman dele estava funcionando. Frankie disse que sim, que havia colocado pilhas novas naquela manhã. Então, Frankie entregou o walkman, mas quando Cisco tentou ligá-lo, recusou-se a funcionar direito. Cisco não conseguia entender o que estava acontecendo. Estava frustrado e irritado. Era incompreensível. Hector e Frankie saíram para o culto, deixando Cisco sozinho em sua cama, cercado por homens que escutavam seus próprios walkmans ou dormiam e roncavam. Ele pensou em ligar a TV, mas não funcionava. Dessa vez ele ficou furioso. Que diabos ia fazer sem música e sem TV em uma sala cheia de homens roncando? Então, Cisco pensou que poderia muito bem ir ao culto. Qualquer coisa era melhor que ouvir aqueles homens roncando. Ele foi até o culto e viu que a pastora não era outra senão a dra. Matthews, sua pneumologista. Como sua mãe, Cisco também tinha asma, e a dra. Matthews o havia tratado. Mas ali ela fazia o papel de pregadora também. Hector e Frankie ficaram emocionados ao ver que Cisco havia chegado, afinal.

— Está sentindo? — perguntaram-lhe.

Cisco disse que não sentia absolutamente nada. O que ele deveria sentir?

Mais uma vez, na semana seguinte, eles lhe perguntaram se os queria acompanhar. Ele não quis. Seu walkman estava funcionando agora, então ele o ligou e se deitou no beliche. Mas, cinco minutos depois de eles terem saído, Cisco começou a se sentir imensamente agitado. Ele normalmente era calmo e tranquilo, mas, por alguma razão, naquele momento, sentia-se bastante agitado e estranho, como se seu coração fosse sair pela boca. Ele começou a andar de um lado para o outro na cela. E por motivo algum que pudesse fazer sentido, ele se sentiu compelido a subir para o culto.

Como todos já haviam subido, Cisco foi até a "bolha" para pedir permissão. Mas o policial disse que era tarde demais. Disse que ele teria que esperar até quarta-feira. Mas Cisco não podia esperar. Então, pediu ao policial para chamar o capitão. Cisco havia feito bastante trabalho sujo para esse capitão, que também era ligado à família do crime organizado para a qual Cisco havia trabalhado. Toda vez que alguém o contrariava ou saía da linha, o capitão mandava Cisco para a cela do sujeito para lhe dar uma surra. Para isso, ele ganhava cinquenta dólares.

— Diga a ele que eu quero assistir ao culto e que você não me deixou ir — disse Cisco, esperando que o capitão lhe pudesse dar a permissão.

E na verdade, ele podia.

Então, Cisco subiu para o culto. Mas, quando olhou para a sala, teve uma sensação estranha. Todos estavam cantando, como na semana anterior. Essa não era sua praia, mas havia sido difícil chegar ali, de modo que ele por fim entrou e ficou em pé no fundo, pois não havia cadeiras para todos.

Ele estava cerca de dez metros do grupo que liderava a música, posicionado sobre uma pequena plataforma. Foi quando olhou para cima e viu alguém na plataforma que ele reconheceu — parecia sua mãe. Ela fazia parte do grupo de louvor.

Cisco disse a si mesmo: "É minha mãe...". E então, pensou: "Mas minha mãe está morta". Nesse momento, ele começou a chorar e não conseguia parar.

Hector e Frankie foram até ele, Hector perguntou:

— Deus tocou você? Está sentindo alguma coisa?

Cisco respondeu:

— Se não quiser levar um soco na cara, deixe-me em paz...

Os dois entenderam o recado e se afastaram.

Quando a música de adoração acabou, houve um apelo para orar e receber Jesus. Cisco olhou e viu sua mãe acenando para ele ir para a frente, para o altar. Ela lhe sorria com aquele sorriso que ele sempre amara. Ele foi para a frente com olhos ainda cheios de lágrimas. No altar, Cisco se ajoelhou, e a dr. Matthews, a ministrante, se dirigiu aos que estavam reunidos. Fizeram o que ela disse ser a "oração do pecador". Todos a repetiram, inclusive Cisco. Ela terminou e todos se levantaram. Quando Cisco se levantou, perguntou a si mesmo: "Onde está minha mãe?". E começou a olhar em volta procurando-a.

Nesse momento, uma afro-americana, vendo que Cisco procurava alguma coisa, aproximou-se dele.

— Você está procurando alguém? — perguntou.

Cisco disse:

— Sim, eu vi uma mulher há poucos minutos que parecia minha mãe. Ela acenou para eu vir para a frente e sorriu para mim. Mas não a vejo agora.

Então, a senhora negra disse:

— Fui eu que acenei para você vir à frente. Eu estava sorrindo e acenando para você vir e aceitar o Senhor.

Mas a mãe de Cisco tinha pele clara, e a dessa mulher era extremamente escura, tão escura que Cisco dizia que sua pele parecia brilhar. Sua mãe tinha apenas um metro e meio de altura, e aquela mulher tinha mais ou menos 1,70 metro. A mãe de Cisco fora uma mulher magra, com pouco mais de

45 quilos, enquanto a senhora era bem corpulenta, e provavelmente pesava quase setenta quilos. Embora ambas tivessem cabelo preto, o dessa mulher era bem crespo. E o da mãe de Cisco era liso. E sua mãe tinha um dente de ouro, mas Cisco viu que essa mulher não tinha dente de ouro algum. Cisco não sabia o que pensar. Disse a si mesmo: "Se não era minha mãe, o que foi que eu vi?".

Nesse momento Cisco começou a se afastar, muito confuso. Mas a dra. Matthews o viu e o chamou.

— Aqui, Francisco — disse ela.

Claramente ela ansiava por esse momento. Entregou-lhe uma grande Bíblia novinha em folha. Cisco a abriu e a olhou.

— Legal — disse ele, e a devolveu.

Mas ela disse:

— Não, é para você. Com esta Bíblia você vai começar seu ministério.

Cisco não tinha ideia do que ela estava falando. O que ela queria dizer com "seu ministério"? Como ela poderia saber se ele tinha um ministério, seja lá o que isso significasse? No entanto, ele pegou a Bíblia e saiu. Cisco ainda tem aquela Bíblia, com a data do dia em que ele a ganhou: 25 de setembro de 1990.

Depois daquele dia, Cisco ia toda vez que havia culto. O que aconteceu com ele naquele primeiro culto o mudara para sempre; e ainda o afeta profundamente. Depois de recontar essa história, ele disse, enxugando as lágrimas dos olhos:

— Eu tinha 24 quando minha mãe morreu, e não a via desde os meus 22. Olhando para trás agora, aos setenta anos, você pode ver como ainda me sinto em relação a ela. Deus fez alguma coisa com meus olhos naquele dia na capela. Como eu amava minha mãe, e por causa do jeito como que eu havia amaldiçoado Deus, Ele me deu a visão dela, sabendo que era a única maneira de eu ir a Ele. E Ele sabia qual era o propósito de minha vida, o que Ele havia reservado para mim.

2. Milagres de cura

Pois eu sou o Senhor que os cura.
Êxodo 15,26

Uma grande multidão dirigiu-se a ele, levando-lhe os aleijados, os cegos, os mancos, os mudos e muitos outros, e os colocaram aos seus pés; e ele os curou.
Mateus 15,30

Quando as pessoas falam de milagres, normalmente pensam em milagres de cura. Talvez porque há algo bastante organizado e binário neles. Um dia, o tumor está lá; no dia seguinte, não mais. Alguém intercede por um homem cego e ele recupera a visão. O tele-evangelista ora por uma mulher de muletas, ela as atira longe e sai pulando. Se esses milagres acontecem é outra coisa, mas quando alguém menciona a palavra "milagre", a maioria pensa nesse tipo de cena.

Neste capítulo vou apresentar cinco relatos de milagres de cura, mas quando perguntei aos meus amigos se eles haviam experimentado milagres, bem mais de cinco me ofereceram histórias de curas milagrosas. São mais comuns do que eu pensava. Lembro-me de minha própria avó me dizendo que ela havia orado pela própria perna, que doía, e "sentiu um ardor" e foi instantaneamente curada. Isso foi na década de 1970. Minha mãe estava no trabalho e minha avó cuidava de mim e do meu irmão durante as férias de verão. Ela me disse que falara com Deus, dizendo: "Eu não posso cuidar dessas crianças hoje, a não ser que o Senhor me cure", e quando estava falando com Deus — ou seja, quando estava orando —, ela sentiu um calor em sua perna e foi curada, simples assim. Ela não era uma mulher dada a exageros. Embora não haja nada de dramático nisso, eu o menciono porque tenho ouvido muitas histórias como essa ao longo dos anos. A maioria delas não é especialmente dramática, mas todas são incríveis.

Embora eu mesmo tenha rogado centenas de vezes por uma cura, não possuo histórias de respostas a essas orações para contar. Lembro-me de, no verão de 1990, estar nas ruas quentes do South Bronx. Eu e alguns amigos da igreja da Times Square e da de Saint Paul, em Darien, Connecticut, estávamos fazendo evangelismo nessa área empobrecida, orando pelas pessoas e falando com elas sobre Deus. Um senhor negro encostado na fachada de uma loja nos pediu para orar por ele; levantou a camisa e revelou um abscesso terrível. Quando abaixou a camisa, nós lhe impusemos as mãos e oramos com fé em nome de Jesus. Se uma cura aconteceu, nunca saberemos. Mas só porque essas coisas não acontecem como gostaríamos não significa que não devamos orar, sabendo que Deus pode curar. A Bíblia diz claramente que Deus quer que lhe peçamos ajuda quando precisarmos dEle, e é claro que pedir a cura quando estamos doentes é isso. Se Ele nos cura, é outra história, mas se não lhe pedirmos, estaremos negando a possibilidade de que poderia acontecer. Assim, devemos pedir. E como ilustram as histórias seguintes, Deus realmente pode nos curar.

CISCO E HECTOR

No capítulo anterior, contei a história de como Cisco Anglero encontrou Deus. Mas esse não foi o fim do que aconteceu com ele. Na verdade, enquanto ele ainda estava na prisão, Deus o usou de forma espetacular.

Cisco relembrou que um dia, cerca de seis semanas depois de sua experiência de conversão dramática (ver página 43), ele estava voltando do trabalho na KK — que era como eles chamavam o refeitório dos oficiais — quando viu que seu amigo Hector estava na cama, retorcendo-se e tremendo. A temperatura era de 24°C, mas, por algum motivo, Hector usava botas e meias, uma blusa de lã, um casaco pesado e um cobertor grosso de inverno. Cisco lhe perguntou o que estava errado:

— Não sei — disse Hector. — Parece que estou morrendo.

Na memória de Cisco, Hector sempre teve cerca de cem quilos e era muito musculoso, mas quando Hector e Frankie chegaram, Cisco notara que Hector estava visivelmente mais magro. Mas ele não lhe perguntou por quê. Cisco sempre aprendeu a cuidar da própria vida: se alguém quisesse que ele soubesse de alguma coisa, contaria. Mas a verdade é que Hector havia contraído aids. Ele tinha, talvez, uns oitenta quilos quando Cisco o vira pela primeira alguns meses antes. Nauquele momento, estava ainda mais magro.

Cisco não tinha ideia de como responder ao que seu amigo havia dito, de modo que simplesmente se sentou no beliche e abriu a Bíblia. Mas Hector o chamou:

— Cisco, venha aqui.

— Qual é o problema, Hector? — disse Cisco aproximando-se da cama. — O que posso fazer por você?

— O Espírito Santo me disse que, se você orar por mim, o que estou sentindo agora vai embora.

Cisco não tinha ideia do que fazer com o que Hector havia acabado de dizer. Afinal, ele era cristão havia somente seis semanas.

— Se eu orar por você? — disse Cisco. — Eu não sei orar.

Mas Cisco amava seu amigo e queria fazer o que pudesse. Uma coisa que ele havia aprendido era que as orações eram mais poderosas quando a pessoa que orava não tinha nenhum pecado não confessado. Então, ele disse a Deus:

— Senhor, se eu estiver fazendo algo que você não quer que eu faça, mostre-me. Mas eu não quero que meu amigo fique assim.

E então, ali mesmo ao lado da cama, Cisco começou a orar por Hector da única maneira que sabia. Suas orações eram simples, mas profundamente sinceras.

De repente, uma luz muito brilhante — "brilhante como o sol", disse ele — cobriu os dois, "como um halo. Era um círculo". Eles estavam no segundo andar do presídio, de modo que não poderia ter sido luz solar de verdade. Cisco disse que quando terminou a oração, a luz foi embora; ele voltou para sua cama e se sentou. Então, repentinamente, viu Hector se levantar, jogar longe os cobertores, tirar o casaco e a blusa de lã também. E Hector começou a dar pulos, dizendo repetidamente:

— Obrigado, Jesus! Obrigado, Jesus! Obrigado, Jesus!

Um dos agentes penitenciários viu o que estava acontecendo. Ele sabia que Hector estava muito mal, de modo que imediatamente ligou para a dra. Matthews na enfermaria e lhe disse que Hector havia tirado a roupa e estava aos pulos. Poucos minutos depois, a dra. Matthews apareceu e perguntou a Hector o que havia acontecido. Ele lhe contou tudo. Então, ela o examinou e disse que não parecia haver nada de errado com ele. Por nenhuma razão além da oração que Cisco fizera, Hector subitamente se sentia bem.

O que aconteceu naquele dia foi claramente desconcertante e dramático, mas não deteve o progresso global da doença. Hector continuou a perder peso e a enfraquecer.

Cerca de dois meses depois do dia em que orou por Hector, Cisco teve uma péssima discussão no telefone com sua esposa, Christine. Isso o afetou tanto que ele parou de ler a Bíblia e de orar. Foi um período muito sombrio para ele.

Um dia, durante esse tempo, Cisco entrou no dormitório e viu que estavam levando Hector em uma cadeira de rodas. Soube que o estavam levando para o Kings County Hospital, onde a dra. Matthews fazia residência. O peso de Hector caíra para cerca de 65 quilos. A dra. Matthews estava com Hector, e ela chamou Cisco de lado e explicou que não havia mais nada que pudesse fazer por ele. Eles o internariam no hospital para deixá-lo mais confortável enquanto a doença seguia o curso inevitável.

Uns dez dias depois, um policial se aproximou de Cisco e disse que ele tinha uma visita. Cisco nunca recebia visitas. Ele fizera questão de dizer à esposa, Christine, para nunca visitá-lo, por isso, tinha certeza de que não era ela. Seus irmãos moravam em Porto Rico, de modo que sabia não ser algum dos dois. Sua irmã morava na Flórida. Cisco não tinha ideia de quem poderia ser. Mas ele foi para a sala de visitas e viu uma mulher entrando. Ela se sentou e disse que era a mãe de Hector. Cisco perguntou como Hector estava, e ela disse que nada bem. Ele recebia muitos remédios e medicamentos na veia. Seu peso caíra para 54 quilos.

Mas a mãe de Hector disse que o filho lhe contara a história de como Cisco havia orado por ele e como os sintomas haviam desaparecido na hora. Segundo ela, Hector havia dito que Deus falara com ele de novo. Ele lhe dissera que se Cisco intercedesse por ele de novo, ele seria curado por completo. Não só os sintomas, mas a doença em si. Cisco outra vez não tinha ideia do que fazer. Como ele poderia orar por Hector? Ele estava na prisão. Certamente não poderia ir ao Kings County Hospital e interceder por seu amigo pessoalmente. A única coisa que conseguiu pensar foi em ir até a enfermaria e falar com a dra. Matthews. Talvez ela pudesse ligar para o Kings County, já que era residente lá. Talvez colocassem Hector ao telefone e Cisco poderia orar por ele dessa forma.

Cisco disse à mãe de Hector que faria tudo que pudesse. Então, desceu à enfermaria, encontrou a dra. Matthews e explicou a situação. Ele disse que sentia que precisava orar por Hector por telefone. A dra. Matthews falou que iria ver o que dava para fazer. Ela ligou para o Kings County imediatamente e pediu para falar com Hector. Mas isso não foi possível. Disseram-lhe que ela poderia falar com o médico responsável, ou com a enfermeira-chefe, mas não com o próprio Hector. Ela podia ir visitá-lo, se quisesse, mas falar com ele por telefone simplesmente não era permitido. Eles estavam em um impasse.

— Não sei mais o que fazer — disse ela a Cisco.

Então, pela primeira vez na vida, Cisco ouviu Deus falar com ele, dizendo-lhe para pegar o número de telefone que a dra. Matthews havia acabado de discar. Ele lhe pediu o número.

A dra. Matthews não sabia o que Cisco estava achando que poderia fazer com o número. Explicou-lhe que se não deixavam ela falar com Hector, certamente não deixariam Cisco. Mas ele estava certo do que havia ouvido. Deus lhe disse para pegar o número, então ele insistiu. Por fim, ela cedeu e lhe deu o número. Cisco imediatamente saiu da enfermaria e subiu para usar o telefone. No entanto, quando ia fazer isso, Deus falou novamente, dizendo ainda não, que esperasse. Assim, ele obedientemente foi para sua cama e esperou. O uso do telefone era restrito, e não se permitiam chamadas após as 22 horas. Mas só depois das dez da noite, Cisco ouviu a voz de Deus pela terceira vez, dizendo: "Agora. Vá".

Cisco foi até a "bolha", bateu no vidro e disse ao policial que tinha que fazer uma ligação. O policial riu, imaginando que Cisco estava de brincadeira. Mas Cisco deixou claro que não estava brincando.

— Preciso dar um telefonema — disse ele. — Preciso ligar para o Kings County.

O policial disse que não era possível. O telefone já estava desligado, e ele não ia arriscar perder o emprego deixando Cisco usá-lo.

Cisco disse que, naquele momento "algo simplesmente surgiu em mim e eu falei: 'Se você não me der o telefone, a responsabilidade será sua'". Mais tarde Cisco achou que Deus deveria ter falado por meio dele, porque ele não tinha certeza de tê-lo pronunciado. Mas a urgência foi poderosa. As palavras abalaram o policial de alguma forma, e ele logo mudou de ideia e deu o telefone a Cisco. Mas disse:

— Por favor, só dez minutos. Se ficar mais tempo e o pegarem, eu serei demitido!

Cisco discou o número. A enfermeira atendeu. Ela perguntou se ele era parente de Hector. Cisco disse que não, que era um amigo. A enfermeira disse que lamentava, se quisesse falar com o paciente, tinha que ser parente. Mas que ele poderia ir lá pessoalmente. Cisco explicou que não poderia ir porque estava ligando da prisão. A enfermeira disse que era ainda pior, que ele podia esquecer, pois não ia falar com Hector.

Mas, pela segunda vez, uma tremenda ousadia brotou de Cisco.

— Se você não colocar Hector no telefone — disse ele à enfermeira — Deus disse que vai castigá-la.

Neste momento, Hector, cuja cama devia estar ali perto, disse algo à enfermeira. Cisco podia ouvir sua voz pelo telefone. Hector, obviamente, sabia que Cisco estava na linha por causa do que ele ouvira a enfermeira dizer no fim. Por fim, a enfermeira cedeu.

— Tudo bem, tudo bem — disse ela —, mas você só pode falar alguns minutos, porque senão eu vou ficar em apuros.

Ela entregou o telefone a Hector.

— O que houve, parceiro? — perguntou Cisco.

Hector disse que o Espírito Santo havia falado com ele de novo.

— Ele me disse que você iria orar por mim — disse Hector — e que Ele ia me curar.

Cisco sabia que o que Hector dissera da última vez acontecera exatamente do jeito que ele previra. Não havia muito tempo, de modo que Cisco orou pela cura de Hector por telefone. Depois que terminou a oração, disse a Hector que o amava e desligou.

Naquela sexta-feira, os policiais disseram a Cisco que ele tinha outra visita. Ele foi até a sala de visitas e viu a mãe de Hector entrando. Pelo olhar no rosto dela, Cisco achou que ela estava ali para lhe dizer que Hector havia morrido. Ele se preparou. Mas quando ela chegou à mesa, sua expressão mudou. Ela estava radiante. Disse a Cisco que o que aconteceu quando ele orou fora um milagre. Disse que, alguns minutos depois que ele terminou a oração e desligou, todo o corpo de Hector começou a tremer violentamente, tanto que todas as agulhas intravenosas saíram de seu corpo. A seguir, ele caiu da cama, levantou-se e começou a pular de um lado para o outro, repetidas vezes, agradecendo a Deus. Foi um milagre. Ela disse que os médicos do Kings County haviam examinado Hector nos últimos três dias e não conseguiram encontrar nenhuma evidência do HIV em seu corpo. Eles decidiram mantê-lo ali por mais algumas semanas só para se certificar de que ele estava bem, mas, depois disso, iam lhe dar alta.

Essa foi a última vez que Cisco ouviu falar de Hector por cerca de cinco anos.

Não muito tempo depois da cura de Hector, Cisco estava dormindo no beliche quando, de repente, acordou, suando. Ele não sabia se era um sonho ou visão, mas Deus havia falado com ele, dizendo que ia prepará-lo para dirigir uma pastoral para homens alcoólatras, viciados em drogas, com transtornos mentais, ex-presidiários e sem-teto.

Depois de algum tempo, Cisco foi transferido para um presídio no norte do Estado, e a seguir, para Rikers Island. Depois de Rikers, ele foi para Ulster County, e depois para o Eastern Correctional. Por fim, saiu em 1992, voltando para sua casa e sua esposa, Christine, em Coney Island. Cisco começou a frequentar uma igreja próxima chamada Coney Island Gospel Assembly. O fundador da igreja era um homem chamado Jack San Filippo, falecido pouco tempo antes, de modo que sua filha se tornara pastora e Cisco era diácono. Certo domingo, depois da missa, Cisco estava sentado no gabinete pastoral quando recebeu um telefonema do pastor Larry Johnson, diretor da Victory Outreach.

Ele explicou que sete homens sem-teto estavam alojados na igreja de Victory Outreach, mas que não poderiam ficar por vários motivos.

— Será que a Coney Island Gospel Assembly estaria disposta a ficar com eles? — perguntou Larry.

A pastora perguntou a Cisco se ele poderia assumir a responsabilidade deles.

— Eu não sou babá! — rebateu Cisco.

Mas então, sentiu "algo como um relâmpago" bater na parte de trás de sua cabeça. E ouviu uma voz lhe dizendo: "Lembre-se!". Era Deus avivando em sua memória a vez em que lhe dissera que, um dia, Cisco lideraria uma pastoral para sem-tetos, ex-presidiários, alcoólatras, viciados em drogas e pessoas com transtornos mentais. Então, Cisco mudou de ideia, e esses sete homens acabaram se transformando na pastoral que ele dirigiu por nove anos.

Um ano depois, Cisco estava na DeKalb Avenue, no Brooklyn, com seu agente da condicional. No caminho para casa, parou em um restaurante para tomar um refrigerante, quando esbarrou em alguém que conhecia seu velho amigo Hector. Fazia cinco anos que ele havia orado por Hector por telefone e não soubera mais dele desde então. De modo que lhe perguntou sem rodeios sobre Hector. Teria alguma notícia dele? O amigo disse que Hector estava saudável. Na verdade, estava naquele momento no seminário, preparando-se para ser pastor.

A pastoral para homens de Cisco no Brooklyn prosperou muito. Ao longo dos anos seguintes, entre 1200 e 1500 homens passaram por ela. Os diários mantidos por Cisco e a pastora documentam que durante o período de nove anos, mais de oitocentos deles entregaram a vida a Deus, voltaram para suas famílias e arrumaram emprego. Cisco vem ajudando os homens no Brooklyn desde então.

UMA SIMPLES ORAÇÃO DE CURA

Eu conheci meu amigo John Alan Turner há uns dez anos, e cada vez que nos encontramos, eu fico maravilhado ao ver como somos parecidos, especialmente no gosto pela literatura e no senso de humor. John estudou na Universidade Pepperdine, na faculdade Pacific Christian e na Escola de Teologia de Londres, e depois foi para o pastorado. Um dia, John me contou algo que aconteceu na primavera de 2000, durante um culto de domingo de manhã em Columbia, Maryland.

John tinha na época trinta anos e era pastor da igreja Columbia Church of Christ. A congregação era relativamente pequena, com 125 pessoas presentes a cada semana — mas isso em um dos condados com o menor número de igrejas dos Estados Unidos. "Nós lutávamos para manter as luzes e a esperança acesas", ele dizia. Não havia um edifício para a igreja, de modo que se reuniam no centro comunitário local, que alugavam para o culto de domingo. Segundo John, a sala em que se reuniam era tão genérica que chegava a ser deprimente, "o tipo de lugar em que as pessoas podem fazer todo tipo de evento, desde uma festa de casamento até aulas de dança para crianças". Toda semana, os voluntários da igreja tinham que chegar cedo para montar tudo, e desmontar depois.

Em sua congregação havia um membro de fala mansa chamado Michael, que era psiquiatra. Michael fazia parte do grupo de voluntários que se revezavam para liderar o louvor, e naquela semana era a vez dele. O pai de Michael, com quem ele tivera um relacionamento bastante doloroso e tumultuado, havia morrido recentemente. Ele maltratara o filho, com um temperamento religioso rigoroso. John dizia que ele era "o tipo de católico que acredita que as crianças precisam ser espancadas periodicamente sem nenhuma outra razão além de ajudá-las a vencer o pecado original e ensinar-lhes como Jesus sofreu". A morte do pai de Michael foi súbita e inesperada, e John podia ver que ele estava tendo muita dificuldade para conciliar suas emoções, decididamente mistas. Mais de uma vez Michael disse: "Eu não sei como as pessoas conseguem lidar com coisas como esta sem a família da fé. Acho que é o que mantém gente como eu em pé".

Nesse domingo, John entrou na sala onde se reuniam para o culto quando Michael, que já estava lá, se aproximou. John notou que ele usava uma tipoia e andava devagar. Por alguma razão, John teve um mau pressentimento.

— John — disse Michael —, pincei um nervo do pescoço. Meu braço está formigando. Começou sexta-feira, e estava tão ruim que tive que cancelar todos os meus pacientes do dia. Fui ao médico e pensei que ia melhorar, mas está latejando. Não posso liderar o louvor hoje, desculpe.

Os olhos de Michael brilhavam, e John pôde ver que se tratava de lágrimas. Ele sofria física, emocional e espiritualmente. Obviamente tocar violão e liderar as músicas estava fora de questão.

A mente de John começou a trabalhar imediatamente. Ele tinha um culto para dirigir em poucos minutos. Mas não queria pregar e cuidar da música também. Achou que ficaria parecendo um apresentador. Lutando mentalmente para descobrir o melhor a fazer, ele acabou não dando atenção a Michael. Disse que tudo bem, que ele devia descansar um pouco e que esperava que ele logo se sentisse melhor. Depois de conversar rapidamente com algumas pessoas, encontrou alguém para ocupar o lugar de Michael. Então, respirou fundo e começou o culto.

Os cultos sempre começavam com uma música, e depois John saudava a todos, dava alguns avisos de próximos eventos e fazia a congregação se levantar para cumprimentar uns aos outros. Essa semana, após a primeira música, quando John brilhantemente disse "Bom dia!" para a congregação, viu Michael sentado no canto, fazendo uma nítida careta de dor e desconforto, embora tentasse parecer simpático.

John percebeu que não poderia continuar. Parou tudo e fez algo que nunca havia feito antes. Na verdade, ele nunca se desviava dos planos, mas nesse momento sentiu algo se movendo dentro de si que não podia ignorar. De modo que, em vez de seguir a liturgia, ele simplesmente disse:

— Gente, vocês conhecem Michael. Pela escala, ele deveria conduzir a música nesta manhã. Mas ele não pode. Está com nervo comprimido no pescoço que está lhe causando muita dor. Inclusive isso lhe custou seus pacientes na sexta-feira. Sabem de uma coisa? Vamos orar por ele agora.

John pediu a Michael que deixasse seu banco e fosse para a frente, onde John estava, diante da congregação. John colocou a mão no ombro bom de Michael e depois orou espontaneamente:

— Deus, muito obrigado por Michael e seu coração servidor. Você sabe que ele teve um ano difícil com a morte do pai. E sabe quanta dor ele está sentindo agora, por dentro e por fora. Deus, não creio que isso seja seu melhor para ele. Não acredito que o Senhor goste de ver Michael sofrer assim. A dor do luto não pode desaparecer em um instante, mas a dor no braço, sim. O Senhor pode fazer isso. Todos nós adoraríamos se fizesse. Mas se não o fizer, continue a fazer de Michael um homem corajoso e forte, e ajude-nos a saber como ser melhores amigos e vizinhos para ele e para os outros ao nosso redor. Oro em nome de Jesus. Amém.

Michael estava visivelmente emocionado. John também. Com isso, Michael voltou ao seu lugar e retornaram à liturgia prevista do culto, que, neste ponto, consistia em mais louvor.

Então, cerca de dez minutos depois, bem no meio de uma das músicas, Michael, sempre moderado e de fala mansa, literalmente começou a pular. Mais e mais. E então, foi correndo para a frente acenando com o braço ruim para todo lado, como um louco.

— Ele me curou, John! — disse Michael. — Ele realmente me curou!

Michael nunca foi exuberante, mas dessa vez pegou o microfone de um dos cantores na frente e disse:

— Gente, não sei como explicar, mas eu estava sentado lá atrás durante o culto, e meu braço começou a ficar bem quente, e, a seguir, parece que ele suspirou de alívio. E agora, vejam só!

Ele agitou o braço mais uma vez. A congregação não estava acostumada a ver esse tipo de coisa nas manhãs de domingo em sua igreja, mas também não eram céticos, e sabiam que algo realmente extraordinário havia acontecido. Eles conheciam Michael bem o suficiente para entender que fora um milagre de boa-fé, e todos espontaneamente começaram a bater palmas e a gritar.

Depois que as coisas se acalmaram e Michael voltou para o banco, John começou a pregar o sermão. Mas, como prosseguir depois de uma coisa dessas? Quem poderia pensar em qualquer coisa, exceto no que havia acontecido? Hoje John diz que deveria ter pulado o sermão e ficado ali só louvando e adorando, e depois ir para casa. Pelo que lhe dizia respeito, o milagre do braço de Michael era todo o sermão de que alguém necessitava naquela manhã.

Hoje, John e Michael vivem em cidades diferentes, mas nas raras ocasiões em que se encontram, Michael conta a quem quiser ouvir sobre "o tempo em que John curou meu braço". E cada vez que ele diz isso, John o corrige, dizendo que foi "o tempo em que Deus curou o braço de Michael, e eu simplesmente estava lá".

ALÉRGICA A TUDO

Eu conheci minha amiga Lucy Schafer em meados dos anos 1990, por meio de amigos em comum na Igreja Presbiteriana Redeemer, no Upper East Side, em Manhattan. Lucy, na época, trabalhava longas horas como produtora associada de um programa de notícias.

Foi durante o jantar em uma linda noite de verão, cerca de quinze anos atrás, que Lucy Schafer nos contou sua história. Em todos esses anos, nunca esqueci.

Lucy cresceu em Manhattan, Nova York, em uma família judia, no Upper East Side. Eles eram religiosos praticantes, mas "culturalmente assimilados", como Lucy colocou. Seu pai se formara em Columbia no início dos anos 1940 e, a seguir, cursara Direito em Yale. Sua mãe frequentara a Barnard. Lúcia explicou que a educação — especificamente a formação na Ivy League — era absolutamente essencial nos planos de seus pais para ela, tanto que, aos cinco anos, Lucy sabia que não só frequentaria uma faculdade da Ivy League, mas que faria pós-graduação lá também. Essas eram as expectativas. E foi o que ela fez, concluindo a Dartmouth e fazendo pós-graduação na escola de Direito de Yale em meados dos anos 1980.

Durante o último ano da faculdade e o primeiro ano da escola de Direito, Lucy começou a sentir uma fadiga incomum e ficava doente com frequência. No verão depois de seu primeiro ano em Yale, começou a ter fortes reações alérgicas. Suas alergias a coisas típicas como pólen, cães e gatos já havia começado a se intensificar durante a faculdade, mas, de repente, pioraram terrivelmente e ela reagia mal a uma série de coisas novas: o cheiro do perfume e do xampu, de pesticidas e da fumaça dos carros. Quase tudo que tivesse produtos químicos. Chegou ao ponto de até a tinta dos jornais fazer seu rosto inchar. Ela ficou tão doente que teve que tirar uma licença médica e se afastar da escola de Direito. Lucy sentia uma fadiga extraordinária e tinha hematomas sem motivo aparente, e embora já fosse magra, perdeu quase cinco quilos da noite para o dia, mesmo comendo o máximo que podia. Em busca de ajuda, foi parar no Massachusetts General, onde foi atendida pela chefe de imunologia, e depois no Yale Medical School e muitos outros hospitais de prestígio no nordeste. Mas, mesmo com sua persistência, não conseguiu obter um bom diagnóstico, muito menos qualquer tipo de ajuda.

No desespero, começou a falar com outras pessoas que sofriam de coisas semelhantes, e acabou ouvindo falar de um imunologista em San Francisco, na UCSF, que estava obtendo sucesso com alguns pacientes. Ela comprou uma passagem para San Francisco e foi se consultar com ele. Não havia nada que a mantivesse no nordeste. Ela estava muito fraca para continuar os estudos, e o homem que ela namorava havia sete anos, com o qual planejava se casar, a deixara, incapaz de lidar com o que ela estava passando. "Eu a amo", disse ele, "mas você é alérgica a minha vida." O médico em San Francisco achou que poderia ajudar Lucy e começou a tratá-la. Mais tarde, ele e um endocrinologista com quem estava trabalhando chegaram a um diagnóstico. Lucy soube que tinha duas doenças autoimunes que afetavam sua tireoide e seus ovários, respectivamente. Essa parecia ser a causa das contusões misteriosas e da fadiga que ela sentia. Os médicos conseguiram controlar a doença da tireoide com altíssimas doses de medicamento, mas não havia nada que pudessem fazer quanto à doença autoimune que afetava os ovários. E as alergias pioravam.

Ela encontrou um lugar para morar em São Francisco, no distrito de Outer Richmond, perto do mar, na esperança de que o ar limpo a ajudasse, mas sua sensibilidade a tudo só aumentou. Chegou a um ponto que ela conseguia tolerar poucos alimentos e só beber água mineral. Para se lavar, podia apenas usar um sabonete especial feito de algas marinhas. Mas, com o tempo, até o cheiro de tinta velha de seu apartamento começou a afetá-la, e então, ela cobriu as paredes com papel alumínio. Lucy tentou começar a trabalhar como freelancer, mas isso não era suficiente para pagar suas altas despesas médicas, e ela gastou todas as suas economias. Por fim, acabou dependendo da previdência social. Muita coisa havia mudado desde a escola de Direito de Yale.

Apesar de as coisas serem tão ruins, Lucy não perdia a esperança. Ela estava absolutamente determinada a ficar bem, de modo que continuou procurando e tentando coisas novas. Isso a levou a todos os tipos de curas "alternativas". A maioria era muito cara, e nenhuma ajudou. Ela diz que algumas a deixaram mais doente que antes. Lucy tentou acupuntura e até a alternativa eletroacupuntura. Tentou pensamento positivo, homeopatia e fitoterapia. Tomou vitaminas por via intravenosa. Em determinado momento, ela chegou ao dramático ponto de tirar e tratar o sangue, em caso de seu problema ser causado por uma infecção fúngica. Ela estava desesperada, queria tentar qualquer coisa.

Mas, apesar de tudo, sabia que tinha que voltar a Yale. Estava determinada a ter uma vida de verdade novamente, não obstante o fato de que anos haviam se passado. Chegou um momento em que o médico de San Francisco disse que havia feito tudo que podia. E a aconselhou a ir para o deserto.

Então, Lucy se mudou para o deserto do Texas. Durante esse período, ela morou em uma barraca, em uma fazenda abandonada. Os donos do lugar deram-lhe um facão para se defender das cascavéis. (Ela nunca o usou. A única vez que viu uma cobra, deu meia-volta e saiu correndo.) Durante esse tempo, Lucy continuou a tentar todos os médicos possíveis e todo tipo de tratamento, incluindo vários que ela agora descreve como verdadeiros charlatões, apesar do contrassenso. Foi durante esse tempo no Texas que Lucy conheceu uma mulher que tivera algo semelhante e que disse que fora completamente curada por Deus; e não apenas Deus, mas Jesus. Lucy percebeu naquele momento que nem uma vez nos quatro anos que vinha lidando com a doença conhecera uma única alma que houvesse sido curada, nem por um médico nem por qualquer tratamento alternativo. A mulher foi visitar Lucy e lhe contou sua história.

A mulher era judia também e poucos anos antes havia sido curada de algo muito semelhante ao que Lucy tinha. Ela explicou que, na época, só podia comer alguns alimentos. Desesperada por uma cura, ela consultara uma cartomante durante algum tempo. Mas, a certa altura, até a cartomante lhe disse que não havia nada que pudesse fazer por ela, e chegara a sugerir que a mulher devia procurar uma igreja. Foi o que ela fez. As pessoas da igreja oraram por ela inúmeras vezes, e no decorrer de cerca de um ano, ela ficou completamente curada. Quando Lucy a conheceu, a mulher estava completamente saudável: fazia faculdade, trabalhava em período integral e ia se casar.

Lucy diz que, apesar de ouvir tudo isso, foi hostil com a mulher. Não queria ouvir falar nada de Jesus. A família de Lucy era judia havia séculos. A família de sua mãe tinha raízes em Arão. Além disso, a simples ideia de cristianismo lhe causava repúdio. Os escândalos dos tele-evangelistas Jimmy Swaggart e Jim e Tammy Faye Bakker estavam na boca do povo naquele momento. A mulher percebeu, e disse que notara o desinteresse de Lucy, mas, para o caso de que um dia mudasse de ideia, ela lhe deu o número de telefone de um homem que havia estudado no Seminário Fuller, em Los Angeles, e especializara-se em estudos do Antigo Testamento, ela achava que ele poderia ajudá-la. Lucy não jogou fora o número, mas também não pretendia ligar. No entanto, seu encontro com a mulher deixou-a pelo menos disposta a pensar mais sobre Deus. Em seu desespero, ela começou a ler a Bíblia. À sua maneira, ela havia orado muitas vezes ao longo dos anos por uma cura, e ficara com raiva de Deus por não curá-la.

Nos anos seguintes, Lucy conheceu seis ou sete pessoas que disseram ter sido curadas por Jesus de algo semelhante ao que ela tinha. Ela diz que chegou a um ponto em que não podia mais ignorar as evidências. Era surpreendente. Quase ninguém que ela havia encontrado com esse problema — e ela havia conhecido um enorme número de pessoas assim — havia sido completamente curado por um médico ou praticante de qualquer tipo de medicina alternativa. Mas seis ou sete pessoas alegaram ter sido curadas por Jesus. Esse pensamento a atormentava, por isso, ligou para o homem de quem tinha o telefone. Ainda era dele. Depois de falar com ele, Lucy concordou em estudar a Bíblia juntos por telefone, mesmo sendo uma grande dificuldade encontrar um telefone onde vivia, tão distante de tudo. Mas pelos dois anos seguintes ela estudou o texto massorético do Antigo Testamento. Leu pouco do Novo Testamento, mas surpreendeu-se ao acreditar que era realmente bem possível, provável, que Jesus fosse o Messias para os judeus. Ela sabia, porém, que não iria fazer nada sobre isso. Ela se opôs a "aceitá-lo" ou "recebê-lo", seja lá como os cristãos diziam.

Durante esses anos a saúde de Lucy continuou a deteriorar. Ela vivia em um trailer forrado de alumínio no deserto do Arizona. Sua doença e sensibilidade se tornaram tão graves que se alguém que tivesse tido contato com pesticidas ou outras coisas fosse a seu terreno, ela teria uma reação. Por necessidade, portanto, ela morava em isolamento quase total das outras pessoas. Mas quando a bomba do poço de seu terreno quebrou, ela teve que chamar alguém para consertá-lo. Um homem foi até lá, mas, ao fazer o trabalho, selou os canos de aço inoxidável com um produto que continha traços de fungicida. Lucy não sabia, mas quando tomava banho, ficava muito mal, muito pior do que estivera até então. "Ainda dá para piorar?", ela se perguntava. Agora que a água a deixava doente, ela começou a se perguntar se ia sobreviver. Simplesmente não podia imaginar o que viria depois.

Um dia, a água do banho fez Lucy se sentir tão mal que ela saiu do trailer com o chuveiro ligado. O trailer inundou. Permaneceu inundado tanto tempo que ficou arruinado e inabitável, e ela teve que procurar outro lugar para morar. Ela havia recentemente conhecido uma mulher que estava vendendo um trailer parecido — no qual ela havia se recuperado de uma doença semelhante —, de modo que Lucy entrou em sua caminhonete Toyota forrada de alumínio e foi visitá-la.

Acontece que o trailer não era adequado para o que Lucy necessitava, mas, no decorrer da conversa, a mulher contou que havia sido curada de, essencialmente, a mesma doença de Lucy. Ela disse que Cristo a havia curado por meio de orações de "cura e libertação". Perguntou a Lucy se ela percebera que a doença era "demoníaca". Lucy diz que a qualquer momento nos seis anos anteriores ela não teria conseguido ouvir isso sem cair na risada, mas já havia tentado tantos médicos charlatões e considerara tantos caminhos alternativos bizarros para se curar que, naquele instante, não parecia tão estranho. Parecia menos estranho que "ler" a íris para determinar de que vitaminas precisava, ou ter o sangue retirado e tratado, como havia feito. Nesse momento ela estava totalmente desesperada e aberta a ouvir qualquer coisa. E aceitou que a mulher orasse por ela.

No dia seguinte, Lucy cedeu e começou a ler o Novo Testamento. Foi quando, segundo ela, a Bíblia se tornou viva para ela. Não era apenas um texto a ser dissecado. E ela começou a acreditar que Deus realmente pode curar. Então, meio apreensiva — ela não conseguia lembrar exatamente quando —, Lucy disse: "Muito bem, Deus, se Jesus é o Messias para os judeus, então eu O aceito. Se não, por favor, perdoe-me".

Aquela mulher, o marido e outras pessoas de uma igreja local começaram a orar por Lucy, e houve, ao longo do tempo, sem dúvida, uma mudança positiva, ainda que muito leve. Lucy disse que foi a primeira vez em seis anos e meio que as coisas melhoravam. Mas esse pouco foi o suficiente para incentivá-los, e eles continuaram a se reunir e interceder nos meses seguintes. A saúde de Lucy melhorou, mas ela ainda tinha um longo caminho a percorrer.

A mulher que fora curada recomendou a Lucy que orasse com outra mulher, especialista em oração de cura e libertação. Lucy estava aberta a isso também, então a mulher veio e orou com Lucy. Elas oraram juntas o dia inteiro. O que estava acontecendo no coração de Lucy, nesse tempo, é impossível dizer, mas, apesar de nada ter acontecido no primeiro dia, elas oraram juntas outro dia e mais outro. Por fim, no final dos cinco dias de oração, algo aconteceu. Ficou claro para ambas que algo estava diferente. "Eu me sentia mais leve e havia uma enorme paz", disse Lucy. "A mulher com quem eu orava confirmou. Ela disse: 'Acabou'. E eu disse: 'É, eu sei'."

Não havia nenhuma dúvida quanto a isso: Lucy estava curada. O processo todo foi, é claro, surpreendente e dramático. A vida de Lucy mudou por completo. Ela descobriu que podia fazer qualquer coisa que quisesse. Podia tomar banho, podia ir a qualquer restaurante de que gostava. Podia usar maquiagem. Durante anos ela só usou roupas de algodão pré-lavado e sabonete à base de algas, e agora podia ir a qualquer loja para comprar roupas, sabonete normal, e comida. Foi uma reviravolta completa em relação ao que ela vivera antes.

Durante todos esses anos, Lucy tomava grandes quantidades de medicamentos para a tireoide e outras drogas, incluindo fatores de transferência e imunoglobulina intravenosa, para tentar estimular o sistema imunológico. Agora que estava melhor, decidiu que queria largar todos esses medicamentos. Ela ligou para um dos seus médicos de San Francisco que os havia prescrito e explicou que estava curada. Quando ele perguntou como isso havia acontecido, ela disse simplesmente que as pessoas haviam orado por ela. "É, oração funciona", disse ele, como se fosse a coisa mais normal do mundo. Lucy ficou surpresa ao ouvi-lo dizer isso.

Outro médico de Lucy explicou que largar os medicamentos, em particular as grandes doses de hormônios que ela tomava, causaria em seu corpo síndromes de abstinência terríveis, por isso, se ela realmente estivesse falando sério, teria que fazer exercícios físicos. Ele também lhe advertiu que, na opinião dele, ela adoeceria novamente sem a medicação. Lucy decidiu nadar enquanto parava com a medicação. No início, ela estava fraca demais para dar uma única volta na piscina. Mas, em três meses, ela já nadava 1,6 quilômetro por dia. A essa altura, ela tinha parado totalmente com a medicação e estava mais saudável que nunca. Nesse meio-tempo, ela começou a se perguntar o que faria a seguir. Seus créditos em Yale já haviam expirado, de modo que teria que se matricular de novo e começar tudo outra vez, do início. O homem com quem ela um dia planejara se casar já estava casado e tinha filhos, e por causa das despesas com os medicamentos ela tinha muitas dívidas. Não havia nada ao que voltar.

Então, um dia, ela perguntou a Deus o que devia fazer. Enquanto orava, teve uma forte convicção de que deveria preparar seu currículo, mudar-se para Washington, D. C., e arranjar um emprego lá. Ela nunca ouvira Deus de nenhum jeito antes, mas o tom de urgência naquele dia era forte e claro. Um amigo lhe perguntou que tipo de trabalho ela achava que gostaria de fazer. Durante aquele período, Lucy adquirira o hábito de assistir aos noticiários noturnos, e gostara tanto que ficara praticamente viciada. Ela gostaria de trabalhar para um programa de notícias. E foi exatamente o que aconteceu; esse foi o início de sua carreira em noticiários. Isso foi há 23 anos.

VOVÔ ESTÁ CURADO

Meus amigos Jeff e Christine vivem em Long Island, Nova York, onde dirigem uma empresa de consultoria em tecnologia. Ambos são chineses, e Christine veio de Taiwan. Ela é a quinta geração cristã de sua família, o que é extremamente raro para alguém de ascendência asiática.

No início da década de 1900, seu tataravô Gu Kim Fui foi da China para o Havaí e se tornou um homem extremamente rico, que controlava uma grande parte do comércio de açúcar. Ele chegou a possuir mais de metade da ilha de Oahu. Tornou-se o primeiro cristão da família e fundou uma igreja, que existe até hoje. Ele voltou para a China e fundou igrejas lá. Mais tarde, Gu Kim Fui tornou-se cônsul-geral da China no Havaí.*

O primeiro encontro de Christine com o milagre ocorreu quando ela tinha quinze anos e morava em Taiwan. Ela enfrentava uma série de desafios na escola e em outros lugares. Ela não tinha nenhuma dificuldade em acreditar que Deus era real, o que significa dizer que Ele existia, mas não O conhecia de maneira pessoal, embora seus pais sim. Talvez porque estava passando por um momento desafiador, ela começou a sentir que devia tentar ter um relacionamento com Deus como tinham seus pais, mas simplesmente não sabia como. Então, um dia, ela fez uma oração muito simples. “Deus”, orou, “eu sei que você é real. Todo o mundo diz que você é real, mas eu, pessoalmente, nunca experimentei por mim mesma. Então, se você é real, mostre-me.” Isso foi tudo. Mas foi sincero e de coração.

Durante esse período, o avô de Christine morava com eles. Por aproximadamente seis meses, ele esteve doente, mas ninguém sabia o que era. Ele não conseguia se levantar nem andar. Conseguia ir mancando da cama para o banheiro, mas muito devagar e com grande dificuldade. Além disso, não havia outros sintomas.

Naquele verão, uma das tias de Christine foi de Nova York a Taiwan. Durante sua estadia em Nova York, ela havia vivenciado uma cura durante um culto na igreja, o que afetara sua fé de forma dramática. Então, em certo momento, com Christine e seu pai presentes, a tia entrou no quarto do avô e, muito diretamente, perguntou-lhe:

— Você acredita que Deus pode curá-lo?

Ao ouvir essas palavras, o avô começou a chorar. Ele disse:

— Eu acredito... Acredito... Eu acredito que só Deus pode me curar. Eu consultei os médicos, mas nenhum deles pode me ajudar. Estou muito velho.

A tia de Christine decidiu orar pelo avô naquele mesmo momento. Ela colocou as mãos sobre as pernas dele e fez uma oração muito poderosa pedindo que fosse curado. Logo depois que ela terminou, o avô se levantou e imediatamente começou a andar. Ficaram todos atordoados. Christine disse

* Curiosamente, o pai da China moderna, que conhecemos como Sun Yat-sen, foi para o Havaí aprender inglês e se converteu na igreja cujo cofundador foi o tataravô de Christine. (Sun Yat-sen é venerado tanto pelos nacionalistas de Taiwan quanto pelos comunistas como o pai fundador da República da China.)

que mesmo agora, tantos anos após o ocorrido, lembrar aquilo a deixa muito emocionada. Ela se recorda de pensar que não podia crer que um milagre acontecia bem diante de seus olhos, que em apenas um instante Deus pôde enxugar tantos meses de sofrimento e dor.

Christine lembrou que momentos depois, o avô decidiu que tinha que sair. Quando os vizinhos o viram andando por aí, ficaram atordoados. "O que aconteceu com o senhor?", perguntaram. "Faz tempo que não o vemos! Como pode estar andando?" Ele estava radiante de alegria, e continuou a andar, a falar com vários vizinhos. "Depois daquele momento", disse Christine, "decidi nunca duvidar de Deus novamente. De repente, percebi como Ele é verdadeiro e poderoso." Toda a família de Christine teve sua fé modificada por testemunhar o milagre. Eles já acreditavam em Deus, mas talvez de uma forma abstrata, intelectual; depois dessa experiência, sua fé em Deus e Seu poder aprofundaram-se imensamente.

UM RELÓGIO QUE PARA

Foi na manhã de sexta-feira, 7 de maio de 2004. Eu estava no templo da igreja episcopal de Saint Paul, em Darien, Connecticut, para um encontro semanal da New Canaan Society, um grupo de homens que se reúne para ouvir um pregador, orar e encorajar uns aos outros a serem melhores maridos e pais. O grupo havia crescido como mato, de modo que tivemos que sair da casa de meu amigo Jim Lane para essa igreja. Nessa manhã, o pregador foi nosso amigo Paul Teske. Ele tinha, na época, 55 anos, e era pastor de uma igreja luterana na cidade vizinha de Westport, também chamada Saint Paul.

Meu trabalho era apresentar os pregadores de cada semana; apresentei Paul, e, a seguir, sentei-me na primeira fila para ouvi-lo. Ele disse que havia planejado falar sobre "Ética cristã e moralidade nos negócios", mas, no último minuto, sentiu-se "guiado por Deus" e mudou de rumo. Falou de João, o discípulo mais próximo de Jesus, o único que, dos doze, viveu até idade avançada. Acredita-se que ele tinha cerca de noventa anos quando escreveu o que hoje conhecemos como o livro do Apocalipse, o último da Bíblia. Na época, ele era prisioneiro em uma colônia penal grega na ilha de Patmos.

O que nenhum de nós sabia quando ouvimos Paul naquela manhã era que, no segundo dos quarenta minutos daquela palestra, ele percebeu de repente que não conseguia se apoiar sobre a perna esquerda. Ele disse que quando isso aconteceu, ficou totalmente perplexo, mas, em vez de parar a pregação, apoiou-se no púlpito, manteve o peso sobre a perna direita e continuou a falar, como se nada tivesse acontecido. Eu estava na fila da frente e não notei nada, como todos os outros. Mas enquanto dava sua palestra, Paul se perguntava o que estava acontecendo. Talvez fosse o ciático. Ou um nervo comprimido. Fora isso, ele se sentia bem, de modo que continuou falando e defendendo seus pontos de vista, ao mesmo tempo que continuava confuso com o que havia acontecido com sua perna, pendurada lá, como disse mais tarde, "que nem um saco de batatas".

Quando Paul acabou a palestra, disse calmamente:

"Alguém poderia me ajudar a sentar? Parece que estou com algum problema na perna."

Nós que estávamos na fila da frente pulamos imediatamente. O que estava acontecendo com Paul? Claramente ele apoiava todo seu peso sobre a perna direita, segurando-se no púlpito com as duas mãos. Assim que seguramos seus braços para levá-lo a uma cadeira, ficou claro que não ia ser fácil. Na verdade, Paul começou a desabar, e em vez de levá-lo à cadeira, nós só pudemos baixá-lo no chão acarpetado do templo.

Havia um médico entre nós naquela manhã. Ele se aproximou, ajoelhou-se e começou a avaliar os sinais vitais de Paul e lhe fazer perguntas. Paul disse que não conseguia mexer a perna esquerda nem o pé. Exceto isso, sentia-se absolutamente bem. Pouco tempo depois chegou uma ambulância e os paramédicos levaram Paul ao hospital. Ficamos todos em volta, querendo saber o que havia acontecido.

Paul foi informado pelo médico do pronto-socorro que não parecia haver sintomas de AVC. Se ele tivesse um acidente vascular cerebral, que é uma hemorragia cerebral, provavelmente teria sentido uma dor de cabeça tão forte que desmaiaria. Paul confirmou que não sentia dor nenhuma. Ele começou a se perguntar se não seria um tumor cerebral. Mas depois de uma tomografia, o médico disse que, de fato, ele tivera uma hemorragia cerebral — um AVC. Por que não sentira dor nenhuma era um mistério. Mas ele passou a noite na unidade coronária e uma ressonância magnética foi prontamente marcada para a manhã seguinte.

Uma vez que Paul estava internado na unidade coronária, um médico passou para lhe comunicar que a situação era incerta. Disse que se o cérebro de Paul começasse a sangrar de novo, a intervenção médica não seria "promissora". Ele disse a Paul que seria melhor colocar as coisas em ordem, "por via das dúvidas". Obviamente, isso foi sério.

Paul deu a notícia a sua esposa, Rivers. Disse a ela que tinha dois pedidos a fazer se morresse. Em primeiro lugar, que a congregação de sua igreja fizesse uma grande "celebração da Páscoa", porque ele estaria em casa, no paraíso. Paul disse:

"Se não existir ressurreição, então fiz a escolha errada."

Depois, disse que não queria que ninguém desejasse que ele voltasse da morte:

"Quem ia querer deixar o paraíso, por qualquer motivo que fosse? Eu ficarei esperando que, por fim, vocês cheguem."

Eles choraram e se abraçaram e Rivers foi para casa.

A noite passou sem intercorrências e, na manhã seguinte, Paul acordou se sentindo bem. Mas ainda não conseguia mexer a perna nem um milímetro. Começou a pensar na possibilidade de viver o resto da vida em uma cadeira de rodas. Ele nunca havia considerado a hipótese de não ter mobilidade. Um pouco mais tarde ele fez a ressonância magnética, e pelo resto do dia alegremente recebeu um fluxo constante de visitas e telefonemas. No dia seguinte, o médico lhe disse que a RM não havia ajudado muito, de modo que marcaram outro exame na unidade de angioplastia do hospital. Mas esse exame também não conseguiu esclarecer o que havia acontecido. Uma coisa estava muito clara: um vaso sanguíneo havia se rompido e coagulado. Mas ninguém sabia por quê. O que sabiam era que o sangue que vazara da hemorragia fluíra na parte do cérebro de Paul que controla o lado esquerdo do corpo abaixo do quadril. O médico deixou claro que ele não sabia ao certo se Paul poderia andar novamente. "Vamos ter que esperar para ver", disse ele.

Paul foi transferido para a unidade neurológica, onde faria fisioterapia para tentar recuperar o movimento do pé e da perna. Demorou muito tempo, mas um dia ele achou que conseguia mexer o dedão do pé levemente. Mas o resto do pé e toda a perna estavam totalmente imóveis. Depois de alguns dias, ele conseguiu mexer o pé um pouco, e a seguir, a perna, mas só levemente. Os médicos disseram que ele havia recuperado 15% do uso da perna. Então, ensinaram-lhe a usar muletas e cadeiras de rodas. E os dias foram passando.

Com quase duas semanas de hospital, Paul teve uma experiência com Deus. A primeira coisa que aconteceu, disse ele, foi que Deus imprimiu uma passagem da Bíblia em sua mente com bastante força; tão forte que ele sabia estar relacionado com sua situação. A passagem era Oseias 6,1-2. Mas Paul não tinha ideia do que dizia essa passagem. Ele só sentiu que Deus queria que ele procurasse e soubesse que era promessa de Deus para ele. Assim fez Paul. Leu o seguinte:

Venham, voltemos para o Senhor.
Ele nos despedaçou, mas nos trará cura;
ele nos feriu, mas sarará nossas feridas.
Depois de dois dias ele nos dará vida novamente;
ao terceiro dia nos restaurará, para que vivamos em sua presença.

Quatro anos antes, um pastor de Gana chamado Kingsley Fletcher havia orado por Paul. Esse pastor havia "profetizado" sobre Paul e dissera que Deus faria algo em um período de 21 dias. Quando seria esse período, não estava claro, mas, por alguma razão, quando Paul estava lendo a passagem de Oseias, lembrou-se da profecia e sentiu fortemente que Deus lhe estava dizendo que estaria curado 21 dias após o AVC. Segundo Paul, como tivera o AVC em 7 de maio, calculou que o dia de sua cura seria 28 de maio. Paul sentiu isso com tanta certeza que o escreveu em seu diário e contou à esposa. Na verdade, ele contou a todos que quisessem ouvir. Com certeza alguns pensaram que ele estava louco. Confesso que se ele me dissesse isso, eu teria lutado bravamente para encontrar um sentido ou crer. Como ele chegou a essa data? No entanto, Paul estava extremamente convicto de que isso era o que Deus lhe havia dito, e não tinha dúvidas de que Deus o curaria naquela data.

Paul teve alta no dia 20 de maio, e na manhã seguinte, uma sexta-feira, a New Canaan Society voltaria a se reunir em Saint Paul, em Darien. Paul queria estar lá, mas claro que ele não poderia dirigir. Pediu a Rivers que o levasse. Eles deviam sair de casa, em Westport, pouco depois das sete horas. Antes de partir, Paul perguntou a Rivers se sabia onde estava seu relógio. Ela disse que estava na pasta dele. Havia sido guardado lá com suas abotoaduras, quando tiraram as coisas dele naquele primeiro dia no hospital. Rivers entregou a Paul a maleta e tirou o carro da garagem, e ali, no banco do passageiro, ele a abriu e pegou o relógio.

Imediatamente ele viu que os ponteiros não se mexiam. Notou que o relógio havia parado às 7h58. E a data era 7 de maio, o dia em que teve o acidente vascular cerebral. Por que um relógio automático parou naquele dia? Paul avançou os ponteiros do relógio para ver se a data mudava para 8 de maio quando passassem do doze. Mas a data não mudou. Então, ele soube que o relógio havia parado às 7h58 da manhã do dia 7, que foi mais ou menos quando teve o AVC. Não havia nenhuma dúvida sobre isso. Imediatamente ele comentou com Rivers enquanto ela dirigia, e eles tentaram descobrir o que poderia ter acontecido. Paul havia usado o relógio por talvez uma hora após o AVC. As palestras da New Canaan Society sempre acabavam por volta de 8h20. O relógio só fora tirado dele por volta das nove horas. Então, obviamente, havia parado por volta do momento em que ele havia tido o AVC, enquanto estava no púlpito dando sua palestra.

E então, enquanto se dirigiam a Darien, ele se perguntou: O relógio vai ficar parado para sempre? Paul deu-lhe uma pequena sacudida e os ponteiros imediatamente começaram a trabalhar de novo.

A chegada de Paul à New Canaan Society naquela manhã, duas semanas após o AVC, no mesmo lugar, foi agitada. Quando lhe pediram para dizer algumas palavras, ele se dirigiu com dificuldade ao púlpito, com seu andador de alumínio e usando uma cinta na perna esquerda. Nós o ovacionamos em pé, claro. Paul disse que sua presença ali, naquela manhã, era uma graça de Deus. A seguir, o famoso evangelista Reinhard Bonnke falou e depois orou por Paul, mas ele não esperava ser curado naquela manhã. Ele simplesmente "sabia" que o encontro com o poder curador de Deus era 28 de maio, em sete dias, portanto.

Paul não devia viajar muito naquelas condições. Os médicos o proibiram de dirigir por seis meses, uma vez que ele estava tomando remédios para epilepsia, por precaução. Mas Paul sentia que devia ir a Baltimore para a cruzada de Benny Hinn, que aconteceria em 27 e 28 de maio. Benny Hinn é o mundialmente famoso, às vezes controverso, pregador com um ministério de cura de renome. Paul queria estar na plateia do evento de Hinn na data designada. Mas, antes de ir para Baltimore reivindicar sua própria recuperação, outra cura ocorreu.

Nessa terça-feira, dia 25, Paul recebeu um telefonema de outro pastor luterano que era seu amigo. O pastor Mark Zehnder, que trabalhava em Omaha, Nebraska, ligou para dizer que um amigo em comum, o pastor Greg Smith, estava doente. Greg tinha ido de Saint Louis a Connecticut para lhe contar de Paul quando ele estava no hospital, mas, na volta, sentiu dores no peito. Depois do que acontecera com Paul, Greg não queria correr nenhum risco. Imediatamente foi a seu médico, que pediu um eletrocardiograma e um teste ergométrico. Revelaram que ele tinha um grande bloqueio em volta do coração e que devia voltar no dia seguinte, quarta-feira, 26, para fazer uma angiografia. Se o exame confirmasse o que o médico achou que confirmaria — um grande bloqueio — Greg precisaria fazer uma cirurgia para colocar um *stent*, ou talvez até precisasse de uma cirurgia de *bypass*.

No telefone com Mark, Paul declarou confiante que Deus tinha o coração de Greg "em Suas mãos", e disse que estava curando seu coração. E declarou bravamente que no dia seguinte os médicos ficariam aturdidos com o que veriam. A seguir, Paul e Mark ligaram para Greg. Juntos, oraram para que qualquer dano no coração de Greg fosse completamente curado e que os médicos "ficassem aturdidos".

No dia seguinte, Rivers e Paul partiram para Baltimore. No caminho, Paul deixou uma mensagem de voz para Greg. Paul sentiu aquilo que alguns cristãos chamam de "unção" em suas orações e a "fé" no que Deus faria com Greg. Em sua mensagem, ele disse que sentia essa "unção" e que vira Greg como "Greg Coração de Leão". E disse que o amigo ia "correr com os leões".

Mais tarde, Paul recebeu um telefonema de Greg, que estava quase sem fala ao contar o que acontecera naquela manhã. Após a primeira angiografia, o médico disse que havia cometido um erro e decidira fazer outra. Após a segunda, disse que o que a primeira angiografia mostrara devia estar certo: Greg estava absolutamente bem. Não havia bloqueio nenhum e Greg poderia ir para casa. Paul disse a Greg que Deus o havia curado e que ele deveria contar a sua congregação. Greg era menos ousado que Paul a esse respeito, mas concordou, em princípio, em compartilhar sua história com a igreja.

Paul e Rivers fizeram *check-in* no hotel de Baltimore na quarta-feira, e na quinta-feira de manhã dirigiram-se à enorme arena para a cruzada de Benny Hinn. Paul estava usando bengala, e a cinta ainda estava em sua perna, por baixo da calça. Ele conhecia alguém na organização que havia arranjado assentos para eles. Ainda assim, ficou emocionado ao ver que iam se sentar na quinta fileira. Havia milhares de pessoas lá, naquele dia, de modo que ficar tão na frente foi algo inesperado. Ainda mais inesperado foi quando o próprio Benny Hinn desceu do palco para orar por algumas pessoas. Na verdade, como se fosse um sinal, ele se aproximou e orou por Paul e Rivers. Foi uma oração suave — e novamente Paul "soube" que sua cura estava para acontecer dia 28, o dia seguinte, e não 27. Mas Paul e Rivers, no entanto, "caíram" sob o poder do Espírito Santo. Esse é um fenômeno de alguns cultos de cura cristã: o pastor que ora pela cura muitas vezes faz com que as pessoas para quem está orando "caiam no Espírito". Por uma razão inexplicável, elas caem, como se o poder de se manter em pé desaparecesse do corpo. Na verdade, algumas pessoas fazem isso porque parece que é o que se espera, mas eu tenho falado com muita gente que jurou que não era isso, que era real, que caiu logo que foi tocada. Normalmente existem "apanhadores" nesses cultos também, para ajudar a pessoa a cair suavemente. Ainda assim, Paul não havia sido curado de alguma forma perceptível, e mancou de volta para seu quarto de hotel com a cinta e a bengala.

Na manhã seguinte, Paul acordou sentindo-se extremamente cansado. Embora sentisse que esse era o dia de sua cura, ele achava que devia ficar na cama e descansar, e não ir ao culto das dez horas. Mas Rivers não quis ouvi-lo. Ela se ofereceu para ir para a arena antes e guardar lugar para eles. Paul foi às 9h30. Eles estavam sentados na sétima fila quando alguém se aproximou. Era do ministério de Benny Hinn, e lhes pareceu familiar. Ele foi embora e depois voltou, dizendo para o seguirem até a seção central, na segunda fileira. Estavam sentados lá havia um tempo quando o homem voltou e pediu-lhes para sair do lugar e se sentarem na primeira fila.

O culto naquela manhã foi maravilhoso, e no final Benny Hinn pediu a todos os pastores na plateia que fossem à frente para que ele os pudesse abençoar. Os pastores foram acompanhados ao grande palco, mas por causa da cinta na perna, Paul não se atreveu a subir os degraus que levavam para o palco. Ele ficou ao lado, em baixo. Era muito próximo, de qualquer maneira. Mas uma mulher se aproximou e insistiu em que ele subisse ao palco para receber a bênção. Alguém o ajudou a subir as escadas, e enquanto ele estava no palco, Benny Hinn orou individualmente pelos que estavam ali. Quando chegou a vez de Paul, ele orou duas vezes. E, a seguir, orou por ele uma terceira vez. Paul não sabia por que ele estava orando três vezes, mas certamente se sentiu abençoado. Mas ainda não havia sido curado.

Naquela sexta-feira à noite, Paul novamente foi mancando até a arena com Rivers, usando a bengala e a cinta na perna. Ele esperava ser curado naquela noite. Era 28 de maio de 2004, 21º dia após seu acidente vascular cerebral. Paul se deu conta de que o pastor de Gana lhe havia dado a profecia na noite de sexta-feira antes do Memorial Day em 2000. Isso havia sido exatamente quatro anos antes, porque 28 de maio de 2004 também foi uma sexta-feira antes do Memorial Day. Paul diz que ele sabia muito bem que sua hora havia chegado, que aquela noite ele seria curado. Ele e Rivers haviam orado por isso com muita fé e intensidade, inclusive naquele momento.

Naquela noite, a pessoa que havia arranjado seus assentos especiais na primeira fila disse que lamentava, mas que os lugares estavam reservados para o culto noturno. Eles disseram que tudo bem e que estavam muito agradecidos por sua ajuda de manhã. Mas quando chegaram à arena naquela noite, uma mulher os levou àqueles mesmos assentos. Perguntaram-lhe se ela não estava enganada, mas ela disse: “O Senhor me disse para colocar vocês aqui”.

Ao lado deles estava uma jovem pastora. Ela disse a Paul e Rivers que se sentira muito mal poucos minutos antes, no banheiro perto da entrada. Ela não se sentia nada bem ainda, e achava prudente voltar ao quarto de hotel. Mas Paul insistiu para que ficasse, dizendo que Satanás queria roubar sua alegria. Ele orou por ela no local, e trinta minutos depois, a mulher disse a Paul que se sentia ótima e estava muito feliz por ter ficado.

Paul disse que ele pôde sentir a presença do Espírito Santo quando ao louvor foi tocado e eles cantaram juntos, louvando ao Deus que Paul tinha certeza de que o curaria naquela mesma noite, naquele mesmo lugar. E então, aconteceu. Sem qualquer aviso, Paul disse que começou a sentir uma tremedeira involuntária “de um jeito que não consigo repetir até hoje, como uma britadeira usada para quebrar concreto". Ele disse que essa "tremedeira" durou cerca de cinco minutos.*

Mais ou menos nesse momento Benny Hinn declarou que haviam acabado de ocorrer várias curas, "incluindo alguém com uma cinta". Paul não podia acreditar no que ouvia. Estava de fato curado? Benny Hinn disse a seguir que quem tivesse uma cinta e achasse que estava curado, a tirasse imediatamente e subisse ao palco. Mas a cinta de Paul estava por baixo da calça. Ele não se atreveu a tirar a calça em público, na frente das câmeras de TV. No entanto, ele se sentiu culpado por isso, e orou para que Deus visse seu coração. Ele estava tão cheio de fé que teria tirado a calça se sentisse que Deus queria que o fizesse, para mostrar que havia sido curado. E ele sabia que havia sido curado. Ele descansou seu peso sobre a perna esquerda e, pela primeira vez em três semanas, pôde suportá-lo.

A seguir, Benny Hinn disse que todos os que haviam sido curados deviam ir para a frente. De repente, centenas de pessoas começaram a caminhar em direção ao palco. Quantas delas realmente foram curadas, nunca poderemos saber. Mas Paul sabia que havia sido um deles. Mas ele estivera no palco naquela manhã e não sentia a necessidade de sair de seu assento no momento. Paul começou a imaginar o que aconteceria quando voltasse para o quarto do hotel e tirasse a cinta. Ele queria ver sua perna e desfrutar sua cura. Mas, por enquanto, ele só ia ficar parado. Ainda assim, se Deus realmente quisesse que ele deixasse seu assento e subisse ao palco, estava disposto a ir. Mas Deus teria que fazer isso acontecer de alguma forma. Caso contrário, Paul estava determinado a ficar onde estava.

Então, em meio a todo o clamor e celebração que acontecia nesse momento, Benny Hinn, de repente, foi para o púlpito, olhou diretamente para Paul e Rivers, e disse: "Venham aqui!". Ele não os conhecia, de modo que Rivers não podia acreditar que estava falando especificamente com eles. Mas Paul sabia que estava, e que Deus havia respondido sua oração. Ele também sabia que essa curta viagem até o palco seria o árbitro final de sua cura. Subir as escadas normalmente teria sido um esforço doloroso, estranho e lento,

* Milhares de pessoas sentiram esses fenômenos físicos estranhos durante cultos como esse ao longo das décadas. Jonathan Edwards, no início do século XVIII registrou fenômenos estranhos similares durante sua pregação, assim como George Whitfield. Eu testemunhei algo semelhante apenas uma vez, com meu próprio irmão, John, em uma capela da Universidade de Yale, em 1991. Quando eu orava para que ele "recebesse o Espírito Santo", ele começou a chacoalhar involuntariamente e a chorar e louvar a Deus, levantando as mãos. Foi uma experiência sobrenatural, mas também física e profundamente palpável. Quando mais tarde eu lhe perguntei o que havia acontecido, ele disse que parecia que "tudo de ruim que estava dentro de mim fluía para fora e Deus estava entrando".

que tomaria alguns minutos, mas, dessa vez, Paul subiu os degraus normalmente, como se suas duas pernas estivessem bem. Paul estava tão emocionado que logo que chegou ao topo da escada, disse a um homem que estava ali que Deus havia acabado de curá-lo.

Paul e Rivers caminharam em direção ao pastor Hinn, que os havia convocado.

— Quem são vocês? — perguntou Hinn.

Paul explicou que era pastor luterano em Westport, Connecticut, e mencionou que era amigo de Harald Bredesen,* o famoso pastor a quem Benny Hinn conhecia bem.

— Você é o pastor luterano de quem ele sempre fala! — disse Hinn. — Os luteranos creem nisto?

— Esse aqui crê! — disse Paul.

Com isso, Benny Hinn tocou a cabeça de ambos, como costuma fazer, e os dois caíram. Enquanto os ajudavam a se levantar, alguém disse a Benny Hinn que Paul havia recebido um milagre naquela noite. O pastor Hinn pediu a Paul que contasse a todos sobre isso, empurrando um microfone em direção a ele. Paul, então, contou aos milhares ali reunidos sobre seu acidente vascular cerebral havia três semanas, e como sentira, momentos antes, que havia sido curado. A seguir, o pastor Hinn deixou claro que ele não sabia dessa cura. Ele disse à multidão que o motivo pelo qual havia chamado Paul e Rivers ao palco fora porque Deus lhe havia dito que eles teriam um ministério de cura. Isso foi certamente uma surpresa para Paul.

Benny Hinn, a seguir, falou em voz alta uma profecia sobre Paul e Rivers, e os milhares de pessoas do público ouviram. Uma "palavra" profética é quando alguém tem o dom sobrenatural de "ouvir" o que Deus está dizendo sobre alguém ou alguma coisa e, a seguir, "declarar" com a própria boca, para que outros possam ouvir. A palavra grega "profeta" significa simplesmente "falar adiante". O que o pastor Hinn falou naquele momento foi registrado. Ele disse o seguinte:

> *Estendam as mãos na direção deles porque, neste domingo, milagres vão acontecer naquela igreja... Nós acreditamos! Assim que o evangelho for pregado pelos lábios deste homem e de sua esposa, eles verão sinais e prodígios como no livro dos Atos. [Sua] igreja vai experimentar um fluxo, um superfluxo, um abundante fluxo do Espírito. Ezequiel 47** se cumprirá*

* Harald Bradesen (1918-2006) foi uma figura lendária no movimento pentecostal, que acredita no "batismo no Espírito Santo" e em "falar em línguas".

** Em Ezequiel, capítulo 47, o profeta tem a visão de um rio que cura tudo que toca, trazendo vida.

naquela congregação onde, agora, só seus pés estão tocando a água, mas logo essa gloriosa água da vida fluirá tão grande e tão profunda que atrairá milhares àquela congregação. Senhor, eu oro para que o ministério de cura seja concedido a este casal que já O serviu por anos. Dê-lhes o manto. Toca!

Isso aconteceu em 28 de maio, como Paul tinha certeza de que aconteceria. O que fazer com isso? Ou com o que Benny Hinn disse no palco para aqueles milhares de pessoas sobre Paul e Rivers terem um ministério de cura? Claro, havia uma estranha poesia na ideia de que, nos momentos seguintes a sua cura milagrosa, Paul descobrir que Deus tinha um ministério de cura para ele. Mas Deus realmente tinha algo para Paul? Era fácil para alguém como Benny Hinn declarar tais coisas, mas quem iria acompanhar o caso para lhe comunicar se o que ele tão corajosamente declarara não aconteceu?

No dia seguinte Paul acordou, e a cura que ele havia sentido na noite anterior continuava lá. Ele se sentia um pouco fraco, mas não precisava da cinta ou da bengala. Rivers foi dirigindo de volta a Westport e, na manhã seguinte, um domingo, Paul disse que queria ir à igreja para ver se as pessoas de fato começariam a ir lá para serem curadas. Depois do que havia acontecido com ele, não estava previsto que pregasse pelos próximos dois meses, mas ele iria e se sentaria nos fundos, como um membro regular. Depois do sermão, o obreiro perguntou se havia pedidos de oração, e Paul se levantou e disse que pedia orações para o que Deus estava fazendo por Seu povo "e nossa igreja". A seguir, uma mulher se levantou. Ela nunca havia ido à igreja antes, e chegara atrasada, sentando-se em frente a Paul. Ela disse:

"Deus me disse que se eu viesse a esta igreja hoje, seria curada."

Ela não tinha ideia de que Paul era pastor, mas disse:

"Quando ouvi esse homem falar, soube que havia vindo à igreja certa."

Essa mulher tinha sofrido uma dor tão intensa que fora forçada a abandonar seu emprego seis meses antes. Ela havia dirigido 48 quilômetros para estar ali naquela manhã.

Após o culto, Paul se ofereceu para orar por ela. Na manhã seguinte, ela deixou uma mensagem de voz no telefone da igreja dizendo que sua dor desaparecera e ela ia retomar o trabalho. Antes de Paul deixar o templo, uma mulher se aproximou dele com uma foto de seu neto de onze meses. Disse que os médicos estavam preocupados, que ele poderia ter leucemia. Sua contagem de glóbulos era de duzentos; uma contagem normal seria de mil. Paul pegou a foto e orou para que o menino fosse curado e que os resultados dos testes "deixassem os médicos confusos". Mais tarde naquela semana, a mulher ligou para dizer que a contagem era de 720 e que os médicos haviam descartado leucemia. Quatro semanas mais tarde, a contagem era normal e os médicos disseram que o problema devia ter sido um "vírus não identificável".

Três semanas depois da cruzada de Benny Hinn, uma pessoa da equipe do ministério dele ligou dizendo que estava curiosa sobre a palavra profética que o pastor Hinn havia declarado publicamente sobre Paul e Rivers. Ela assistira à gravação e a transcrevera.

— Eu nunca o ouvi falar dessa maneira — disse ela.

Paul disse que o que o pastor Hinn havia dito já estava começando a acontecer. A inegável cura de Paul aconteceu há dez anos. Desde então, ele e Rivers Teske viajaram a sessenta países de quase todos os continentes, pregando, ensinando e curando em nome de Deus. Foi o que aconteceu e ainda acontece.*

NOZES

Desde a extraordinária experiência narrada na história anterior, meu amigo Paul Teske tem sido, de fato, ativo no "ministério de cura". Ele viaja pelo mundo contando sua história às pessoas, dizendo que Jesus pode curá-las hoje, e então ora pela cura de quem está disposto a ir para a frente. Eu lhe pedi que compartilhasse algumas histórias comigo, e entre as muitas que ele tinha para dividir, achei que a seguinte, de maio de 2012, era a melhor para incluir aqui. Trata de uma doença que é, por um lado, comum, e, por outro, imensamente debilitante e até mesmo fatal, e que por alguma razão aflige mais pessoas hoje que antes. Estou falando de alergia a amendoins, castanhas e outras nozes.

Paul foi convidado para falar para um grupo de cerca de trezentos empresários em uma conferência em Daytona Beach, Flórida, em maio de 2012. Como ele sempre faz, contou a história de sua própria cura e, logo depois, abordou o tema da cura milagrosa nos dias de hoje, deixando claro que não é algo que só aconteceu durante os tempos do Novo Testamento, como muitos cristãos aprenderam na igreja; mas que continua disponível para nós agora. Quando Paul acabou sua palestra e perguntou se alguém na plateia precisava de oração para ser curado, ninguém levantou a mão. Houve um constrangedor instante de espera até alguém quebrar o gelo. Uma mulher de meia-idade levantou a mão e Paul a chamou para a frente. Ela foi com certa relutância, porque era membro de uma igreja batista que desaprovava

* A história completa de Paul Teske pode ser encontrada em seu livro *Healing for today.*

com veemência o conceito de "cura na igreja de hoje". Paul lhe perguntou seu nome, e a seguir, perguntou pelo que ela precisava de oração. Ela respondeu que seu nome era Juanita e que tinha uma "grave alergia a nozes" que a atormentava desde o nascimento. Ele lhe pediu que explicasse a gravidade da alergia. Juanita disse que era tão severa que, quando viajava de avião, tinha que ficar na chamada "zona livre de nozes". A mulher explicou que, ao longo dos anos, havia sido levada às pressas ao pronto-socorro várias vezes devido à exposição involuntária a essas sementes. Uma dessas vezes foi quase fatal. Como sempre fazia, Paul orou em silêncio, pedindo a Deus que lhe revelasse tudo de que a mulher necessitava como oração, visto que as pessoas muitas vezes eram tímidas demais para revelar certas coisas. Paul disse que enquanto orava, imediatamente surgiu a expressão "coração partido". Então, calmamente ele lhe perguntou:

— Quem partiu seu coração?

— Meu pai — respondeu ela, e desatou a chorar.

Paul sondou sobre a relação da mulher com seu pai e descobriu que era gravemente tensa. Ele orou com ela para que perdoasse seu pai e para "liberá-lo para Deus". Depois Paul orou, pedindo a Deus que curasse o coração dela. Tal como acontece com todas as orações de perdão, elas não dissipam a enormidade de pecados do ofensor — sejam quais forem os pecados — mas permitem que o afetado coloque o ofensor nas mãos de Deus, libertando-se do fardo do ressentimento profundo e falta de perdão que vem carregando. Em essência, a pessoa fica livre para "amar" quem lhe fez mal, porque é proativa para se por nas mãos de Deus justamente para lidar com o ofensor.

Paul, então, pediu a Deus que permitisse que a alergia a nozes da mulher fosse curada como prova da restauração do relacionamento com seu pai. Juanita informou a Paul, muito preocupada, que a única maneira que poderia ter certeza de que estava curada seria comendo algumas nozes — o que, até aquele momento de sua vida, havia sido muito perigoso. Depois que Paul falou mais algumas palavras de afirmação, Juanita expressou sua gratidão e saiu. Outras pessoas, a seguir, foram para a frente pedir orações.

Paul disse que naquela noite, enquanto estava deitado em seu quarto de hotel tentando adormecer, sentiu uma vontade de continuar orando por Juanita, pedindo a Deus para protegê-la. Ele entendeu a gravidade de sua alergia e sabia que as consequências de um choque anafilático por comer nozes poderiam ser fatais. Paul lembrou que acordou várias vezes naquela noite para interceder por ela.

Na manhã seguinte, a maioria dos participantes da conferência foi de ônibus para um restaurante local, onde ouviriam outro orador no café da manhã. Paul havia decidido anteriormente que não iria a esse evento, mas, antes de o ônibus partir, ele andou pelo saguão do hotel tentando encontrar Juanita. No entanto, ele não a viu em lugar algum. Depois que o ônibus partiu, Paul decidiu ligar para a organizadora da conferência para ver se ela havia falado com Juanita. Mas o telefone dela caiu direto na caixa postal. Paul deixou uma mensagem, e a seguir, tentou novamente o número várias vezes, sem sucesso. Então, decidiu caminhar pelo calçadão, onde, orando em silêncio, percorria a praia.

Cerca de uma hora depois, Paul recebeu a ligação da organizadora da conferência, que disse ter encontrado Juanita no café da manhã e falado com ela. A mulher disse que depois do culto de oração da noite anterior, ela havia decidido testar a cura. Então, deliberadamente procurara uma barra de chocolate contendo nozes. Encontrara uma, comprara-a e a levara para o quarto. Em cima da mesa perto de sua cama ela havia colocado a seringa que carregava contendo soro, para o caso de um choque anafilático. Ela, então, abrira a embalagem e lentamente colocara a barra de chocolate na boca, orando. Mordera um pedaço, mastigara e engolira. E resolvera esperar. Durante vários minutos não houve reação alérgica. Ela continuava esperando. A reação alérgica não veio. Ela disse que então soube que havia sido curada. Em toda sua vida, nunca deixara se sofrer uma reação grave por comer nozes. E, de fato, nada perto disso havia acontecido. A organizadora da conferência disse a Paul que a mulher havia guardado a embalagem da barra de chocolate e a puxara da bolsa de manhã, animadamente compartilhando sua história com quem quisesse ouvir.

Naquela noite, a conferência terminou com um banquete. A organizadora chamou Juanita ao microfone, pedindo-lhe para compartilhar com o público o que havia acontecido, coisa que ela prontamente fez. Concluiu dizendo que havia aprendido duas coisas: primeiro, que não havia dúvida de que Jesus ainda cura hoje. O fato de ela estar ali depois de ter comido nozes era uma prova espetacular disso. E segundo, que ela realmente não gostava de nozes.

A título de informação, a gravidade da alergia de Juanita era severa. Durante anos ela trabalhou como organizadora de encontros e gerente de convenções de vendas, por isso sempre tinha que perguntar como cada alimento era preparado, para determinar se era seguro para ela ficar perto, sempre precisando explicar que não eram apenas as nozes em si a sua preocupação, mas qualquer tipo de derivado ou produtos contendo nozes. Desnecessário dizer que muitas pessoas achavam essas preocupações detalhistas e irritantes. À medida que sua alergia se intensificou, ela acabou sendo forçada a pedir que todo seu local de trabalho fosse uma "zona livre de nozes". Isso provocou piadas, mas a realidade cotidiana menos divertida era que a recepção tinha que verificar cada alimento que fosse levado, e se descobrisse que continha qualquer tipo de nozes ou óleo de nozes, tinha que retirá-lo do prédio o mais rápido possível. Os colegas de trabalho com bastante frequência, inadvertidamente, levavam comida tailandesa ou outra coisa elaborada com amendoim, e Juanita era forçada a deixar o escritório pelo resto do dia.

Sempre que viajava, Juanita solicitava aos comissários de bordo ou ao piloto que fizessem um anúncio dizendo que havia a bordo alguém com uma alergia grave a nozes e solicitassem que não fossem consumidas durante o voo. Ela viajava com lenços de mão e limpava braços, encostos, bandejas e qualquer outra coisa que pudesse alcançar. Quando entrava em um quarto de hotel, limpava as maçanetas e interruptores de luz, e a seguir, o controle remoto da TV, relógios, cabides e qualquer outra coisa com que poderia entrar em contato. Aonde quer que fosse, sempre usava sua própria caneta e nunca tocava em ninguém.

Certa vez, ela participou de uma festa de Natal em um hotel e teve que sair, com falta de ar, porque algumas das sobremesas continham nozes. Mesmo coisas aparentemente inócuas, como as bengalas doces de Natal, eram arriscadas, porque muitas vezes eram processadas em instalações que processavam também nozes. Ela consumiu sua vida com a alergia, assim como a de seu marido e de todos ao seu redor. Juanita estava o tempo todo lendo os ingredientes nos rótulos de tudo.

Seu encontro mais próximo com a morte foi em um dia de trabalho, quando alguém deixou um recipiente de pistaches aberto. De repente, Juanita não conseguia respirar muito bem. Às vezes, não conseguir respirar a deixava incapaz de pensar com clareza, de modo que os outros tinham que mandá-la usar o inalador. Mas, dessa vez, ela se lembrou de usá-lo, e a seguir, deixou o escritório imediatamente. Mesmo quando chegou a casa, dez ou quinze minutos depois, sua respiração não havia melhorado. Ela pediu ajuda ao marido para injetar epinefrina, mas, por algum motivo, foi completamente ineficaz. O marido, então, levou-a para uma clínica local, onde lhe deram mais remédios, mas também não surtiram efeito. Juanita disse que não conseguiu respirar sozinha por um longo tempo, e foi muito assustador. Finalmente, chamaram uma ambulância e ela foi levada para o pronto-socorro local. A equipe médica rapidamente entendeu a situação e lhe deu uma série de outros medicamentos, que finalmente a ajudaram a respirar. Mas também lhe provocaram, como ela descreveu, "a pior enxaqueca que eu jamais havia sentido". (Ela também sofreu de enxaquecas durante muitos anos.) Os médicos do pronto-socorro, então, deram-lhe mais medicamentos para combater a enxaqueca tão dolorosa.

Então, quando Juanita foi curada dessa alergia na conferência, foi quase incompreensível. Mas a evidência era impossível de ignorar. Cinco semanas e um dia depois da conferência, Juanita escreveu em seu blog sobre o que havia acontecido. Ela disse que seu mundo havia sido "abalado" pela experiência, reafirmando a gravidade extrema da sua alergia e como havia sido difícil, às vezes, lidar com ela. Mas ela disse que desde terça, 8 de maio, havia "consumido uma grande variedade de frutos secos, produtos derivados de nozes e óleo de nozes", sem qualquer efeito adverso.

Ela disse que, como resultado dessa cura milagrosa, contou sua história a muitos grupos, grandes e pequenos, e que a resposta às vezes era impressionante, com várias pessoas em lágrimas.

Mas Juanita disse que a melhor parte de tudo foi ver a cara de seu marido quando a ouvia contar a história repetidas vezes. Ela disse que ele ainda chora e comenta que tudo isso é maravilhoso e incrível. Eles agora curtem ir a sorveterias, coisa que era impensável antes de 8 de maio; e conhecer novos restaurantes, onde ela experimenta pratos que nunca fora autorizada a tocar.

Ela também disse que no fim de semana anterior havia ido ao supermercado, e por força do hábito, começara a ler o rótulo de um produto, quando, de repente, dera-se conta de que já não precisava mais fazer isso. Lembrara que podia comer qualquer coisa que quisesse. O pensamento a acertara com tanta força que ela subitamente o verbalizara ali mesmo no corredor, dizendo: "Eu posso comer de tudo nesta loja!". Uma mulher que estava nas proximidades a olhara com estranheza, obviamente achando que ela era louca. No blog, ela contou que seu chefe disse que ela parecia ser uma nova pessoa. No final de seu *post*, ela agradeceu às pessoas da conferência e escreveu que "não há palavras para descrever o que aconteceu e como me sinto. Dizer obrigada é apenas um começo".

Em novembro daquele ano, ela também deixou de ter dores de cabeça, e em 2013 tirou a pulseira de alerta médico que usou por mais de trinta anos.

UM MENDIGO EM GANA

A Igreja Presbiteriana Central em Manhattan, na Rua 64 com a Park Avenue, é um lindo edifício histórico, em cujo púlpito o polêmico Harry Emerson Fosdick uma vez pregou, antes de fugir para a Catedral Riverside, inspirada em Chartres, criada para ele por John Rockefeller. Fosdick não acreditava em milagres. De fato, em 1922, pouco antes de assumir o púlpito da Central, ele fez um sermão famoso intitulado "Os fundamentalistas vencerão?", no qual deixou claro que era ridículo que pessoas "modernas" acreditassem em qualquer um dos milagres fundamentais da fé cristã, incluindo o nascimento virginal e a ressurreição. Hoje, o clima teológico na Central é notadamente diferente. Embora não sejam normalmente focados nisso, os pastores que pregam claramente acreditam que os milagres da Bíblia são verdadeiros, e que também podem acontecer hoje.

Na manhã de 6 de outubro de 2013 o pastor Doug Webster fez um sermão que abordou um milagre que ele havia acompanhado. Doug leciona na Beeson Divinity School, que faz parte da Universidade de Samford em Birmingham, Alabama. Ele também foi pastor principal da Central por alguns anos, e por muitos outros Doug esteve envolvido com um ministério em Gana, que ele visitava regularmente. Naquela manhã, um domingo, enquanto falava sobre Jesus alimentando os 5 mil, Doug contou o que havia acontecido entre as pessoas desse ministério na semana anterior, no norte de Gana. É dirigido por um homem incrível chamado David Mensah, cuja história de vida está cheia de milagres impressionantes. Estão reunidos em seu livro, *Kwabena*.*

Parte do projeto agrícola que estavam implementando recentemente dependia da importação de equipamentos pesados e tratores. Em seu sermão, Doug contou que naquela semana, os equipamentos por fim haviam passado pela alfândega e poderiam ser postos a trabalhar. Foi o ápice de um longo processo de oração e levantamento de fundos, e todos no ministério estavam emocionados. Mas algo mais aconteceu naquela semana que eclipsou o evento e ganhou a atenção de todos. Havia acabado de acontecer, e uma vez que conhecia os envolvidos, Doug estava tão animado que não podia evitar contar.

O que aconteceu envolvia um homem chamado Simon, que é o motorista-chefe do ministério. Simon havia sofrido de diabetes por anos, e em agosto de 2013, uma ferida se abrira em seu pé esquerdo. O pé se deteriorava gravemente. Na verdade, David tinha certeza de que Simon teria que amputá-lo. Mas não tinha coragem de lhe dizer, pois, para um motorista, perder o pé esquerdo — o pé da embreagem — significa também perder o sustento. Seria um duro golpe.

Quando o pé piorou, Simon finalmente foi ao hospital-escola na cidade de Tamale para obter uma parecer profissional. Os médicos corroboraram o que David temia: o pé teria que ser amputado, e logo. Simon voltou para casa

* David foi para o Canadá depois de uma infância profundamente perturbada, que é narrada em seu livro. Ele obteve um doutorado na Universidade de Toronto e se dedica há mais de 25 anos a um ministério de missão integral em Gana. É uma área assolada pela pobreza, mas David e seu ministério construíram vários hospitais e levaram o desenvolvimento agrícola para a região. Eles plantaram 37 igrejas.

e disse à esposa que seus dias como motorista haviam acabado. O que eles fariam? Na manhã seguinte, ele decidiu ir a um culto de oração na tenda da aldeia de Tamale, onde a equipe do ministério se reunia todas as manhãs. As pessoas oraram pelo pé de Simon, mas ele não sentiu nada de especial.

Mais tarde, naquele mesmo dia, Simon estava abastecendo o caminhão em um posto de gasolina. Enquanto abastecia, um homem que lhe pareceu um mendigo se aproximou. Simon instintivamente levou a mão ao bolso para dar ao homem alguns *cedis*, a moeda de Gana. Mas o homem disse que não queria dinheiro, coisa que, naturalmente, surpreendeu Simon. Que mendigo recusa dinheiro? Então, o homem disse a Simon que notara que estava mancando e perguntou se podia orar por ele. Simon concordou, e o homem pegou um pequeno frasco de azeite, ungiu a perna de Simon e orou por ele. Quando Simon acabou de abastecer seu caminhão, alguns momentos depois, tentou encontrar o homem, mas, inexplicavelmente, não o encontrava em lugar nenhum. Simon olhou em todos os lugares, mas o homem parecia ter desaparecido. Era tudo muito estranho. Simon estava morrendo de vontade de saber como o homem poderia ter desaparecido daquele jeito, e também de saber quem era ele e por que havia feito aquilo.

Mas as coisas naquele dia ficaram ainda mais estranhas. Quando Simon chegou em casa, sem nenhum motivo que pudesse discernir, sentiu o pé esquentar de repente. Parecia que algo estava acontecendo, e nos próximos minutos ele viu o quê. Ele disse que, em questão de horas a partir desse momento, seu pé e a perna foram completa e milagrosamente curados. Disse que viu com seus próprios olhos a mudança de coloração.

Quando Simon voltou aos médicos e mostrou seu pé, eles disseram que, com base em tudo que sabiam, o que havia acontecido com seu pé — a reversão da deterioração — era impossível. Disseram que parecia ser um milagre.* Simon sabe que foi um milagre. Ele acredita que não só foi uma cura milagrosa, mas também que o mendigo que orou por ele naquele dia era de fato um anjo disfarçado.

* Pouco antes de este livro ir para a gráfica encontrei Doug Webster na Presbiteriana Central. Ele me disse que havia acabado de estar em Gana e vira Simon, cujo pé estava saudável, e ainda era o motorista-chefe do ministério.

3. Milagres de cura interior

Quando alguém se cura de uma doença ou uma lesão de forma que parece milagrosa, não podemos deixar de nos maravilhar. Mas há algo maravilhoso em toda cura, mesmo sendo lenta e "convencional". A ideia de que nosso corpo pode se curar é incrível, e ver uma ferida se fechar com o tempo é extraordinário, assim como se recuperar de uma doença. Se tudo de bom vem de Deus, então podemos reconhecer que Ele está por trás de toda cura, seja do tipo "milagroso" ou do tipo mais lento, mais típico.

O mesmo vale para o que tem sido chamado de "cura interior". Qualquer pessoa que tenha vivido o luto sabe que o tempo geralmente cura a terrível ferida que sentimos quando perdemos alguém. Da mesma forma, em muitos casos, nossa amargura ou rancor em relação a alguém que nos feriu podem se suavizar ao longo do tempo; a ferida infligida melhora e não nos encontramos mais tão debilitados por ela como antes. É claro, assim como com um ferimento físico, podemos ser afetados de uma forma que vai sarando com o tempo, mas que nunca desaparece por completo. Podemos ficar com o equivalente a uma cicatriz ou uma coxeadura que nunca vai embora.

Milagres de cura interior são casos em que Deus parece tratar, em poucos momentos, o que normalmente levaria anos para se curar, ou que nunca cicatrizaria. Às vezes, as curas interiores podem estar ligadas a curas físicas, como no caso de Juanita no capítulo anterior, cujo perdão a seu pai parece ter sido um precursor necessário para a cura física.

PERDÃO

April Hernandez e eu ficamos amigos como coanfitriões do *100 Huntley Street*, um programa nacional de TV aos domingos de manhã. Ela e seu marido, José, são casados há oito anos e têm uma filha. April e eu nascemos em Nova York — ela no Bronx e eu em Queens — e compartilhamos do típico humor irreverente de Nova York. Logo percebi que ela era uma atriz realmente talentosa, e depois soube que havia estrelado com Hilary Swank o aclamado filme *Escritores da liberdade* e que havia tido papéis em grandes seriados de TV como *30 Rock*, *Dexter*, e *Person of Interest*. Soube também que ela havia feito comédia *stand up* e que era realmente hilária. Eu também podia ver que sua fé era autêntica e sólida, mas não tinha ideia de seu passado tumultuado que a levara à fé. Ao ouvir a história, ninguém certamente imaginaria que ela fora marcada para ter sucesso no mundo do espetáculo.

April cresceu em uma parte dura do Bronx. Na adolescência, entrava e saía de relacionamentos que eram física e emocionalmente abusivos. Foi muito perturbador ouvi-la contar como tudo era ruim, pensar que essa jovem bonita, charmosa, doce e engraçada havia sido abusada fisicamente por namorados. Ela agora fala publicamente sobre esse tempo de sua vida.

Um dia, eu perguntei a April se ela já havia experimentado algum milagre na vida. Ela pensou por um momento, como se estivesse tentando descobrir se deveria compartilhar algo comigo. Então, ela disse: "Sim, já", e imediatamente me contou a seguinte história.

Quando ela tinha dezenove anos, depois de passar a noite com um de seus vários amantes, com quem ela não tinha um relacionamento no momento, descobriu que estava grávida. Quando soube, sentiu que sua vida havia acabado. Pensar nisso deixou-a arrasada. Ela sentia vergonha e decepção. Pelo que sabia na época, ela não tinha absolutamente nenhuma escolha para lidar com aquilo. Havia apenas uma: ela faria um aborto. April disse que foi a decisão mais difícil de sua vida, porque sabia que quando fizesse o aborto, a April que seus pais haviam criado deixaria de existir. Uma parte dela morreria. Mas ela sentia que não havia outra maneira.

A clínica de aborto ficava em Manhattan, num edifício corporativo na Park Avenue com a Rua 32. Então, bem cedo numa manhã de sábado, ela saiu de sua casa no Bronx e foi até lá. Do lado de fora do edifício havia pessoas protestando contra o aborto — monges, católicos e outras pessoas a favor da vida. Inclusive um policial a acompanhou, "para sua segurança". Ela sentia que a situação toda era surreal. Como havia parado ali? Quando entrou na clínica, ela ficou surpresa ao ver cerca de quarenta mulheres, a maioria muito jovem, de minorias urbanas como ela, todas esperando para abortar.

A recepcionista foi extremamente fria. Entregou a April um papel para preencher, mas nesse momento ela estava chorando tanto que mal conseguia compreender o que estava acontecendo. A mulher por fim percebeu que April estava com problemas e perguntou se precisava de ajuda. April disse que não. Ela levou a prancheta para um canto e começou a preencher o papel. Enquanto estava sentada ali, foi atingida pela frieza emocional da sala. "Não havia sentimento nenhum nos olhos de ninguém", disse ela. Quando terminou de preencher o formulário, voltou para a recepção e pagou 450 dólares.

Disseram-lhe para esperar. A espera parecia interminável. Passaram-se horas até que seu nome fosse chamado. Pesaram-na e mediram sua pressão arterial. A seguir, fizeram um ultrassom. April estava grávida de oito semanas. A essa altura o coração do bebê já bate e o cérebro e a coluna vertebral estão em desenvolvimento, por isso, enquanto a enfermeira imprimiu as imagens do ultrassom, April lutou muito para não olhar. Mas ela não pôde se controlar, e, de repente, viu a imagem do que estava dentro de si. E começou a soluçar. Ela continuou chorando, mas a enfermeira não pronunciou uma palavra de conforto. Era um silêncio completo, pontuado pelo som de seus soluços.

April teve que voltar para a sala de espera e aguardar muito tempo. Na verdade, foram mais algumas horas. À medida que o tempo passava, seu medo do que estava prestes a fazer aumentava. Ela não queria ir até o fim. Imaginou-se fugindo dali, correndo para fora do prédio. Ela não tinha força para isso, mas desesperadamente desejou que alguém a impedisse de fazer o que estava prestes a fazer. Enquanto estava sentada ali pensando, ouviu as conversas deprimentes: "Este é o meu segundo aborto", disse uma jovem. "Eu só quero acabar com essa merda logo."

Finalmente o nome de April foi chamado e ela sentiu calafrios, percebendo que era o fim. A enfermeira entregou-lhe chinelos de papel e uma camisola de TNT azul. Pela sola dos chinelos, ela podia sentir o frio chão de ladrilhos. Ela lembra que pensou que aquilo parecia um episódio de *Twilight Zone*. Quando entrou na sala onde o procedimento seria feito, parou na porta e percebeu manchas de sangue no chão. Havia uma máquina com um tubo de sucção que parecia um aspirador de pó.

— Por favor, entre e sente-se no banco — disse a enfermeira.

April lhe perguntou qual foi o mais alto número de abortos que uma garota já havia feito ali. Com voz fria, a enfermeira respondeu:

— Treze.

E então, fez algumas perguntas:

— Onde está o pai?

— Ele não está em nossa vida — disse April.

— Tudo bem, o médico já vai chegar — disse ela —, e isso vai acabar em um piscar de olhos.

April não lembra nada sobre o médico, nem seu rosto nem sua voz. Ela só se lembra de ouvir que tudo acabaria em "cinco minutos". Deram-lhe anestesia e mandaram-na contar de trás para a frente, e logo ela perdeu a consciência. Quando acordou, estava em um quarto com outras seis garotas, todas se recuperando da anestesia. A mente de April estava vazia e sua visão, turva. De repente, ela gritou para a enfermeira:

— Eu matei meu bebê!

E começou a chorar. Ela não conseguia parar. A enfermeira disse:

— Você fez o que tinha que fazer. Vai ficar tudo bem.

Mas April sabia que nunca mais seria a mesma. Ela ficou arrasada.

Quando a anestesia começou a passar, deram-lhe água e um biscoito. Já fazia muitas e muitas horas desde que havia comido alguma coisa. Por fim, ela saiu do edifício. Ao sair, viu que era um dia claro e ensolarado. O contraste desse dia ensolarado com o que ela havia acabado de experimentar era doloroso. A Park Avenue South estava movimentada, cheia de gente. Ela se perguntou se alguma delas poderia imaginar o que ela havia acabado de fazer. Mas uma podia. Quando April se sentou em frente ao prédio esperando sua carona chegar, uma senhora se aproximou com um panfleto que disse que o aborto era um pecado. April não se atreveu a fazer contato visual com ela, mas a mulher insistiu em fazê-la pegar o panfleto. April deixou claro que não estava interessada, e a mulher disse:

— Você vai para o inferno pelo que fez.

Nos dias, semanas e meses que se seguiram, April foi incapaz de se livrar da culpa que sentia pelo que havia feito. Ela diz que se sentia como "uma zumbi". Mas ela simplesmente aceitou sua sentença. Em sua visão, ela era uma assassina. Sabia que ia carregar esse terrível fardo para sempre. Estava certa de que se tornara parte desse terrível estereótipo e estatística: outra latina de uma comunidade urbana que nunca será nada na vida, que vai viver da assistência social, ser mãe solteira sem nenhum propósito na vida além de existir. Os anos que se seguiram ao aborto foram muito difíceis.

Depois de algum tempo, April começou a ir à igreja. Mas sob nenhuma circunstância ela engolia "toda aquela coisa de Jesus". Ela se sentava nos fundos, onde se sentia confortável e segura. De alguma forma ela acabara em uma igreja de maioria dominicana, no Bronx. Embora fosse de origem latina e falasse um pouco de espanhol, sua língua materna era o inglês. De modo que muitas vezes ela não entendia tudo que o pastor dizia. Mas, certa manhã de domingo, quando ela se sentou em seu habitual banco nos fundos, as coisas pareciam diferentes. Ela viu que compreendia mais de tudo que o pastor dizia, e notou que certo número de vezes ele dissera a palavra "perdão" em espanhol. Essa palavra repetidas vezes e mais vezes começou a ter um efeito sobre ela, e, de repente, April sentiu um desejo desesperado de estar mais perto de Deus.

April lembra que, de repente, estava estendendo as mãos ao alto, como se estivesse caindo e se esticando para que Deus pudesse segurá-la. O sentimento era avassalador. April começou a chorar, e ouviu o pastor dizer que se alguém na congregação precisasse de perdão, que fosse para a frente. Ele repetiu isso mais e mais, e disse que Deus estava bem ali, no salão. April não queria ir, em absoluto, porque sabia que as pessoas olhariam para ela, e não queria que ninguém a visse. Mas, ao mesmo tempo que resistia, ela sentiu outra parte de si impelindo-a para a frente, como se sua vida estivesse em jogo. Lentamente, ela começou a caminhar, chorando. Ela sentia seu coração batendo e desejava voltar para o banco, correr para fora da igreja. Mas continuou andando.

— Se você precisa ser perdoado — dizia o pastor — Deus está aqui e Ele o ama.

Quando ela chegou ao altar, fechou os olhos com força e estendeu a mão de novo, desesperadamente, querendo ser tocada por Deus, e de sua boca saíram as palavras:

— Pai, por favor, perdoe-me pelo que eu fiz! Por favor, perdoe-me, Pai! Eu sinto muito.

April diz que, enquanto continuava a chorar, praticamente gritava essas palavras:

— Pai, por favor, perdoe-me!

De repente, ela perdeu a noção de tudo ao seu redor e sentiu um calor imenso, ou uma energia, passando por todo seu corpo. O poder dessa sensação era tão irresistível que seus joelhos enfraqueceram e ela caiu no chão, em posição fetal. Quando estava ali chorando e sentindo o calor se mover por seu corpo, ouviu uma voz muito clara, que falou com profunda paz, em uma espécie de sussurro:

— Eu a perdoo, minha filha. Não chore mais.

Ela sabia que era a voz de Deus. A seguir, a voz disse:

— Mas preciso que você perdoe a si mesma.

April disse que no mesmo momento pôde sentir a energia curando seu útero, como se estivesse lesionado. “Eu senti fisicamente Deus entrar em meu corpo”, disse ela. “Tudo se encaixou de novo, refazendo-se.” Durante essa experiência, ela estava deitada no chão. Parecia que havia abandonado o reino do tempo, como se tudo aquilo houvesse levado uma eternidade. Mas, depois, ela percebeu que haviam passado apenas alguns instantes.

Ela fala que, quando acabou, algumas mulheres a ajudaram a se levantar, e ao se erguer, disse:

— Foi como se um enorme peso houvesse sido tirado de minha alma, espírito, corpo e mente.

Seu nariz estava escorrendo, seu rímel estava todo borrado, e ela mal conseguia andar em linha reta para voltar ao banco nos fundos da igreja. Mas, pela primeira vez na vida, ela havia experimentado o amor e o perdão incondicional de Deus, e veria mais tarde que não era uma solução temporária: havia mudado para sempre. April percebeu que, antes dessa cura, ela andava por aí com uma dor e uma ferida profundas no coração, que afetava tudo que ela fazia e pensava. Agora, finalmente, ela se sentia livre.

Mas a cura não havia acabado. Quando ela saiu da igreja naquele dia, estava em estado de choque pelo que havia acontecido. Ela não disse uma palavra a seu namorado (agora marido), José, que a acompanhara. Nenhum dos dois havia descoberto de verdade "todo esse negócio de Deus". Eles frequentavam a igreja, mas não entendiam nem haviam se convencido de tudo ainda. Permaneciam numa jornada individual com Deus e um com o outro também. Tudo que April pôde dizer a José nesse dia foi: "Amor, ele me perdoou. Ele me perdoou".

Depois do que aconteceu na igreja aquele dia, ela sabia que não estava mais presa ao que havia feito, ao seu passado. Ela não se sentia mais uma assassina. Deus a havia perdoado, e April sentia o perdão e a liberdade em todas as partes de seu ser. Deus lhe disse que ela precisava aceitar seu perdão e perdoar-se, ver que era apenas uma garota assustada que havia tomado a única decisão que podia na época. Ela sabia que o que havia feito era errado, mas Deus, naquela manhã, a inundara com seu amor e perdão completos.

Naquela noite, deitada na cama ao lado de José, ambos estavam tentando processar o que havia acontecido. April lembra que José estava falando quando, de repente, foi como se ela estivesse sendo levada para outro reino. Ela mal podia ouvir a voz de José. Havia uma espécie de eco, e ela sentia como se estivesse flutuando. Seu corpo ficou dormente; ela olhou para o teto e, do nada, teve uma visão. Ela disse que começou como um desenho em uma lousa mágica. No início, ela viu uma pequena figura, e a seguir, conforme a visão se tornava mais clara e mais detalhada, viu que era uma garotinha brincando alegremente em um campo verde cercado por margaridas. April sabia que o nome da menina era Daisy. A garota se voltou e April viu que ela tinha cerca de cinco anos, a idade que sua filha teria se houvesse nascido. April viu que a menina se parecia muito com ela. Era evidente que estava no céu, cheia de alegria e vida. A seguir, a menina falou: "Está tudo bem. Eu estou bem. Você precisa me deixar ir". April sabia que Deus estava lhe mostrando que podia seguir em frente agora e, por fim, perdoar a si mesma.

E assim fez ela.

Sou amigo de Eva Meyer desde 1990, quando nos conhecemos por meio de amigos na Igreja Episcopal Saint Paul, em Darien, Connecticut. Eva foi criada no elegante subúrbio de Westport, Connecticut. Seu pai, o falecido dr. C. J. Meyer (sem sombra de dúvida, a pessoa mais inteligente que já conheci; conversar com ele exigia grande poder de concentração), foi um físico cujo interesse em encontrar a teoria do campo unificado foi sério e fascinante como ele próprio; mas que era gentil e suave também. Apesar de ter tido um pai maravilhoso, Eva enfrentou desafios enormes, muitos deles relacionados a uma vida familiar tumultuada.

No centro do tumulto estava sua irmã mais velha, que, em essência, entregou aos pais e a Eva os cuidados de seus seis filhos — principalmente a Eva, uma vez que ela cuidava da mãe e fazia o que seu pai, ocupado, não podia fazer. Não é nenhum exagero dizer que todos que a conhecem sabem que Eva é a definição de alguém com coração grande. Seu amor por essas crianças tem sido extraordinário para qualquer pessoa familiarizada com a complicada situação.

Tudo começou no início de 1990. Eva passou a cuidar da primeira filha de sua irmã, então com cinco semanas de idade, e depois, cuidou do irmãozinho, assim que nasceu. Ela os criou e amou como se fossem seus, dando seus anos para cuidar deles. Grande parte de sua motivação para sacrificar-se por eles era o desejo de protegê-los do caos da dependência química dos pais das crianças e de tudo que isso implicava. Ela não podia mandá-los embora, sabendo como a vida deles seria se ficassem aos cuidados da mãe. Mas, como não eram legalmente seus filhos, tinha que se submeter aos caprichos da irmã. De modo que ela tinha toda a responsabilidade de cuidar deles e amá-los, mas nenhum dos direitos de uma mãe. Criar essas crianças que ela tanto amava era, portanto, uma alegria e uma agonia ao mesmo tempo. Dizer adeus a elas quando sua mãe caprichosamente decidiu que os queria de volta foi profundamente doloroso, mas Eva era impotente para fazer qualquer coisa.

Então, em janeiro de 2002, dez anos depois, tudo começou de novo. Foi quando a irmã de Eva novamente lhe entregou os cuidados de seus filhos. Só que então eram seis, com idades variando entre dezoito meses e dez anos. Os três mais novos eram todos menores de cinco anos.

A irmã de Eva havia ido com eles de Seattle a Connecticut para passar o Natal. Dessa vez, Eva pensara que seria diferente, que a irmã, por fim, havia refeito a vida. Eva pagara as passagens de avião para todos. Mas, durante os dias seguintes, começou a perceber que havia sido enganada mais uma vez. O futuro ex-marido de sua irmã havia ido para lá para ficar com os filhos, mas sua irmã já estava morando com um novo namorado. Estava claro que ela não tinha nenhuma intenção de tentar fazer as coisas darem certo com o marido, de tentar criar esses filhos com ele. Ela os havia trazido para Connecticut, às expensas de Eva, com o plano de despejá-los ali e desaparecer com seu novo namorado.

O mais novo dos seis era Jonathan, de dezoito meses. O coração de Eva estava tão marcado pelas idas e vindas com aquelas crianças que ela estava determinada a não se abrir para Jonathan. Ela não podia deixar que seu coração fosse rasgado novamente, de modo que ela manteve distância emocional dele. Eva viu que a irmã havia usado seu amor pelos dois mais velhos, de quem cuidara desde o nascimento até os quatro anos, para manipulá-la e fazê-la pagar quase tudo, fazer quase tudo, sacrificar quase tudo. E então ela os mantivera como resgate, longe de Eva durante os oito anos anteriores. E agora ela estava de volta, abandonando todos de novo, seis agora.

Quando a irmã de Eva foi embora, a realidade desabou sobre sua cabeça. Ela se deu conta de que havia um bebê no quarto ao lado e ninguém, a não ser ela, para cuidar dele. Não havia nada que pudesse fazer senão encarar a situação. Naquela noite, Eva foi para a cama morrendo de raiva da irmã. Ela nunca havia sentido tanta raiva e ódio por alguém como sentira, naquela noite, pela irmã. Tinha raiva de toda a dor que sua irmã havia causado a essas crianças, a ela e a seus pais por causa de seu egoísmo. Ela havia roubado anos da vida de Eva quando abandonara as crianças da primeira vez, e agora fazia de novo.

Eva estava deitada na cama clamando a Deus pela injustiça de tudo aquilo. "Onde você está?", gritou. Ela implorou em suas orações angustiadas, dizendo a Deus que ela não poderia passar por aquilo novamente. A injustiça daquilo queimava dentro dela. Sua raiva a venceu e um ódio real e hediondo floresceu em seu coração de uma forma que a assustou. Ela se deitou na cama e chorou, clamando a Deus mais e mais.

"Eu queria que meu coração virasse pedra", contou-me Eva, "para que eu pudesse ser poupada da dor de amar mais uma criança. Eu não poderia suportar mais uma década de desgosto, sujeita aos caprichos imprevisíveis de minha irmã. Mais uma década de chantagem emocional. Posso dizer honestamente que nunca na vida senti tanto ódio como naquela noite. Parecia que eu ia ser engolida inteira pela raiva. Estava me afogando nela."

Enquanto Eva rolava na cama tentando silenciar a fúria que gritava em seu cérebro, olhou para fora da janela de seu quarto. Viu a calçada. A luz brilhante da garagem do vizinho sempre delineava em sua cortina branca a silhueta das árvores que havia entre os dois terrenos. Mas, dessa vez, a silhueta parecia diferente. Para quem quisesse ver, era o Santo Sudário. Eva se viu olhando para ele, tentando dar sentido àquilo, mas não pôde. E quanto mais ela olhava, mais vívida a imagem ficava. Ela disse que era como uma impressão sendo revelada numa câmara escura; observava a imagem ficar mais forte e mais clara a cada segundo. A imagem cresceu, e parecia se aproximar dela. E então, ela percebeu que era realmente Jesus quem ela estava vendo.

"No começo, parecia um negativo gigante", disse ela. "Seus olhos queimavam como bolas de fogo e sua mão direita estava levantada. E ele estava claramente do lado de fora da janela. Ou na janela." Quando ficou claro para Eva que já não estava apenas olhando para uma sombra produzida pelas árvores, ela ficou aterrorizada. Ela estava pasma e sem palavras.

Quando a imagem se aproximou ainda mais, ela puxou as cobertas sobre os olhos, na esperança de que estivesse apenas imaginando aquilo. Mas quando puxou as cobertas e deu uma espiada, lá estava Ele, mais perto ainda, parado no quarto entre a janela e ela, no canto inferior esquerdo de sua cama. Eva viu que seus olhos ainda estavam queimando como fogo, e mal conseguia respirar. Ela foi sendo consumida pelo medo, e passou a ficar dolorosamente consciente da raiva e do ódio dentro de si. Foi uma sensação insuportável, e quando veio à tona, viu-se desesperadamente dizendo: "Tenha misericórdia de mim, Jesus!". E então, ela pronunciou palavras que repetiam o que Isaías disse quando se viu na presença de Deus: "Sou uma mulher de lábios impuros e vivo no meio de um povo de lábios impuros!".

Eva ficou surpresa por aquilo ter saído de sua boca. Ela ainda estava tomada de terror, e quando essas palavras fluíram, esperou sentir a ira de Deus sobre si. Ela sabia que merecia, pelo ódio amargo que sentia. Mas, no instante em que as palavras saíram de seus lábios, ela viu que a imagem começava a se tornar mais clara. Era Jesus — seu rosto, sua barba, sua túnica de linho, com a mão levantada sobre ela em bênção silenciosa. Ela O viu claramente, e Eva entendeu que Ele orava por ela.

De repente, todo o medo se dissipou e ela se viu sendo banhada em seu amor e em uma presença calorosa, reconfortante. Ela contou que "ondas e ondas do amor mais seguro e caloroso me envolveram. Eu me senti como quando era um bebê e meu pai me balançava em seus braços até que eu adormecia. Eu continuava sussurrando... 'Oh, por favor, Jesus... Fique comigo... Eu O amo... Obrigada, Jesus...'".

Jesus ficou ao pé de sua cama a noite toda, até depois do nascer do sol, e durante esse tempo ela absorveu cada gota de sua presença, que a confortou em todo o período. Eva diz que não há palavras para fazer justiça ao que Ele lhe transmitiu naquela noite. Mas as palavras que surgem em sua mente são "coragem", "força", "paz", "alegria" e "grande amor". A raiva e o ódio que sentira algumas horas antes haviam desaparecido. Pareciam só uma lembrança distante.

Depois do amanhecer, Eva começou por fim a cair no sono, mas acordou, só para ter certeza de que Ele ainda estava lá. Estava. "Ele era tão real quanto eu", disse ela. Era por volta de sete horas quando ela O viu pela última vez, ainda em silêncio e orando por ela. Eva não queria que aquilo acabasse nunca. Ele "de alguma forma conseguiu desembaraçar todos os nós do meu coração", disse ela, "todo o ódio, mágoa e medo que me estrangulavam e asfixiavam".

Um pouco depois das sete, ela deve ter adormecido, porque acordou pouco antes das oito com Jonathan chorando em seu berço no quarto ao lado. Imediatamente Eva pulou da cama e correu para ele. Ao vê-lo em pé no berço, chorando e confuso, seu coração se abriu como uma represa. O amor que ela sentia por ele surgia irresistível. Ela voou em direção a ele e o pegou no colo, abraçou-o, ninou-o e o confortou, dizendo que nunca, nunca o abandonaria. Eva diz que o amor que sentiu por Jonathan naquele momento era diferente de tudo que sentira antes. Sua raiva contra a irmã e toda a situação simplesmente não existiam mais. O amor que sentia por esse menino naquele momento era tudo o que parecia haver ali, e em meio a isso, ela tinha a sensação muito forte de que Jesus o havia dado a ela, que estava livre para amar Jonathan com todo seu coração.

Uma década depois, Eva estava casada, e pouco antes do Natal de 2012, quase dez anos depois que isso aconteceu, Eva e seu marido, Paul, foram oficial e legalmente declarados pais de Jonathan.

DEUS E CASAMENTO

Talvez a primeira história em que pensei quando considerei escrever este livro tenha sido a dos meus amigos muito queridos Paul e Lisa. É uma história genuína e maravilhosa. Eu não conseguia me lembrar de alguns detalhes da história, de modo que me encontrei com eles em um restaurante em New Canaan, em 30 de julho de 2013, para ouvi-la de novo, a fim de tomar notas. Eu não fazia ideia, mas essa data era o 19º aniversário de casamento deles.

Eu os conheci na primavera de 2004, em New Canaan, Connecticut, a cerca de vinte metros do restaurante onde almoçamos em julho de 2013. Esse jantar de 2004 foi um evento da New Canaan Society, um grupo de homens de que eu participava desde 1995, quando começamos, em New Canaan, Connecticut — daí o nome. Eu digo "nós" sendo generoso para comigo mesmo, porque foi meu grande amigo Jim Lane quem começou. A Society começou como um pequeno grupo de homens na casa de Jim, que havia acabado de voltar de Londres, após alguns anos, onde trabalhou na Goldman Sachs.

Quando Jim voltou para New Canaan ele queria ter algum tipo de grupo de homens — não necessariamente de estudos bíblicos, mas algo para que os homens incentivassem uns aos outros. Ele sabia que tinha que ser o mais divertido possível e não parecer um grupo "religioso" autoritário, mas simplesmente um grupo de homens com o objetivo em comum de quererem ser amigos de verdade. Naturalmente, qualquer amizade verdadeira significa incentivar uns aos outros na responsabilidade de ser marido e pai. Acontece que havia muitos homens à procura de algo assim, e a New Canaan Society (NCS), como passou a ser chamada, cresceu muito. Em poucos meses, o número de membros cresceu para vinte, e logo pulou para quarenta. Rapidamente ultrapassamos o quarto de Jim e nos mudamos para sua sala de estar, que, dada sua posição de ex-sócio da Goldman Sachs, era suficientemente ampla. Antes que o número crescente de membros — e a sofredora esposa de Jim, Susie — nos obrigasse a trocar a casa de Jim por outros espaços, tivemos duzentos homens lá toda sexta-feira. Os que não cabiam na sala sentavam-se em cadeiras dobráveis na sala de jantar e no hall de entrada, e alguns se reuniram na sala íntima, assistindo ao circuito fechado de TV. Ainda rimos disso, mas é verdade. Foi nessa época que Paul me visitou.

Paul era o tipo de pessoa que se sentia atraída pela diversão e bonomia geral da NCS. Ele era formado em Harvard e sócio de um dos escritórios de advocacia de Wall Street cujo nome não podemos citar aqui (vamos chamar de "a Firma"). Também foi o tipo de gente que descobria que o imenso mundo do sucesso com que havia sonhado agora era seu, mas que não lhe dava a felicidade e a satisfação que ele achava que teria quando começou, tantos anos antes. Ele possuía uma casa espetacular no Condado de Fairfield e todo o reconhecimento profissional que poderia esperar. Sua esposa, Lisa, era linda e imensamente realizada, e tinham dois filhos maravilhosos.

Então, um dia, na primavera de 2003, todas essas coisas ficaram sob ameaça. Paul assumia que estava tudo bem em seu casamento até então. Houvera uma desconexão entre ele e Lisa por algum tempo, mas ele, arrogantemente, não deu importância, considerando-a normal no casamento, depois de alguns anos, quando ambos os parceiros estão ocupados com a vida. Não parecia justificar uma preocupação séria. Do modo como ele via as coisas, ser um bom provedor era ser um bom marido, e ele certamente era. Paul saía para o trabalho antes de seus filhos acordarem e voltava depois que haviam ido dormir, e estava tão exausto e distraído pensando no trabalho ao fim de cada dia que tinha pouca capacidade ou desejo de dar atenção a Lisa. Ele recordou que sua maneira de lidar com as crises de choro periódicas dela era retirar-se e simplesmente esperar que passasse. Mas, nesse dia, Paul viu que algo estava um pouco mais errado que o habitual, e por fim se sentiu obrigado a questionar Lisa sobre isso. “Há alguma coisa errada?”, perguntou-lhe. A resposta dela foi um choque. Em um tom frio e distante, ela disse: “Não sei por onde começar”, e então, passou a dizer que era profundamente infeliz no casamento. Ela disse enfaticamente que “não poderia continuar assim”.

Ouvir essas palavras da mulher que ocupava o centro do grande edifício de sucesso que ele havia construído durante todos esses anos foi um golpe devastador. Quando a ficha caiu, Paul desmoronou. Ele trabalhava tão duro, só pensando na construção e manutenção desse grande império, que não tinha ideia dos sentimentos de sua esposa e da profundidade de seus problemas. Era como se estivesse dando os últimos retoques nas partes mais altas do edifício e, de repente, alguém lhe dissesse que a base havia começado a apodrecer e que tudo desabaria a qualquer momento. Ouvir as palavras e o tom de voz de Lisa fez Paul ver que tudo estava desmoronando. Era demais para suportar, e ele começou a soluçar e não parou por quase duas horas. Mas Lisa, cujo coração foi se endurecendo ao longo dos últimos anos, disse que era quase uma observadora distante. Ela não conseguia sentir qualquer compaixão ou empatia. Se havia alguma emoção, era raiva, enquanto se perguntava como esse homem indiferente e insensível diante dela podia ter sido tão incrível e egoisticamente alheio a sua grande dor.

Mas essa notícia devastadora levou Paul a fazer algo que ele nunca havia feito antes. Ele visceralmente entendeu que não havia solução humana para essa crise, a crise de sua vida. De repente, ficou desesperado, e pela primeira vez na vida, não tinha recursos para valer-se por si mesmo. Então, clamou a Deus, a quem havia ignorado desde sempre.

Paul e Lisa não tinham um verdadeiro relacionamento com Deus até aquela época, mas não eram ateus. Ambos haviam sido criados em lares católicos devotos, mas, conforme a vida evoluíra, tornaram-se os católicos nominais “de Natal e Páscoa”. Quando o primeiro filho nasceu, sentiam um desejo incipiente de fazer algo “espiritual” e decidiram ir a uma igreja nas proximidades, em Londres, onde viviam no momento. Tentaram primeiro uma igreja católica, mas rapidamente se frustraram com sua incapacidade de entender o sacerdote africano. Poucos dias depois de decidirem tentar outra coisa, Lisa foi cumprimentada na rua por uma vizinha, também norte-americana, que se apresentou. E naquela noite, deixou-lhe um convite para uma festa no jardim realizada pela Igreja Saint Michael, em Chester Square. Lisa foi à festa e gostou das pessoas, e no domingo de manhã ela e Paul foram ao culto. Lisa adorou, mas Paul ficou tão desconfortável com aquilo que nunca mais voltou. O pastor naquela época — e ainda agora, no momento da escrita deste livro — era um homem chamado Charles Marnham. Lisa não sabia, mas ele não era um clérigo anglicano comum. Charles e sua esposa, Tricia, haviam essencialmente inventado o Programa Alpha — agora muito popular e bem-sucedido —, que já levou a fé a literalmente milhões de pessoas ao redor do globo. Assim, em Saint Michael se encontra algo muito mais poderoso que na igreja anglicana normal, e em pouco tempo Lisa estava participando dos estudos bíblicos com as mulheres, ministrados pela esposa do reitor. Ela parecia estar no caminho de uma verdadeira fé.

Antes que essa semente pudesse germinar, no entanto, o trabalho de Paul o chamou de volta a Nova York. Pouco antes de partirem, Tricia Marnham disse a Lisa que, a fim de que sua nova fé não se dissipasse, ela deveria encontrar uma sólida igreja "Alpha" nos Estados Unidos e ler a Bíblia diariamente. E Lisa disse que faria isso. Mas, quando ela e Paul encontraram uma casa no Condado de Fairfield e estavam devidamente estabelecidos, ela se distraiu com outras coisas importantes — não pouco importantes, como o nascimento de sua filha apenas dois meses depois do regresso. Ela sentia falta da animação que sentia em Saint Michael antes de partir. Ela e Paul viviam em uma rua elegante, em uma cidade muito elegante, e havia uma igreja tradicional do outro lado da rua. Paul viu isso como uma oportunidade de voltar a um estilo de culto com o qual se sentia à vontade, e Lisa seguiu o desejo dele porque isso significava que toda a família poderia estar junta na igreja. Era muito conveniente, e de alguma forma parecia perfeito, de modo que Lisa logo esqueceu o conselho de Tricia Marnham e suas próprias boas intenções. E foi nesse ambiente luxuoso do subúrbio que seu casamento continuou ruindo e a fé de Lisa começou a desaparecer.

Durante esse período, Lisa passava cada vez mais tempo em um spa local, numa tentativa de curar sua infelicidade em casa. Foi lá que ela fez contato com um grupo de donas de casa de Fairfield County que já eram divorciadas ou desejavam ser. Assim que ouviram falar da crescente infelicidade de Lisa, encorajaram-na fortemente a trocar o inalcançável marido por pastos mais verdes. O apelo constante disso cobrou seu preço, até que Lisa deixou de cuidar de seu casamento e de tentar comunicar a seu marido suas angústias. Assim, sem o conhecimento de Paul, em outubro de 2003, quando ela deu sua resposta devastadora à pergunta de Paul, tudo acabou. Lisa ainda não havia pensado nos próximos passos, mas para ela as coisas já estavam se movendo decididamente no sentido de encerrar seu casamento.

Mas algo mais estava acontecendo durante esse tempo também. Na semana em que Paul e Lisa tiveram sua conversa dolorosa, ela foi voluntária em uma feira do livro na prestigiosa escola particular de seus filhos, e dividiu a mesa de vendas com uma mulher chamada Deborah, que Lisa nunca havia visto antes. Por alguma razão, Lisa se abriu com Deborah sobre o que estava acontecendo em sua casa. Deborah era uma mulher de fé, e disse a Lisa que oraria por um milagre no casamento dela; e perguntou-lhe se Paul estaria interessado em participar do grupo de homens cristãos chamado New Canaan Society, que um amigo chamado Rocky frequentava. Um dia depois de Lisa conhecer Deborah, ela e Paul a encontraram novamente, dessa vez no meio de uma multidão de centenas de pessoas no jogo de futebol americano de ex-alunos da escola. Deborah mencionou a New Canaan Society a Paul e até lhe deu o número de seu amigo Rocky. Paul estava cético em relação a participar de um grupo de homens cristãos, mas, mesmo assim, pesquisou a New Canaan na internet. A única coisa que encontrou foi o discurso fúnebre que Jim Lane havia feito no funeral de David Bloom,* que fora membro da NCS. Uma frase se destacou na tela de Paul: "[...] trata-se de homens apoiando uns aos outros para serem melhores maridos e pais — homens sendo homens melhores". Paul sabia que precisava disso. Então, ligou para o número que Deborah lhe havia dado e soube que nos reuníamos às sete horas, às sextas-feiras, na casa de Jim Lane em New Canaan, a apenas quinze minutos de sua própria casa. Naquela sexta-feira Paul foi até lá para conhecer Rocky. Ele entrou em uma casa cheia, com cerca de duzentos homens. Paul viu as quatro centenas de sapatos desses homens nos degraus da frente e soube que a esposa de Jim tinha apenas duas regras para as manhãs de sexta-feira: Não comer na sala de estar e não entrar de sapatos na casa. Paul não encontrou Rocky naquele dia.

O orador naquela manhã era Tim Keller, pastor da Igreja Presbiteriana Redeemer em Manhattan. Como eu e minha esposa frequentávamos a Redeemer, eu apresentei Tim naquela manhã. Sua mensagem intitulava-se "Como orar", e, como todas suas mensagens, foi impressionante. Após a mensagem de Tim, meu amigo B. J. Weber levantou-se e convidou novos participantes a ficar para uma breve apresentação da NCS. Descrevendo sua própria história, B. J. mencionou que dava aconselhamento matrimonial. Isso era tudo que Paul necessitava ouvir. Ele marcou uma consulta com B. J. para a semana seguinte. Admiravelmente, nos próximos meses, B. J. se reuniu com Paul e Lisa todas as sextas-feiras, logo após as reuniões da NCS.

Como acontece frequentemente com esse tipo de trabalho, o progresso é difícil de se medir. Lisa levava um caminhão de raiva para essas sessões, mas não a comunicava muito bem, e nunca lidara com ela. Na superfície, parecia que eles estavam fazendo progressos. Em janeiro de 2004, eles concordaram

* David Bloom era ex-correspondente da NBC na Casa Branca e em 2003 morreu vítima de uma embolia no Iraque, onde fora incorporado às tropas para cobrir a guerra. Meu relato sobre ele e seu envolvimento com a NCS pode ser encontrado em http://www.ericmetaxas.com/writing/essays/butsweetwillbetheflowerthelifeanddeathofnbcsdavidbloom.

que o casamento havia superado a crise e até ofereceram um jantar em sua casa para agradecer a todos aqueles que os haviam ajudado ao longo do caminho, incluindo Deborah, Rocky e B. J. Mais tarde, B. J. chamou Paul à frente de centenas de homens, no retiro anual da NCS, na Mohonk Mountain House, em Nova York, para contar a feliz história de como a Society havia salvado seu casamento.

Mas ele falara cedo demais, porque apesar das aparências externas, Lisa continuava com raiva e ressentimento. Nas semanas seguintes, esses sentimentos se sobrepuseram e desfizeram todo o progresso aparente que haviam conquistado. Assim, em abril de 2004, depois que tudo veio à tona, ela jogou uma bomba terrível. Disse a Paul que queria o divórcio. A notícia, naturalmente, foi inesperada e devastadora. Mas Paul estava preparado para isso, de uma maneira que não estivera no outubro anterior. Sua fé fora crescendo de forma constante durante todos esses meses, mesmo que a de Lisa, não. Cinco meses antes, em 5 de dezembro, ele havia oficialmente decidido entregar o controle de sua vida a Jesus, e orara para aceitá-Lo como Senhor. Por isso, ele agora entendia que tinha uma batalha imensa pela frente, mas também sabia que tinha armas para travá-la, juntamente com a fé e a determinação necessárias. Paul também acreditava que, no fundo, Lisa queria que o casamento deles desse certo, mas achava impossível. Como ela acreditava que havia tentado tudo ao longo dos anos para salvar seu relacionamento, Lisa só via duas opções: permanecer em um casamento sem esperança e desesperadamente infeliz, ou ir embora. Paul via uma terceira: um casamento restaurado e feliz. Mas ele sabia que era necessário nada menos que a intervenção de Deus.

Por meio dos oradores da NCS, como Tim Keller, Dudley Hall e Jack Deere, Paul havia aprendido sobre o versículo do livro de Malaquias, do Antigo Testamento, no qual Deus declara que "odeia" o divórcio. Ele também aprendeu que Deus "nunca o deixaria nem o abandonaria," que o amava "incondicionalmente", que nunca lhe daria mais do que ele poderia suportar, e que "nada é impossível para Deus". Paul também acreditava que a vontade de Deus era que seu casamento fosse salvo, e estava determinado a fazer tudo ao seu alcance para lutar por seu casamento e a confiar em Deus para fazer o resto. Ele jurou nunca tirar a aliança e nunca parar de dizer a Lisa que a amava. Paul também prometeu não sair de casa, apesar das fortes solicitações de Lisa para que saísse. A primeira pessoa que Paul procurou depois do dia 5 de outubro de 2003 foi um dos seus sócios, que se tornou uma espécie de figura paterna para ele. Paul sabia que o homem havia se divorciado muitos anos antes. Ele disse que sua esposa lhe pedira para ir embora, e que sempre se arrependia de tê-lo feito, porque isso facilitou muito o processo. Seu conselho para Paul era que ficasse em casa. Embora o homem não fosse cristão.

Paul tinha certeza de que Deus o havia mandado, e a outros, para orientá-lo na travessia dessa provação.

Paul fizera grandes amizades na NCS — coisa que ele percebeu que faltava em sua vida. Então, a primeira coisa que fez foi dar a notícia a alguns desses amigos íntimos. A NCS normalmente fazia uma pausa durante o verão, mas esse ano, Jim Lane decidira organizar os homens em pequenos grupos que se reuniam semanalmente durante o verão para conversar e orar. Esse era o objetivo da NCS: conectar os homens em amizades, e agora ela era grande demais para isso. Paul se juntou a um desses primeiros grupos de "energia" e compartilhou sua história. E então, um homem do grupo chamado Preben, que era um grande defensor da ideia de que devemos levar "as promessas de Deus" na Bíblia a sério, disse que, como Deus era a favor do casamento e "odiava" o divórcio, devíamos estar com Ele contra o divórcio. Ele estaria conosco quando fizéssemos isso. Assim, o pequeno grupo concordou em ficar com Paul em oração e respeitar a promessa de Deus. Tudo que tinham a fazer era acreditar e orar. O pequeno grupo de Paul continuou se reunindo toda sexta-feira para compartilhar suas histórias e seus problemas e orar. Assim, durante o tempo que passavam juntos e em seus momentos privados de oração em todas aquelas semanas, o grupo estava com Paul na fé contra o divórcio.

Em termos práticos, Paul decidiu viver sua fé nas Escrituras não fazendo nada para cooperar com o divórcio que Lisa queria. Ele não lutou contra ela, mas também não levantou um dedo para ajudá-la nisso. Mas, em julho, Lisa pediu o divórcio, e um oficial do Estado bateu a sua porta para entregar os papéis. Quando isso aconteceu, o filho deles, de cinco anos, abriu a porta, por isso foi pelas mãos dele que Paul recebeu os papéis do divórcio. Ele não tinha escolha, mas novamente faria tudo que pudesse para trabalhar contra. Mais importante ainda, a seus olhos, eram suas orações contínuas, sozinho e com o grupo, contra o divórcio.*

* Essa ideia de "manter a promessa de Deus" ou "manter a Palavra de Deus" vem da ideia de que a Bíblia é a "Palavra de Deus". Embora no Novo Testamento, a palavra grega *logos* seja traduzida como "Palavra", com inicial maiúscula, seu significado real é infinitamente mais rico. Em um dicionário padrão, como o Houaiss, a primeira definição de *logos* é "conjunto harmônico de leis que comandam o universo, formando uma inteligência cósmica onipresente que se plenifica no pensamento humano". A segunda definição é "no misticismo filosófico de Fílon da Alexandria (século I d.C.), no neoplatonismo e no gnosticismo, inteligência ativa, transformadora e ordenadora de Deus em sua ação sobre a realidade". Assim, a palavra significa muito mais que apenas "palavra" como "nas palavras da Bíblia". Representa a sabedoria e o "princípio de ordenação de Deus" para o universo. Além disso, no Novo Testamento, Jesus é referido como "*Logos tou Theou*" — a "Palavra de Deus". De modo que, quando se fala de "crer na Palavra de Deus", ou "observar a Palavra de Deus", normalmente significa acreditar no que Deus declarou na Bíblia.

Ser capaz de "ter fé" de que o que Deus diz ser verdade pode, às vezes, ser difícil, especialmente quando as circunstâncias e as emoções trabalham contra. No caso de Paul, a realidade externa do divórcio foi esmagadora, mas por causa do incentivo dos amigos em seu pequeno grupo, ele foi capaz de se manter firme contra o que estava acontecendo. Na verdade, foi no pequeno grupo que foram plantadas as sementes do milagre que aconteceu na sexta-feira do 13º dia de agosto de 2004.

Na manhã de 13 de agosto, dois dias depois do 43º aniversário de Paul, Preben, que lhe havia apresentado o conceito de "acreditar nas promessas de Deus", levou a ideia um pouco mais além. Muitos cristãos acreditam que Deus às vezes destaca uma determinada passagem da Escritura para alguém quando está orando ou lendo a Bíblia, de tal forma que o trecho tem uma aplicação particular e pessoal. Naquele dia, Preben disse a Paul que sentira em sua oração que Deus havia destacado algo em Jeremias 24 como um versículo especial para o amigo. As pessoas muitas vezes têm percepções estranhas que, na verdade, não têm nada a ver com Deus. Portanto, é preciso sempre ter cuidado quando alguém diz essas coisas. Foi por isso que Preben disse a Paul que quando chegasse a casa naquele dia, depois da reunião, orasse sobre a Escritura, para ver se ele também sentia que era uma mensagem de Deus para ele. Preben disse que, se sentisse isso, na semana seguinte o grupo "concordaria" com Deus e "acreditaria", sabendo que se de fato Deus falara sobre a situação de Paul, não poderia falhar — mas só se ele acreditasse e "mantivesse a fé".

O versículo de Jeremias 24 que Preben sentira fortemente que Deus designara para Paul e sua situação fala dos israelitas exilados, a quem Deus queria restaurar a terra: "Eu lhes darei um coração capaz de conhecer-me e de saber que eu sou o *Senhor*. Serão o meu povo, e eu serei o seu Deus, pois eles se voltarão para mim de todo o coração".

Preben dissera que durante sua oração sobre o assunto, sentira Deus dizendo que essas palavras eram Sua promessa a Paul, que Ele redimiria a situação, restauraria o casamento dele, e traria Lisa de volta para Ele e para seu casamento. Assim, Paul devia perguntar a Deus se essas palavras eram realmente para ele, e se sim, devia tomá-las como uma promessa de Deus diretamente a ele, e "crer nela".

Cristãos mais sérios achariam tudo isso um pouco estranho — o que dirá cristãos nominais e não cristãos. E então, Preben disse algo que era mais estranho ainda. Perguntou a Paul se ele já convidara Jesus a entrar em sua casa. Paul não sabia bem o que Preben queria dizer com aquilo. Estava falando em termos gerais ou em um sentido mais literal? Preben estava falando literalmente. Ele disse a Paul que quando chegasse a casa, devia ir para a porta da frente e orar para que Jesus entrasse, e a seguir, abrir a porta para que Ele pudesse de fato entrar. Paul deve ter achado aquilo estranho, mas quando estamos desesperados, muitas vezes descobrimos que nossa fé é mais forte que nossas dúvidas, e podemos acreditar em coisas de que zombaríamos se estivesse tudo bem. Além disso, que mal podia haver nisso? Mesmo que não passasse de um gesto simbólico, era uma boa ideia.

Quando a reunião do grupo terminou, Paul voltou para sua casa espaçosa. Seus filhos, de cinco e três anos, estavam com a babá* em casa, e Paul foi imediatamente para seu escritório, no primeiro piso, para ler o versículo de Jeremias que Preben havia indicado. Ele encontrou Jeremias 24 e, orando sobre ele, sentiu mesmo que se tratava de uma promessa de Deus para ele, para Lisa e para o casamento. Decidiu, então, que se lembraria dessa promessa em suas orações, e lembraria a Deus que estava de acordo, que acreditava que Ele realmente restauraria o casamento e a crença de Lisa nEle.

Depois que terminou a oração em seu escritório, por volta das 9h30 da manhã, Paul de repente percebeu que havia se esquecido de fazer a segunda coisa que Preben havia dito: convidar Jesus para entrar em casa. Ele não havia dado importância especial a isso, mas querendo fazer tudo direitinho, caminhou até a porta lateral da casa, que era mais usada que a da frente, e ficou parado diante dela. Quando fechou os olhos para orar, algo realmente estranho aconteceu. Paul me contou que, com os olhos fechados, ele pôde "ver", e o que viu foi uma figura branca brilhante *do outro lado da porta fechada*.

Ele disse que não conseguia distinguir traços, mas era uma figura de branco extremamente brilhante que ele achou imediatamente ser Jesus, o que o assustou, como assustaria a qualquer um. Ele abriu os olhos. Com os olhos abertos, porém, viu apenas a porta fechada. Então, fechou os olhos novamente para orar e de novo "viu" a figura branca do outro lado da porta. Paul sabia que não estava imaginando aquilo, e sabia que era um milagre. Assim, com os olhos fechados, e continuando a orar, ele abriu a porta e "observou" a figura entrar em sua casa. O que aconteceu depois é difícil de entender, mas Paul disse que, com os olhos fechados, ele andava com essa figura branca por todos os cômodos da casa, vendo tudo. Ele manteve os olhos fechados e simplesmente o seguiu. Paul observou Jesus erguer as mãos e abençoar todos os cômodos. Eles subiram — Paul ainda com os olhos fechados — e ele fez o mesmo em todos os aposentos ali. A seguir, desce-

* Muito tempo depois, Paul e Lisa descobriram que a babá, hondurenha, uma mulher de forte fé cristã, sabia que algo estava errado e orava diariamente pela casa e as crianças durante esse tempo.

ram novamente, e o último lugar em que entraram foi o escritório de Paul. Depois que Jesus orou sobre o escritório, Paul soube que havia acabado, e por fim abriu os olhos. Estava sozinho. Paul deduziu que, uma vez que eles haviam orado sobre cada aposento, sua missão estava cumprida. Então, ele se sentou à mesa, tentando entender o que havia acontecido. Não foi fácil. E assim, Paul fechou os olhos para orar mais uma vez. No exato momento em que fechou os olhos novamente, viu a figura parada no meio da sala, e, dessa vez, sua presença era diferente. Foi avassalador — tanto que Paul saiu de sua cadeira e caiu no chão, chorando e abraçando os tornozelos de Jesus, desfeito em gratidão, alegria e rendição.*

Nunca mais aconteceu nada parecido com Paul. Mas isso o encorajou em sua fé de forma marcante, como seria de esperar. A partir desse momento, ele persistiu mais que nunca em oração por seu casamento, esperando que Deus o curasse e restaurasse.

Paul descobriu que, depois dessa experiência incrível, Deus rotineiramente o encorajava por meio dos outros e das coisas que lia. Um dia, no grupo de oração de sexta-feira, um homem chamado David Wagner apareceu. David é conhecido por ser dotado do dom que alguns cristãos chamam de "profecia", o que significa que muitas vezes ele ouve coisas de Deus quando intercede pelas pessoas. David levou outro amigo, Len Ballinger, que tinha dons espirituais semelhantes. Len orou, e disse que enquanto orava por Paul, uma passagem do livro de Oseias surgiu em sua mente. Os versículos que ele mencionou foram Oseias 2,6-7.

Por isso bloquearei o caminho dela com espinheiros;
eu a cercarei de tal modo que ela não poderá encontrar o seu caminho.
Ela correrá atrás dos seus amantes, mas não os alcançará;
procurará por eles, mas não os encontrará.
Então ela dirá: "Voltarei para o meu marido como no início,
pois eu estava bem melhor do que agora".

Len disse a Paul que devia fazer essa oração quando intercedesse pela esposa e pela situação. Ao longo das semanas seguintes, Paul o fez com total fé, e continuou a orar e a "concordar" e a "acreditar" nos versículos de Jeremias

* Enquanto isso ocorria, Paul acreditava que era Jesus que havia entrado em sua casa, em resposta ao seu convite. Desde então, passou a entender que a figura branca, que não tinha características faciais visíveis, podia ter sido não Jesus, mas o Espírito Santo ou um anjo do Senhor, que são frequentemente associados com a cor branca e muitas vezes aparecem como figuras "sem rosto" em sonhos e visões.

também. Ao orar, ele retratava em sua mente uma sebe de espinhos que crescia ao redor para proteger a esposa de qualquer coisa que pudesse prejudicar o casamento ou a família. Imaginava-a crescendo tão alta e robusta que ela só poderia olhar para cima, em direção a Deus.

Durante esse período, alguém do grupo nos deu uma cópia de um livro sobre casamento de nosso amigo Emerson Eggerichs, chamado *Love and Respect* [Amor e respeito]. Emerson havia testado o material do livro em algumas reuniões da NCS alguns anos antes. Paul devorou o livro, e ficou particularmente impressionado com um capítulo sobre o que fazer se só um dos dois no casamento quer se curar. Dizia que ele devia olhar para sua esposa como se Jesus estivesse atrás dela e amá-la em obediência a Jesus, e não porque sentia que a amava.

Naquele mês de outubro Lisa havia começado a fazer terapia. Não para ajudá-la com seu casamento, que ela já deixara para trás no monte de cinzas de seu passado, mas para ajudá-la com o novo que esperava encontrar em sua vida. Um dia, o terapeuta, que não era cristão, jogou um balde de água fria nas futuras esperanças e planos de Lisa. Enquanto a ouvia falar sobre si mesma e do que estava sentindo, ele a aconselhou a assumir a responsabilidade por sua raiva em relação ao marido. Disse que não era saudável culpar o marido e que ela devia assumir sua própria parte nessa raiva. Lisa conta que, por algum motivo, isso causou o início de uma mudança em sua visão de tudo. Ela começou a olhar para si mesma e suas emoções de forma mais crítica, e, pela primeira vez, isso lhe permitiu parar de culpar Paul e de concentrar sua raiva nele.

No entanto, ela ainda estava firmemente decidida a "seguir em frente", e embora o casamento ainda não estivesse oficialmente terminado, Lisa vivia sua vida como se fosse solteira: ela não usava mais suas alianças de noivado e casamento havia meses e dormia em outro cômodo da casa. Já havia começado até a procurar um lugar para ir viver com as crianças. Embora Paul houvesse instruído seu advogado a se mover o mais lentamente possível, para que Deus tivesse tempo de trabalhar, o processo legal foi avançando, e seria apenas uma questão de tempo antes que as coisas fossem finalizadas e o casamento acabasse oficial e legalmente. Mas Paul ainda acreditava nas promessas de Deus e orava sobre os versículos de Oseias e Jeremias, acreditando que Deus protegeria Lisa de cometer adultério, e acreditando que Deus a traria de volta ao casamento e a Ele próprio.

Uma sexta-feira de manhã, em novembro daquele ano — dia 19 —, Paul voltou de uma reunião da NCS com uma notícia inesperada. Ele disse a Lisa que Jim Lane, o líder da Society, havia sido internado em uma clínica de reabilitação para dependentes de álcool. Para Lisa, nesse momento, a NCS representava o cristianismo na vida deles, mesmo ela não se entusiasmando muito com a Society ou seu estilo em particular. De modo que quando Lisa ouviu que Jim havia se humilhado dessa forma, admitindo seu problema e tomando as medidas necessárias para encará-lo, sentiu-se profundamente afetada. A notícia a abalou muito. Ela se lembra de ter pensado que se esse líder cristão tivera a coragem de ser tão aberto e honesto a respeito de seus problemas, e se ele acreditava que Deus realmente poderia ajudá-lo, talvez Ele pudesse ajudá-la também. Mas, na verdade, não foi apenas a ideia de que Deus poderia ajudar Lisa. Foi uma ideia muito mais surpreendente, de que talvez Deus pudesse ajudar os dois, Lisa e Paul, a curar seu casamento. A notícia sobre Jim Lane pareceu, de repente, levá-la da crença de que seu casamento estava totalmente morto e sem esperança à de que, de alguma forma, a cura estava ao alcance de Deus. Embora ela não soubesse bem por que — nem conhecesse os sentimentos que foram desencadeados —, Lisa ficou total e completamente arrasada com a notícia sobre Jim naquela manhã, e com as implicações daquilo para ela e Paul. De alguma forma, ela sentiu mover-se sutilmente em direção a Deus, ceder a Ele sua vontade e seus problemas para que fossem tratados. Como resultado dessa pequena, mas significativa, mudança no coração e na mente, as emoções que brotaram nela eram praticamente avassaladoras.

Mas a distante Lisa não poderia se deixar arrasar nesse momento. Coisa demais aconteceria naquele dia em especial para se abrir a suas emoções repentinas. O que estava diante de si exigia atenção plena. Quando Paul voltara da reunião da NCS, Lisa estava se vestindo e se preparando para uma reunião especialmente crucial em Manhattan. Na verdade, ela estava prestes a ir à estação de trem de Stamford quando Paul chegara. Ela ia pegar o trem para a cidade para presidir uma apresentação importante em um almoço de angariação de fundos para o Bowdoin Alumni Found. De modo que Lisa se recompôs, foi para a estação e pegou seu trem. Mas, quando se sentou no trem, a caminho de sua reunião importante, os sentimentos que haviam ameaçado dominá-la quando Paul lhe contara sobre Jim começaram a cumprir sua ameaça. Ela mal sabia o que estava sentindo ou pensando, mas sua cabeça flutuava e as emoções começavam a levar a melhor. Havia tanta coisa em jogo naquela apresentação que ela simplesmente tinha que se controlar. Mas não conseguia. Não importava o quanto tentasse, ela não conseguia levar vantagem sobre suas emoções atordoantes, nem quando entrou na cidade, nem depois. Como resultado, ela não conseguiu fazer a excelente apresentação que esperava. Na verdade, foi quase um desastre. Grandes personalidades como Lisa não estavam acostumadas a falhar. Mas não havia como fugir: ela era um desastre emocional completo.

Depois da terrível experiência do almoço, Lisa achou que poderia se recuperar indo fazer compras com amigas, de modo que entrou em contato com algumas e foi. Mas mesmo essa arma brilhante em seu arsenal de Fairfield County não deu certo. Lisa teve outra ideia. Entrou em contato com alguns amigos em Stamford e fez planos para jantar com eles. Isso devia funcionar. Foi para estação Grand Central, pegou o trem e encontrou os amigos em Stamford, em seu restaurante favorito. Mas os sentimentos de Lisa continuaram piorando. Ela estava até começando a se sentir fisicamente doente. Então, bem no meio do jantar, pediu desculpas aos amigos dizendo que não se sentia nada bem e que tinha que ir para casa.

E então, quando ela entrou no carro, a quinze minutos de casa, a barragem estourou completamente. Enquanto dirigia, Lisa começou a soluçar incontrolavelmente e a gritar para Deus. "Salve minha vida!", gritava. "Salve meu casamento!" Ela gritava essas frases mais e mais, de uma forma que ela descreveu como crua e gutural e completamente diferente dela. Era um desencadeamento extraordinário de emoções tamanho que Lisa encostou o carro seis vezes. Sentiu medo de não conseguir chegar em casa. Ela encostava e começava de novo, o tempo todo chorando histericamente, gritando e pedindo a Deus para ajudá-la. Ela disse que era como se estivesse orando com todo seu corpo.

Quando por fim chegou, Lisa foi direto para a cama, esperando que de manhã fosse capaz de entender o que estava sentindo. Mas ela acordou sentindo-se fora de si como nunca. Novamente, fuçando seu arsenal de armas Classe A, ela decidiu ir à academia e fazer duas aulas de spinning seguidas. Exercício intenso sempre a ajudara a dissipar as teias de aranha e fazê-la se sentir bem. Mas, antes de sair pela porta, Paul a viu e lhe disse que estava disposto a ir ao terapeuta com ela, como ela lhe havia pedido e ele recusara.

Perto do fim de sua segunda aula de spinning, Lisa estava fisicamente exausta, como nunca. Mas o exercício intenso havia falhado em lhe dar o que ela esperava. Ela sabia que continuava na mesma genuína confusão de antes, e a carga final do exercício foi demais. Assim que a última música terminou, ela parou, totalmente exausta, e se inclinou sobre o guidão com os olhos fechados. Imediatamente Lisa teve uma súbita visão vívida de Jesus pendurado na cruz. "Era ao anoitecer", ela me contou, "e vinha luz de trás dele." Lisa nunca havia tido uma visão antes na vida, mas na bicicleta ergométrica, com os olhos fechados, ela viu claramente Jesus na cruz. Ela disse que depois soube, pela primeira vez na vida, que o que Ele havia sofrido não fora algo geral, para toda a humanidade. Era algo que Jesus havia feito só para ela, e essa consciência a fez desabar. Durante todo o dia depois disso ela permaneceu emocionalmente um trapo.

No domingo seguinte era o sexto aniversário de seu filho, e Lisa prometeu que ia passar o dia inteiro com ele. Por alguma razão, ele declarou que queria ir à igreja de manhã e ver o filme *O Expresso Polar* à tarde. Paul regularmente levava as crianças à igreja sem Lisa havia meses. Lisa ficou apavorada porque sentiu que as pessoas da igreja sabiam o que estava acontecendo em sua vida e a julgariam. Ela tinha um bom motivo para se preocupar, porque havia sido o "conselho" de pessoas dessa mesma igreja que a levara a se afastar meses antes. Mas, para cumprir sua promessa, ela foi assim mesmo, e ficou surpresa ao ver que todos naquela manhã foram especialmente gentis e amáveis com ela. Mais tarde, ela e Paul levaram o filho e a filha para ver *O Expresso Polar*, uma animação estrelada pela voz de Tom Hanks. O filme não é, de forma alguma, cristão, mas a mensagem dele — *acredite* — pareceu muito pessoal para ela. "Eu sabia que era Deus", Lisa me disse. "Ele entrou no filme com uma mensagem de uma única palavra para mim: '*Acredite!*'. Eu não precisei saber como ou quando acreditar. A mensagem era que eu devia acreditar, e Ele cuidaria do resto."

No dia seguinte, Paul chegou do trabalho e viu que Lisa estava de aliança, pela primeira vez em quase oito meses. Quando lhe perguntou sobre isso, ela disse que era um sinal de seu comprometimento com Deus "e com nosso casamento". Desnecessário dizer que Paul ficou atordoado, até confuso, com essas palavras. No dia seguinte, depois de dormir durante os últimos oito meses em outro quarto, Lisa levou todos os seus pertences de volta para o quarto principal. Naquela noite, Paul chegou muito tarde do trabalho, e quando entrou no quarto onde havia dormido sozinho nos oito meses anteriores, viu sua mulher dormindo na cama.

4. Milagres angelicais

Porque aos seus anjos ele dará ordens a seu respeito.
Salmos 91,11

A Bíblia está cheia de histórias sobre anjos, mas muitos de nós tivemos nossa imagem de anjos confundida pelos equívocos populares acerca deles. O principal é que anjos não existem, assim como fadas, ninfas ou sereias. Mas anjos existem, e a Bíblia atesta sua existência inúmeras vezes.*

A palavra "anjo" é simplesmente a palavra grega no Novo Testamento que significa "mensageiro", por isso os anjos são seres celestiais poderosos criados por Deus para levar Suas mensagens e executar Suas ordens. A Bíblia muitas vezes diz que eles carregam espadas — algo que meu amigo Peter Martin corrobora na primeira história deste capítulo. Por isso, ao dizer o que são anjos — de acordo com o que sabemos pela Bíblia —, também temos que dizer o que não são anjos. Por um lado, não são fadas, criaturas efeminadas, lânguidos como uma heroína vitoriana. Também não são querubins rechonchudos e bonzinhos. A maioria dos anjos que vemos nas Escrituras é extremamente feroz e normalmente aterrorizante para os seres humanos, tendo espadas ou não.

Muitos de nós já ouvimos o termo "serafim", que remete à mais alta ordem de seres angelicais, com seis asas e responsáveis por guardar o trono de Deus. Também já ouvimos falar dos querubins, que são a próxima ordem de anjos, retratados no Gênesis como guardiões da árvore da vida. Mas os querubins às vezes são confundidos com as criancinhas gordinhas que vemos retratadas como figuras de Eros na arte grega e romana, normalmente

* Outro equívoco popular é que os anjos são "guias espirituais", mas não há nada na Bíblia que sustente esse ponto de vista. Na verdade, a Bíblia nos instrui seriamente a sermos cautelosos no contato com todos os seres espirituais, a menos que seja absolutamente claro que são enviados pelo Deus da Bíblia e vêm em Seu nome e por Seus propósitos. A Bíblia diz que Satanás vem "como um anjo de luz", e nos adverte a ser cuidadosos e "examinar os espíritos".

pairando ao redor de Afrodite ou Pan. Essas criaturas, que também vemos na obra de Rafael, não são mencionadas na Bíblia.

Existem vários tipos de encontros com anjos. Um típico é quando eles intervêm para salvar uma vida.

Minha amiga April Hernandez, cuja história de cura interior aparece no capítulo anterior, contou-me uma história dessas. Aconteceu quando ela tinha treze anos de idade. Ela havia ido à praia, no Bronx, com alguns amigos. No local em que eles decidiram se banhar, longe de outras pessoas, havia um declive abrupto. April não sabia nadar, por isso não ia entrar. Estava com as pernas na água, perto da borda do declive acentuado, com a intenção de não ir mais além. Mas, enquanto estava lá, sua amiga — que também não era uma boa nadadora — começou a provocar April. “Vamos lá!”, dizia ela, provocando-a, dizendo que não fosse covarde. Então, sem prévio aviso, ela segurou April e a puxou para dentro da água profunda. April imediatamente afundou e entrou em pânico. Em um desejo desesperado de salvar sua própria vida, ela se agarrou freneticamente na amiga e começou a puxá-la para baixo também. April sabia que estava se afogando. De repente, sentiu uma mão poderosa agarrá-la pelo braço e puxá-la pelos poucos metros até a costa, salvando sua vida. Mas, quando ela abriu os olhos e olhou para cima para ver quem a havia salvado do afogamento, não viu ninguém. Só podia ser um adulto, porque havia sido um aperto muito forte e a puxara direito para fora da água. Mas não havia ninguém lá. Na areia ao seu redor não havia pegadas. Nem havia muitas pessoas na praia, e menos ainda perto dela. Se fosse uma pessoa, certamente teria ficado lá um pouco para se certificar de que ela estava bem. Se a tirou da água tão rapidamente, obviamente a pessoa havia visto que ela estava em apuros. Mas quem quer que tenha feito isso não estava lá, mesmo segundos depois do acontecido. April soube, sem dúvida, que havia experimentado um milagre, um anjo que salvara sua vida.

Outro tipo de encontro angelical é quando alguém simplesmente vê um ou mais anjos. Nesses casos, os anjos não estão se comunicando especificamente conosco, ou fazendo qualquer coisa que nos envolva; estão ali apenas fazendo o que Deus lhes ordenou. No entanto, temos o privilégio de ver o reino celestial. No livro bíblico de 2º Reis, lemos que o rei da Síria estava em guerra com Israel. Eliseu, o profeta, está viajando com o exército de Israel, e quando seu servo acorda certa manhã, vê o exército inimigo cercando-os, com cavalos e carroças. Mas quando ele conta a Eliseu, este não se preocupa. Ele ora: “*Senhor*, abre os olhos dele para que veja”. A passagem diz que o Senhor abriu os olhos do servo e ele viu: “as colinas cheias de cavalos e carros de fogo ao redor de Eliseu”. Em outras palavras, ele viu o que estava lá, mas o que havia sido invisível para ele: o exército de anjos de Deus com seus "carros de fogo". Às vezes, parece que Deus nos permite ver o mundo invisível simplesmente para nos encorajar.

Um terceiro tipo de experiência angelical ocorre quando encontramos um anjo sob a forma de uma pessoa. No livro dos Juízes, Gideão e Manoá conversam com anjos, mas só percebem depois que foram embora. O livro de Hebreus, no Novo Testamento, diz: "Não se esqueçam da hospitalidade; foi praticando-a que, sem o saber alguns acolheram anjos". Assim, a ideia de que os anjos algumas vezes se apresentam como pessoas é, certamente, bíblica. Muitas pessoas no campo missionário contam histórias desse tipo; o último relato deste capítulo é uma dessas, assim como o último do capítulo anterior.

ANJOS NA IGREJA

Meu amigo Peter Martin às vezes parece uma caricatura da classe A, de blazer azul marinho com dupla fileira de botões, gravata borboleta e pronúncia dura. Ele poderia ser o irmão há muito tempo perdido de Frasier Crane, ou um figurante de um filme de Preston Sturges. Peter sabe mais sobre coros de igreja e clubes privados britânicos que qualquer pessoa. Também foi quem me ensinou a dobrar o lenço de bolso de três pontas.

Portanto, Peter talvez seja a última pessoa que se poderia esperar que visse o reino eterno e nos contasse. Na verdade, eu não planejava lhe perguntar se ele tinha algum relato de milagres, mas aconteceu de eu o encontrar em um domingo de dezembro na festa anual Angel Tree* que nossos queridos amigos Richard e Pam Scurry fazem todo ano em seu duplex na Quinta Avenida com vista para o Central Park. Eu mencionei que estava trabalhando em um livro sobre milagres, e antes que eu pudesse dizer qualquer coisa, Peter estava me contando que havia visto dois anjos magníficos na igreja de Saint Thomas, na Quinta Avenida, no ano passado, e começou a narrar a história com todos os brocados e filigranas que se espera dele.

Se Peter desafia a imagem do tipo de pessoa que veria anjos, a igreja de Saint Thomas, na Quinta Avenida, duplamente desafia a imagem do tipo de lugar em que alguém os poderia ver. É o estereótipo de igreja anglo-católica episcopal da alta classe de Manhattan. Peter me disse que adotou a Saint Thomas como sua igreja em 1975, quando voltou da Universidade de Oxford. Quando criança, ele descobriu as glórias do coro inglês da catedral de Saint

* Patrocinadas pela Prison Fellowship, essas festas são realizadas no mês de dezembro para que as pessoas doem presentes aos filhos de detentos.

Albans Abbey, onde seu pai viveu. Depois de ler Henry James durante o dia, ele subia o morro e ouvia o coral vespertino sentado no coro.

Peter contou que sua primeira visão ocorreu no quarto domingo do Advento. A igreja, naturalmente, estava lotada de gente que Peter chamou de *clubistas*, senhoras que usam chapéu na hora do almoço, e assim por diante. Peter disse que estava sentado onde normalmente se sentava, na quarta ou quinta fila, no corredor — na parte da epístola, como ele dizia, porque era ali que a epístola era lida durante a liturgia. Eles estavam cantando um hino quando aconteceu. Peter disse que foi de repente, como quando o oftalmologista vira as lentes durante um exame; enquanto diz: "Melhor assim? Ou assim?". De repente, Peter via de forma diferente. Na verdade, parecia que ele estava olhando para outra dimensão.

"Eu vi um anjo *enorme* junto ao memorial das vítimas do ataque terrorista de 11 de setembro", disse ele. "O memorial tem uma citação de rainha Elizabeth que diz: 'O preço que pagamos pelo amor é o sofrimento'. E o então arcebispo da Cantuária, John Carey, havia mandado uma lápide da própria Catedral da Cantuária, que foi incorporada à citação da rainha. Um membro de nossa paróquia morrera no ataque às torres gêmeas."

Peter disse que, como era o quarto domingo do Advento, a Saint Thomas estava fazendo o famoso Milner-White, "um festival de nove lições e canções de Natal", no qual os anjos são mencionados nas escrituras e nas músicas. Como muitas outras coisas, vemos que são famosas depois que estamos familiarizados com elas, como estamos. Enfim, como definiram o dirigente e outros clérigos, eles parariam em um local designado e leriam uma lição, e então todos cantariam uma canção, e a seguir, a procissão passaria para o próximo ponto designado. Peter disse que viu o anjo exatamente quando a procissão estava passando pelo púlpito. Peter nunca havia visto um anjo antes. Ele disse, com uma exatidão típica, que tinha nove metros de altura e que estava a essa mesma distância — nove metros — de onde ele estava, sentado ou em pé, uma vez que iam cantar um hino. "Minha mente se expandiu, porque a visão parecia em HD. As cores e a realidade eram luminosas e excepcionais, como a realidade do paraíso no livro de C. S. Lewis *O grande abismo*", disse ele. "Ele tinha asas enormes e uma espada enorme, e usava uma armadura, e as cores eram deslumbrantes: dourado, azul e vermelho. Parecia uma fina tapeçaria, mas claro que não era. Mas foi incrível. Ele estava meio que olhando por sobre toda a congregação. Ele era enorme." Peter conta que ficou emocionado, e "completamente banhado em sua beleza temível e maravilhosa".

E ele disse que ficou apavorado, que se sentiu exatamente como os pastores no campo devem ter se sentido quando viram os anjos em Belém. Ele conta que não era exatamente medo, mas deslumbramento. Foi uma conexão divina com o mundo paralelo simplesmente fantástica. Ele disse que ficou hipnotizado quando o viu, e se sentiu incrivelmente agradecido e cheio de veneração, louvando a Deus ao entender o que estava acontecendo. Peter o viu por cerca de vinte segundos, e então o anjo partiu. Ou, para ser exato, ele não o viu mais. Se ele partiu realmente é outra história.

Essa foi a primeira vez. A outra vez que Peter viu um anjo também foi em Saint Thomas, dessa vez no domingo de Páscoa, o que o levou a se perguntar se os anjos aparecem só em dias especiais no calendário da igreja. (Talvez os anjos sejam mais litúrgicos do que fomos levados a acreditar.) Dessa vez, Peter estava novamente sentado na quarta ou quinta fila, do lado direito do corredor central da igreja, e mais uma vez aconteceu durante um hino; e novamente foi como se um oftalmologista houvesse trocado a lente do aparelho. "Melhor assim? Ou assim?" Dessa vez o anjo não estava a nove metros de distância, e sim ao seu lado, um pouco atrás dele, acima de seu ombro esquerdo. E, por sua estimativa, devia ter quinze metros de altura. Era, sem dúvida, muito maior que o anjo de nove metros que ele havia visto. Peter disse que "ficou bem assustado e perturbado" quando o viu. Ele disse que olhou para o anjo e a seguir teve que desviar o olhar, porque era muito grande, impressionante e assustador. De modo que dessa vez ele só o viu por um instante. Era diferente, mas também muito parecido com o outro anjo. Ele disse que as cores eram diferentes, mas brilhavam da mesma forma. Ele tinha o corpo e asas enormes, e vestia o mesmo tipo de armadura colorida que lhe deu a ideia de uma tapeçaria. Seriam centenas de pedras preciosas? Ele não tinha certeza, porque o anjo desapareceu muito rapidamente.

Mas foi isso que ele viu nesses dois cultos na igreja episcopal de Saint Thomas, na Quinta Avenida, em Manhattan.

No início de maio de 2014, quando eu estava terminando este manuscrito, vi Peter no retiro anual da New Canaan Society, em Washington, D. C. Quando eu lhe disse que incluiria no livro suas duas histórias de anjos, ele abriu um largo sorriso, como é seu jeito, e depois me disse que havia acontecido de novo poucas semanas antes. Peter estava novamente na Saint Thomas, na Quinta Avenida, para a Grande Vigília e Primeira Eucaristia de Páscoa, um culto que começa na última hora do Sábado de Aleluia e se estende até a primeira hora do domingo de Páscoa. Poucos minutos antes da meia-noite a igreja fica às escuras, e depois, exatamente à meia-noite, o reitor bate forte três vezes nas grandes portas fechadas.

O celebrante dá a bênção do fogo novo, e a seguir, prepara o círio pascal (que será aceso durante a Páscoa e em todos os funerais durante o ano) com uma faca, fazendo nela uma cruz e as letras do alfabeto grego — alfa e ômega — e diz as palavras de preparação. A seguir, ele acende o círio pascal, dizendo: "Que a luz de Cristo gloriosamente crescente disperse as trevas do coração e da mente". Nesse ponto, as portas são abertas e o círio pascal entra, simbolizando a luz de Cristo entrando no mundo. Essa vela, por sua vez, é usada para acender outras na congregação, que são usadas para acender todas as velas restantes, de modo que todo o santuário brilha com a luz de milhares de círios. Peter estava no terceiro banco no corredor principal. Quando ouviu a aguardada batida na porta, levantou-se, como todos os outros, e se voltou na escuridão para ficar de frente para as grandes portas da igreja. Elas foram abertas, e o círio pascal entrou. E então, Peter viu um "grande anjo guerreiro" na porta da frente, na galeria do órgão. Ele disse que sua armadura e as cores eram imensamente claras e brilhantes. "Era mais claro que a resolução ultra HD 4K", disse ele, "que é mais brilhante que 1080p." Peter disse que o enchia de pavor olhar para ele: "Ele foi subindo com o incenso e a fumaça do fogo novo até o topo da nave".

Peter diz que cada vez que via um anjo, primeiro era tomado por uma imensa alegria, seguida de um grande sentimento de reverência. A vivacidade das cores o fez se sentir especialmente privilegiado, porque não havia nenhuma dúvida em sua mente de que ele estava vendo algo de fora deste mundo.

Mas aqueles que nunca viram anjos devem se perguntar por que Peter viu. Em primeiro lugar, podemos concluir que eles não estavam lá por causa de Peter, porque não se comunicaram com ele. Dá a impressão de que eles estavam simplesmente ali e que Peter, por algum motivo, teve o privilégio extraordinário de vê-los. Ouvimos histórias de pessoas que têm permissão de vislumbrar o reino celestial, que têm permissão para observar o que está lá, mas que é invisível ao olho humano; gente que vê fora do tempo e do espaço, que enxerga o reino eterno. Na história de Jesus no Monte da Transfiguração, temos uma imagem de algo exatamente assim. Pedro, Tiago e João veem Jesus conversando com Moisés e Elias. É como se lhes fosse oferecida uma visão da eternidade através de uma janelinha. Moisés e Elias haviam deixado o mundo séculos antes, mas ainda estão vivos no céu, e Jesus era capaz de conversar com eles. Pedro, Tiago e João foram autorizados a testemunhar.

Algumas pessoas têm o dom especial de presenciar esse reino. Tenho alguns amigos que tiveram o dom de vê-lo muitas vezes, e outros, como Peter, que o viram de vez em quando. No decorrer de nossas conversas sobre suas visões de anjos, Peter também me disse que duas vezes na vida viu vividamente Jesus também. Isso aconteceu em duas igrejas em Connecticut, sendo que ambas são muito diferentes teológica e esteticamente da Saint Thomas da Quinta Avenida. Uma delas é extremamente diferente, evangélica, esteticamente nua, com cadeiras dobráveis e blocos de concreto pintados; a Saint Thomas é anglicana e suntuosa, com grandes arcos góticos e lindos vitrais. De modo que parece que algumas pessoas são mais propensas a ver essas coisas. Mas não podemos afirmar. Também é possível que se lhe pedíssemos, Deus nos mostraria essas coisas.

TOCADA POR UM ANJO

Minha amiga Eva Meyer tinha treze anos e estava no primeiro ano do ensino médio na Staples High School, em Westport, Connecticut. Nos primeiros dias de escola (isso foi na década de 1980), ela fez novas amigas, e uma delas a convidou para uma festa do pijama numa sexta-feira à noite, no início de setembro. Eva logo percebeu que essas meninas eram bastante diferentes das que conhecia. Uma das diferenças era que todas se interessavam por ocultismo. De fato, elas decidiram fazer uma sessão naquela noite. Uma das meninas mergulhou fundo na música do The Doors e disse que queria invocar o espírito de Jim Morrison. Mas Eva não queria "invadir o outro lado". Ela sabia o bastante sobre o lado escuro do reino dos espíritos para achar que seria uma boa maneira de passar a noite. Ela não podia fazer aquilo, e disse isso a suas novas amigas. Então, as meninas decidiram ir passear na praia. A dona da casa morava perto de Compo Beach. O caminho mais rápido era seguir pela Hillspoint Road e pegar a ponte que atravessa a 1-95, a rodovia interestadual muito movimentada que vai do Maine até a Flórida.

Quando as meninas chegaram à ponte, Eva viu que havia uma paliçada de 1,80 metro de altura bloqueando a estrada. Estava claro que havia homens trabalhando na ponte, embora não pudessem ver além da cerca alta o que exatamente estavam fazendo. Mas a menina em cuja casa estavam hospedadas disse que pulava a cerca o tempo todo e atravessava a ponte. Ela insistiu que havia feito isso muitas vezes e explicou que só não queriam carros na ponte, mas que tudo bem atravessar a pé. Eva explica que por "alguma estranha razão", insistiram em que Eva fosse primeiro. Elas a impulsionariam e a ajudariam a passar a cerca. Até hoje Eva não sabe por que concordou em ir primeiro, mas foi. Ela diz que na época era "uma menina de treze anos muito fraca, com menos de 1,60 metro e talvez uns 64 quilos, meio gordinha", que nunca havia pulado nada na vida. Talvez por isso ela tenha concordado que as três a ajudassem a pular primeiro, ou por isso elas sugeriram. Assim, as três meninas impulsionaram-na com as mãos e a ergueram por cima da cerca de 1,80 metro.

Foi na fração de segundo seguinte que Eva viu o problema. Em suas próprias palavras, exatamente como ela as digitou para mim: "NÃO HAVIA PONTE LÁ!!! NADA!!!" Foi um horror indescritível, o tipo de coisa que causa pesadelos recorrentes. Eva lembra que nesses breves momentos viu um enorme caminhão, que rugia bem abaixo de suas pernas que se debatiam, que chutavam no ar, e lembra a sensação da superfície áspera da paliçada, que ela tentou desesperadamente agarrar quando seu corpo caiu. Instintivamente, ela gritou: "Jesus!!!".

E então, ao perder a aderência e começar a despencar para a morte certa na estrada abaixo, onde caminhões e carros sem fim aceleravam, ela se sentiu erguida. Ela não viu nada, mas em um piscar de olhos sentiu-se pega no ar e levada de volta por cima da cerca e colocada em terra firme — mas a trinta metros de distância de onde as três meninas a haviam levantado. Ela diz que lembra que aterrissou — "meus braços estavam abertos, como se um paraquedas houvesse me proporcionado um pouso suave". E então ela se lembra dos olhares confusos no rosto das três meninas. Lembra que elas estavam "completamente horrorizadas, apavoradas". Eva diz que estavam "brancas como papel, de boca aberta e olhos arregalados de terror". As três gritaram e imediatamente fugiram, correndo o mais rápido possível.

Eva se lembra do que sentiu nesses momentos. Sentia-se estranhamente calma, mas confusa também. Ela sabia, sem dúvida, nesse momento, que Jesus milagrosamente salvara sua vida. Ela simplesmente se levantou e foi para casa, não contou a ninguém o que aconteceu. Mas lembra claramente que nenhuma daquelas três meninas falou com ela novamente. Nem sequer olhavam em sua direção ou se aproximavam.

Vinte e poucos anos depois, perto da época do encontro do colégio, Eva descobriu que a menina em cuja casa haviam ficado era uma satanista desenvolvida. A página do Facebook dela estava cheia de pentagramas e outros símbolos ocultos obscuros. Desnecessário dizer que Eva a bloqueou.

"VOCÊ NÃO VAI MORRER"

Elisa Leberis é minha chefe de equipe, supervisiona tudo em nossa empresa. Ela é formada pela Stanford, brilhante e competente em tudo, e realizou coisas extraordinárias em sua variada carreira. Mas esta história diz respeito a uma rara baixa em sua vida. Na verdade, foi sua primeira experiência real de fracasso. Até então, ela havia sido uma daquelas crianças focadas nas realizações, acostumada a receber elogios e apoio da família, dos professores e amigos. Ela foi a melhor no ensino médio entre seiscentos estudantes, foi aceita em todas as faculdades a que se candidatou e falou sobre sua experiência com Deus em seu discurso de formatura. Até os professores que não concordavam com suas crenças a elogiaram por ter convicções. Ela entrou em Stanford com créditos para quase um ano.

Mas, quando chegou a hora de planejar o verão seguinte ao seu primeiro ano de faculdade, ela se sentiu sem rumo. Ela não havia escolhido uma especialização e não sabia o que queria fazer no verão. No final, ela acumulou dois empregos de meio período nos subúrbios do norte de Chicago, não muito longe de onde morava. Um deles era um estágio no magistério, e o outro era no colégio em que cursara o ensino médio, onde ela havia recebido tantos elogios e apoio. Sua tarefa consistia em limpar armários de laboratório e classificar espécimes, e passava a maior parte do tempo sozinha em um prédio quase vazio. Para piorar as coisas, Elisa tinha decidido que ir de bicicleta ao trabalho todos os dias seria divertido. No mapa, não parecia ser um caminho tão longo, mas depois de alguns dias de bicicleta no meio do trânsito, no calor e umidade de um verão no centro-oeste, Elisa soube que havia cometido um erro terrível e que não havia nada que pudesse fazer. Todos os dias, enquanto fazia o longo trajeto, triste, Elisa passava grande parte do tempo se perguntando por que não havia arranjado um bom emprego no centro, perto de uma estação de trem. Ela estava estarrecida por as coisas não darem certo como sempre, perplexa porque, de repente, parecia que ela não tinha ideia do que ia fazer da vida. Ela se sentia derrotada.

Elisa lembra que estava pedalando pela Church Street, em Skokie, em um dia particularmente quente e úmido, quando aconteceu. Em sua impaciência para chegar em casa, ela pedalava forte em uma marcha baixa e ia extremamente rápido, o mais rápido que podia na bicicleta amarela Schwinn Varsity de dez marchas de sua irmã. Ela estava se aproximando de um cruzamento, e no sentido contrário um caminhão estava diminuindo para fazer uma curva à esquerda. Quando ela se aproximou do cruzamento, deve ter desviado o olhar por um segundo, porque quando olhou para a frente de novo, percebeu que o caminhão não havia parado, e já estava fazendo a curva. Elisa achava que o motorista a havia visto, mas então percebeu, para seu horror, que obviamente não a vira. Ela ficou olhando para o caminhão que cruzava seu caminho, e Elisa lembra estar tão rápido que antes que pudesse piscar, as letras M-A-C-K na frente do caminhão já estavam bem diante de seus olhos.

A certa altura, obviamente, o motorista a viu. Ela ouviu os freios do caminhão rangendo bem alto e um pedestre gritando. Elisa diz: "Por uma fração de segundo eu me senti como se tudo estivesse congelado no espaço e no tempo, e em uma fração de segundo tentei descobrir o que fazer, mas não podia ver uma saída". Ela não podia virar à esquerda porque o caminhão vinha em direção a ela. À sua direita, logo após o caminhão, havia uma ilha de concreto e um semáforo. Era tarde demais para frear — ela estava indo muito rápido e o caminhão estava muito perto. "Eu sei que parece ridículo", diz ela, "mas realmente não posso explicar por que eu reagi dessa maneira; mas minha conclusão foi: 'É o que tem que ser. Não há para onde ir'. Não sei se eu pensei que ia bater no caminhão, ou morrer, ou sei lá, mas me sentei e soltei a mão do guidão."

E então, algo abrupto e chocante aconteceu, e ela diz que é difícil descrever exatamente. Elisa diz que a melhor maneira é dizer que ouviu uma voz, mas não uma audível. A voz era clara e forte, e enfática, e a repreendeu, dizendo: "Você não vai desistir tão facilmente! Você não vai morrer!". Ao ouvir essas palavras, ela sentiu como se duas mãos invisíveis segurassem o guidão, e no primeiro "não" ele virou para a direita, tirando-a do caminho do caminhão. E ela foi direto para a ilha de concreto; mas no segundo "não", o guidão puxou forte para a esquerda, direcionando-a através do mais fino vão, entre sessenta e noventa centímetros de largura, entre o caminhão e a ilha de concreto. Ela passou zunindo pelo motorista do caminhão aterrorizado — o caminhão, a ilha e o pedestre ficaram para trás e ela continuava descendo a Church Street sem ter freado ou batido em nada. Tudo aconteceu em um instante. Elisa olhou para o motorista do caminhão atordoado e acenou, e disse: "Eu estou bem! Eu estou bem!", e virou na primeira rua que encontrou e começou a tremer e a dizer novamente: "Eu estou bem! Eu estou bem!". E agradeceu a Deus por estar bem.

"Na lenta e trêmula volta para casa, eu não pensei em minhas pobres escolhas daquele verão", diz Elisa. "Não pensei em nenhuma escolha em absoluto. Em vez disso, pensava como, em apenas alguns segundos, Deus não só milagrosamente me poupara de uma grave lesão, ou pior, como também comunicou a uma confusa e desanimada garota de dezenove anos a poderosa verdade de que sua vida é importante para Ele."

ESTAÇÃO DE TREM DE CHANGSHA

John Bechtel é uma espécie de lenda no mundo das missões internacionais, mas é uma figura descomunal em geral, alguém que se não houvesse se dedicado às missões, poderia ter ganhado milhões no mundo dos negócios. Ele é superinteligente, engraçado, realizado, capaz e cheio de recursos, embora seu corpo volumoso e sua careca não o digam; é uma dissonância que ele de maneira astuta e frequente explora, com grande efeito cômico.

Tive o prazer de conhecer John há cinco anos em CAMP-of-the-WOODS (COTW), um acampamento cristão na Adirondacks, com o qual ele está envolvido há quase sessenta anos. Sua filiação começou durante a faculdade, quando, trabalhando lá como salva-vidas de verão, salvou a vida de um homem que estava se afogando, e continua servindo no conselho do COTW há mais de quarenta anos. Todos os anos, no CAMP-of-the-WOODS, John presenteia os campistas com suas "histórias missionárias em volta da fogueira". John é um contador de histórias talentoso, e todas que tive a alegria de ouvir foram extraordinárias. Mas o que eu vou contar aqui é sobre uma viagem de trem de 640 quilômetros pela China, no início de 1980.

A título de informação, John nasceu em 1939, filho de missionários veteranos que serviram durante 51 anos em Hong Kong e China. Quando bebê, sua mãe fugiu com ele no último navio que saía de Hong Kong antes da ocupação japonesa na Segunda Guerra Mundial. Seu pai foi internado pelos japoneses em um campo de concentração, enquanto John passou os anos da guerra com sua mãe nos Estados Unidos, retornando a Hong Kong aos sete anos. Lá, ele foi educado no sistema britânico, na King George V, onde foi presidente do corpo estudantil no ensino médio, e aos dezoito anos, representou Hong Kong numa equipe esportiva internacional.

Após se formar na faculdade, em 1962, John ganhou uma viagem para Hong Kong, onde as condições precárias dos milhões de pessoas que viviam lá o levaram a dedicar sua vida ao trabalho com missões. O que ele fez ao longo dos anos seguintes inclui a criação de um acampamento de jovens em Hong Kong, que tem atendido a centenas de milhares de jovens carentes, bem como a liderança de um projeto de construção de igrejas que plantou mais de 132 congregações. John construiu orfanatos e promoveu missões em lugares como Nova Zelândia, Austrália, antiga União Soviética, Inglaterra e outros locais da Europa, África, Ásia, bem como em todos os Estados Unidos e Canadá. Em 1974, ele foi delegado oficial da Conferência de Lausanne. Seus muitos prêmios incluem quatro doutorados honorários.

Mas foi durante a década de 1980, quando John tinha um cargo na Fundação DeMoss, que a seguinte história ocorreu. John trabalhava na fundação como diretor de projeto para Hong Kong, Taiwan e China, e mais tarde foi diretor de ministérios internacionais. Nessa função, ele teve a oportunidade de viajar com duas pessoas: Nancy DeMoss, viúva de Arthur DeMoss; e Scott Hall, que também trabalhava na fundação na época. (Ele teve uma carreira bem-sucedida e agora está aposentado.) Scott falava mandarim fluentemente, e John falava cantonês fluentemente e mandarim muito bem.

Os três haviam ido para a cidade de Changsha, capital da província de Hunan e local onde Mao Tsé-Tung se converteu ao comunismo. Era muito difícil ir para lá naquele momento. Eles foram visitar alguns missionários que dirigiam um centro de treinamento em informática lá. Era preciso ter uma razão muito boa para ir à China naquela época, e era isso o que essas pessoas faziam para viver lá como missionários. Quando John e seus companheiros terminaram a visita, foram para o aeroporto a fim de pegar o avião de volta a Hong Kong. Tinham uma viagem de Hong Kong às Filipinas programada para dali a poucos dias. Mas, quando chegaram ao aeroporto de Changsha, descobriram que o voo para Hong Kong estava atrasado.

Eles esperaram no aeroporto. Nancy DeMoss era amiga do lendário treinador de futebol americano Joe Gibbs, que naquele mesmo dia estava dirigindo os Washington Redskins no Super Bowl (de 1982 ou 1983, visto que os Redskins jogaram o Super Bowl nos dois anos). Talvez porque tinham tempo para passar, os três tentaram descobrir se conseguiriam assistir ao Super Bowl na TV do aeroporto. Não conseguiram. E a informação que por fim obtiveram sobre seu voo era que havia sido cancelado. Poucas pessoas viajavam de avião na China na época, e por causa do Ano-Novo Chinês, não haveria voos naquele dia. De fato, informaram-lhes que teriam que esperar dois ou três dias até que houvesse um voo para Hong Kong.

Sempre inventivo, John tentou fretar um avião particular, mas isso também se revelou impossível. Por fim, em seu desespero de voltar para Hong Kong, eles se deram conta de que teriam que pegar um trem. Simplesmente não havia outro jeito. Estava longe de ser o ideal para a viagem de mais de seiscentos quilômetros, mas pelo menos era possível chegar lá e pegar o voo para as Filipinas. De modo que saíram do aeroporto e pegaram um táxi até a estação de trem de Changsha.

Quando se aproximavam da estação, viram que a viagem de trem era bastante popular. Em um perímetro de três quadras em volta da estação havia pessoas acampadas em todo lugar. O número total era surpreendente e intimidante. Mas John sabia que no feriado do Ano-Novo chinês todo o mundo voltava para sua cidade, e "todo o mundo" na China é um bocado de gente. O táxi não pôde ir muito longe por entre a multidão, de modo que os três pegaram a bagagem e tentaram atravessar a massa humana para chegar à estação. Dentro da estação estava igualmente lotado. John conduziu Nancy e Scott por um caminho sinuoso por entre a multidão até que chegaram à linha para Cantão, cidade que faz fronteira com Hong Kong. John percebeu que poderiam conseguir comprar passagens das pessoas que estavam mais perto da linha do trem. A passagem para essa viagem custava na época nove dólares, por isso, em seu desespero, com seu impecável cantonês John ofereceu cem dólares para quem lhe vendessem sua passagem. Ninguém se interessou. Mas Nancy DeMoss era uma mulher rica, por isso, John passou a oferecer duzentos dólares por passagem! Por incrível que pareça, ainda não houve vendedores. Essas pessoas queriam desesperadamente voltar para casa para passar esse feriado de singular importância, e deviam ter esperado muito tempo para conseguir as passagens.

Mas John sempre tinha outra ideia. Ele pensou que talvez pudessem arranjar uma forma de ir à área VIP da estação e talvez conseguir passagens lá. Eles eram ocidentais prósperos e bem-vestidos. Quem sabia o que eles poderiam ser capazes de fazer? John disse a Scott e Nancy que o seguissem até a longa escadaria de mármore que levava para a entrada VIP, e que não fizessem contato visual com os policiais parados no topo da escada diante deles. Tinham só que continuar andando como se soubessem exatamente o que estavam fazendo. Os policiais tentaram detê-los, mas então John assumiu a ofensiva, literalmente empurrando o oficial para o lado. Mas logo ficou claro que essa abordagem não funcionaria. Em vez de ceder aos ocidentais ricos, os policiais ficaram furiosos. Era evidente que John e seus companheiros estavam em um impasse, literal e figurado. Eles não seriam autorizados a entrar na área VIP em qualquer circunstância. Então, John fingiu ignorância e pediu profusas desculpas aos policiais, falando em seu perfeito cantonês. Mas eles continuavam com raiva. John, Nancy e Scott recuaram timidamente, descendo as escadas de mármore com suas bagagens.

As coisas estavam piorando. Depois de horas de grandes esforços, nada havia dado certo. Nancy e Scott nesse momento decidiram ir ao banheiro, pedindo a John que os esperasse com a bagagem. Enquanto ele estava ali, observando as hordas intermináveis de pessoas, uma pequena chinesa, distinta, aproximou-se dele. Em um perfeito inglês britânico — o inglês da rainha, disse John —, a mulher falou:

— Boa noite. Como vai?

Ela devia estar na casa dos cinquenta, tinha um rosto redondo agradável e usava o uniforme padrão chinês azul debaixo do casaco aberto. Também usava um chapéu azul.

— Boa noite — respondeu John. — Eu vou bem, e você?

— Tudo bem. Posso ajudá-lo?

John disse:

— Na verdade, sim. Estamos tentando ir para Cantão.

— Venha comigo — disse a mulher.

— Estou com mais duas pessoas. Eles foram ao banheiro e já voltam.

A mulher disse:

— Tudo bem, vamos esperar.

O fato de uma mulher falar um inglês perfeito em qualquer lugar da

China comunista era notável, mas parecia inconcebível que houvesse alguém assim na cidade de Changsha. Quando Nancy e Scott voltaram, a mulher deu boa noite a cada um deles, e acrescentou:

— Acompanhem-me.

Com grande dignidade, ela seguiu imediatamente para os degraus de mármore que levavam à área VIP e começou a subir em direção à entrada, ainda ladeada pelos mesmos policiais com quem John e Scott haviam brigado momentos antes.

— Isso vai ser interessante — disse John a Nancy e Scott.

Quando a mulher se aproximou dos policiais, eles a saudaram, olhando para a frente, e os deixaram entrar. O trio atravessou uma sala onde outra pessoa a cumprimentou e os deixou atravessar uma segunda porta. Quem era essa mulher? Eles se encontravam agora na plataforma, e continuaram seguindo-a por toda a extensão do trem. Então ela entrou no vagão e os levou não para os bancos, mas para um camarote fechado. Foi desconcertante. Nesse ponto, a mulher disse:

— Tenham uma boa viagem para Cantão.

Quando John e seus companheiros estavam guardando a bagagem, Nancy disse:

— Espero que a tenha recompensado.

Em sua confusão e perplexidade, John não a recompensara, de modo que imediatamente se voltou para a mulher para lhe dar a maior gorjeta que já havia dado a alguém na vida. Mas ela já havia ido embora. Aonde fora tão rapidamente? John imediatamente saiu do trem para procurá-la, mas não a viu em lugar nenhum. Correu por todo o caminho de volta até o lugar de onde haviam chegado e perguntou a uma mulher ali:

— Sabe me dizer onde está a mulher de chapéu que nos trouxe por aqui?

Mas a mulher disse:

— Ninguém de chapéu trouxe vocês por aqui.

John perguntou:

— Eu passei por aqui?

— Sim — respondeu a mulher.

— Éramos quatro — afirmou ele.

— Não — retrucou ela. — Eram três.

— Mas onde está a mulher de chapéu azul e casaco?

— Eu não a vi — respondeu.

A essa altura, John tinha certeza de que devia estar na porta errada, de modo que foi até a próxima.

Lá, perguntou a outra mulher:

— Você me viu entrar por esta porta há alguns minutos?

— Não — respondeu a mulher. — Você entrou por aquela porta — e apontou.

— Você me viu vir passar aqui? — perguntou ele.

— Sim.

— Você viu nós quatro?

— Não, só vi três.

John estava ficando com raiva.

— Quer dizer que não viu uma senhora de chapéu azul e casaco?

— Não — disse a mulher.

John voltou ao compartimento do trem para buscar Scott. Voltaram juntos até a mulher e Scott perguntou se ela havia visto a senhora de chapéu.

— Não, este senhor já fez essa pergunta.

— Você não viu quatro de nós?

— Não.

— Então, por que nos deixou entrar no trem?

— Porque eu devia deixar.

— E quem disse que devia?

— Eu simplesmente sabia que devia.

John e Scott voltaram para seu camarote no trem, perplexos. O trem partiu, e em pouco tempo lhes trouxeram comida. Perguntaram quem havia mandado levar comida ali, e os homens disseram que havia um bilhete na cozinha dizendo que deviam lhes levar comida, nesse camarote. E lhes levaram comida de novo e de novo, por todo o percurso de mais de seiscentos quilômetros até Cantão.

Quando chegaram ao Cantão, prepararam-se para descer do trem. Na China, apresenta-se a passagem no final da viagem, não no início. Mas é claro que eles não tinham passagens. Eles foram até o fiscal e John disse:

— Nós não temos passagens.

O homem disse:

— Eu sei que não. Muito obrigado. Podem ir.

E acenou para que passassem.

Repassando essa história extraordinária em sua mente dezenas e dezenas de vezes, e falando sobre isso com muitas pessoas, incluindo seus dois companheiros de viagem, John chegou à conclusão de que a única explicação para o que aconteceu com eles naquele dia foi que a mulher era um anjo disfarçado.

5. Milagres variados

No processo de coletar as histórias deste livro, vi que algumas delas se encaixam perfeitamente em uma categoria. Umas se encaixavam perfeitamente na categoria de "curas milagrosas" e outras podiam ser colocadas sob o título de "cura interior". E havia alguns encontros com anjos. E, claro, milagres de conversão. Mas, e as histórias que não se encaixavam em nenhuma dessas categorias? O que eu ia fazer com elas? Pensando nisso, fiquei maravilhado com a enorme variedade de histórias que havia ouvido e vivido eu mesmo.

Como já dissemos anteriormente, os milagres são sempre exemplos de Deus se comunicando conosco de alguma forma. Os milagres a seguir demonstram isso mais que outros. Mas não são só comunicação. Há uma intimidade especial neles, como se Deus quisesse, mais que qualquer coisa, nos informar que está conosco. Ele vê o que estamos passando e se preocupa. Além disso, Ele é um Deus tão grande que pode se dar ao luxo de se relacionar conosco em um nível íntimo para nos encorajar, piscar para nós, segurar nossas mãos quando precisamos dEle. Ele não é um Pai Celestial ocupado que só tem tempo para coisas grandes, importantes e que podem mudar o mundo. Ele tem tempo para cada um de nós e para os detalhes de nossa vida. Ao nos mostrar isso, Deus mostra que nossa vida é importante para Ele. Ele não é um Deus que está nas nuvens e que, a contragosto, desce ao nosso mundo só quando precisa. Ele quer nos comunicar que, se algo é importante para nós, é importante para Deus.

O SONHO QUE ME AJUDOU A ESCREVER *BONHOEFFER*

Eu nunca contei essa história em público, principalmente porque é um pouco complicada e muito estranha. Mas uma coisa eu sei: não a inventei.

Certa noite, em 2006, eu tive um sonho muito poderoso. Sem qualquer sentido lógico no momento, foi profundamente comovente. Eu tive muitos sonhos ao longo dos anos, mas só um parecido com este, aquele que mudou minha vida: o do peixe dourado. Eu contei essa história no início do livro; por vários anos antes desse sonho de 2006, não sonhei muito. Pelo menos não conseguia me lembrar de nenhum sonho, o que faz este sonho muito mais impactante.

Sonhei que estava na Alemanha, na pequena aldeia de Großstöbnitz, onde minha mãe cresceu, não muito longe de Altenburg, na antiga Alemanha Oriental. É onde meus parentes vivem há séculos. A casa em que meus bisavós criaram seus doze filhos ainda está lá. Uma dessas crianças, minha avó, nasceu nessa casa em 1905, e minha mãe nasceu em 1934. Nossos parentes ainda vivem lá. A pequena igreja de Großstöbnitz foi construída em 1604. Gerações da minha família a frequentaram. No final da estrada fica a casa onde a tia favorita de minha mãe —*Tante* Walli — viveu com a família e onde minha mãe passou grande parte da infância.

No verão de 1971, por volta do meu aniversário de oito anos, minha avó, minha mãe, meu irmão e eu, juntamente com minha tia — que chamávamos de *Tante* Eleonore — e dois primos, fomos de avião para a Alemanha visitar nossos parentes. A Alemanha Oriental estava em profunda depressão econômica, de modo que praticamente nada havia mudado desde a Segunda Guerra Mundial. Chegamos a Großstöbnitz em um trem a vapor que parecia ter saído da década de 1920 ou antes. *Tante* Walli tinha, na época, 79 anos de idade, e conhecê-la foi como conhecer uma celebridade. Eu sempre ouvira falar sobre essa tia, e ali estava ela. Sua casa não tinha banheiro interno, só uma casinha, e havia galinhas, coelhos, cabras e outros animais. Para alguém da minha idade, na época, era tudo um sonho, como se houvéssemos entrado nas páginas de um livro de conto de fadas. Meu irmão e eu fizemos amizade com o agricultor que morava ao lado e íamos visitá-lo todos os dias para ver suas vacas nos estábulos e pular do alto do palheiro sobre o feno. Também brincávamos com nosso primo Jürgen, que era um ano mais velho que eu. Meu irmão e eu lembramos uma coisa que ele disse muitas vezes: "*Nixon ist schlecht!*" [Nixon é mau]; obviamente algo que ele havia aprendido em sua escola comunista de gramática. Foi a única coisa que durante esse verão glorioso nos fez lembrar que não estávamos vivendo de verdade em um mundo paralelo.

Großstöbnitz era tudo que minha mãe e *Tante* Eleonore haviam dito ser, um lugar mágico a um milhão e meio de quilômetros do mundo moderno de Queens, Nova York, onde morávamos. Um dia, durante nossa estadia em Großstöbnitz, fomos à festa do septuagésimo aniversário de uma irmã mais velha de minha avó, *Tante* Toni. Foi um grande encontro de todo o lado alemão da família, e tiramos uma série de fotografias. Lembro que foi nessa reunião que formei minha primeira frase em alemão: "*Bitte, gib mir ein Glas Milch*" [Por favor, um copo de leite]. Quando voltamos para casa, dissemos que tentaríamos voltar no verão seguinte para o octogésimo aniversário de *Tante* Walli, mas a travessia do Atlântico era cara e a vida seguiu adiante.

Quando eu tive o sonho em 2006, o verão em Großstöbnitz era uma memória distante em 35 anos. Eu quase nunca pensava em meus parentes ou minhas raízes alemãs. Não era ligado a essa parte de minha vida e passado. Eu havia ido à Grécia muitas vezes para visitar a família do lado de meu pai, mas o lado alemão em mim estava atrofiado a ponto de quase desaparecer.

Muito bem, qual foi meu sonho naquela noite de 2006? Sonhei que estava em Großstöbnitz em uma festa que parecia a grande festa de aniversário de *Tante* Toni. Todos os parentes estavam lá e tiravam fotos. Mas, no sonho, percebi que tudo ocorria em algum momento *prévio* à minha ida a Großstöbnitz. Devia ser 1968, 1969 ou 1970, porque no sonho eu sabia ter cinco ou seis anos de idade. Então, quando todos os parentes se reuniram para tirar uma foto, percebi que eu não estava lá ainda. Eu estava à margem de tudo, desejando estar na fotografia que estavam tirando, desejando ser uma parte de toda a família ali; mas no sonho eu sabia que não estava lá ainda. Então, estava fora de cena, por assim dizer. Desejava muito estar na foto, mas não podia. E então, acordei.

Mas, depois que acordei, o desejo de estar naquela fotografia continuou comigo, assim como todo o sonho. Era muito forte. Tudo era tão urgente que senti que tinha que ligar para minha mãe e lhe contar. Eu normalmente não faço coisas desse tipo, mas a vivacidade de tudo aquilo me afetou e, por algum motivo desconhecido, eu me senti obrigado a ligar para meus pais e falar com minha mãe sobre o assunto. Liguei, mas não houve resposta. Onde minha mãe estaria às nove da manhã de um sábado? Ela estava sempre em casa. A única explicação para ela não atender ao telefone era que houvesse ido para a casa de minha tia, em Long Island, passar o fim de semana. Então, morrendo de vontade de falar com ela o mais rápido possível, liguei para minha tia. Quando ela atendeu ao telefone, disse que minha mãe não estava lá. Mas sabia onde ela estava. Minha mãe estava indo para Madison, Connecticut, visitar meu irmão. Acho que ela havia falado com minha tia logo antes de sair de Danbury, e devia ter saído havia pouco tempo, de modo que demoraria mais de uma hora até que eu pudesse falar com ela. Mas o desejo ardente de contar a história do meu sonho era tanto que uma hora parecia uma eternidade. De modo que decidi contar o sonho a minha tia, com quem eu quase nunca falava ao telefone. Mas seu afeto por Großstöbnitz era igual ao de minha mãe, e por algum motivo — ainda não consigo entender qual — contei o sonho a minha tia.

Quando cheguei à parte que eu ficava de fora da fotografia, expliquei que aquilo estava acontecendo dois anos antes de eu estar em Großstöbnitz — provavelmente 1969, mais ou menos —, e minha tia disse:

— Puxa, isso é estranho...

— O que é estranho? — perguntei.

— A fotografia.

— O que é que tem?

— Ainda ontem, Kurt [seu marido] recebeu uma fotografia como essa, enviada por nossos parentes em Großstöbnitz. Eles a mandaram por e-mail. E é dessa época.

— O que quer dizer?

— É uma fotografia de todos os parentes de Großstöbnitz, e é desse tempo. Eles nos mandaram ontem e ele a imprimiu na noite passada.

Bem, o que eu poderia dizer? Não podia acreditar em meus ouvidos, de modo que fiz mais algumas perguntas só para ter certeza de que eu não estava mal interpretando os incríveis fatos que minha tia estava contando. Mas não estava. Ela deixou bem claro que fotografia era, e era exatamente como eu havia descrito a do meu sonho, que fora tão poderoso e avassalador que eu tinha que contar a minha mãe, e quando não consegui, contei a minha tia. Ouvindo-a, corroborei que foi *naquela* época. Então, como eu deveria reagir? Poderia ser verdade? Mas é claro que era verdade. E também era coisa demais para processar.

— Isso é inacreditável, *Tante* Eleonore! — eu disse. — É incrível!!!

O que mais poderia dizer?

Claro, foi incrível para minha tia também. Nenhum dos dois podia acreditar, mas era isso. Ficamos perplexos.

— O que você acha que isso significa? — perguntou ela.

— Bem, *Tante* Eleonore — eu disse —, tudo que sei é que é um milagre. Disso eu não tenho dúvida nenhuma. Mas por que exatamente Deus faria uma coisa dessas, eu não sei. Às vezes ele só faz coisas como essa para que saibamos que Ele é real e que está conosco, que conhece os detalhes íntimos de nossa vida e que quer que nos relacionemos com Ele. Isso é tudo que eu posso dizer com certeza. Mas sei que é um milagre.

E então deixamos por isso mesmo. Mas antes de desligar, pedi a minha tia que, por favor, me mandasse uma cópia da fotografia. Recebi-a alguns dias depois, e é, de fato, exatamente daquela época, porque Jürgen, que está na foto entre todos os outros, é um ou dois anos mais novo do que eu me lembro dele. Bem, o que fazer com isso? Eu só sabia que era surpreendente e milagroso. Tinha a sensação de que Deus poderia revelar mais em seu tempo, mas não tinha certeza também. Tudo o que eu podia fazer era balançar a cabeça e me maravilhar.

Mas quanto mais pensava nisso, mais incrível me parecia. Se eu houvesse conseguido falar com minha mãe ao telefone e lhe contasse a história, minha tia nunca saberia. Eu nunca falei ao telefone com minha tia além, talvez, de desejar-lhe feliz aniversário. De modo que o fato de não conseguir falar com minha mãe, e depois ligar para minha tia tentando achá-la e minha *tante* me dizer que ela não estava lá, e então eu lhe contar o sonho, foi muito estranho. Não fosse por isso, eu não estaria escrevendo sobre esse fato agora. Se houvesse conseguido falar com minha mãe, nunca teria ouvido falar da fotografia de minha tia. Não há nada de especial em meu sonho ou na fotografia separadamente. Mas, como contei a minha tia o sonho, tornou-se uma história chocante e surpreendente. Como eu poderia ter sonhado com uma fotografia que existia a uma centena de quilômetros de distância, na casa de minha tia em Long Island? E qual era o sentido de tudo aquilo?

Eu disse anteriormente que um milagre parece necessariamente ser Deus se comunicando com as pessoas, e perguntei se quando um milagre acontece na floresta e não há ninguém por perto para vê-lo, seria mesmo um milagre. Por mais longe que vá esse milagre, a resposta é enfaticamente não. A questão que parece fundamental é que pessoas têm que ser receptoras do milagre. Deus se comunica conosco de uma maneira específica, dizendo "*Eu estou aqui*", de uma forma calculada para chamar nossa atenção.

Já contei a história dessa insana convergência para minha mãe, meu irmão e sua esposa, e tudo que todos pudessem dizer foi incrível, mas, o que mais se pode dizer? De certa forma, tudo foi quase tão perturbador quanto incrível.

Bem, mas o tempo passou e eu esqueci o sonho.

No início de 2007 a biografia de Wilberforce que escrevi, *Amazing Grace: William Wilberforce and the Heroic Campaign to End Slavery* [Maravilhosa graça: William Wilberforce e sua heroica campanha para acabar com a escravidão], foi publicada, e viajei muito para falar sobre Wilberforce. Invariavelmente as pessoas me perguntavam sobre quem eu escreveria a seguir. A maioria delas concluiu que eu havia encontrado o gênero de minha vida e que escreveria biografias de pessoas inspiradoras. Mas nunca quis escrever uma biografia, e tendo escrito a história de Wilberforce, eu concluí que já havia feito minha parte nesse gênero. Mas quanto mais eu ouvia a pergunta, mais pensava que talvez pudesse escrever mais uma, e se fosse fazer isso, teria que ser sobre Dietrich Bonhoeffer.

Eu ouvi a história de Bonhoeffer no verão em que me converti, em

1988, e fui cativado por ela. O fato de um devoto cristão alemão falar para os judeus — e agir em seu nome, envolvendo-se na trama para matar Hitler — deixou-me impressionado. Parece que nunca ouvimos histórias de pessoas que fizeram coisas certas e heroicas por causa de sua fé, de modo que fiquei impressionado ao ouvir sobre Bonhoeffer, e duplamente surpreso por nunca ter ouvido falar dele e de sua história. Mas também me comovi com sua história porque minha mãe cresceu na Alemanha durante os terríveis anos do Terceiro Reich. Minha mãe perdeu meu avô na guerra quando ela tinha nove anos. Ele era um soldado alemão de 31 anos de idade, genuinamente relutante. Minha avó me contou que ouvia a BBC com o ouvido literalmente colado no rádio, porque se alguém fosse pego ouvindo essa estação na Alemanha na época, podia ser mandado para um campo de concentração. Por isso, o fato de que Bonhoeffer falava não apenas para os judeus da Alemanha, mas também para os alemães, como meu avô, me comoveu. Mas eu havia esquecido a história de Bonhoeffer até que as pessoas que me ouviram falar sobre Wilberforce começaram a me perguntar sobre quem escreveria a seguir.

Foi menos o fato de Bonhoeffer ser alemão que realmente me motivou, e mais porque ele, por causa de sua fé cristã, se levantou pelos judeus — e foi morto pelos nazistas em consequência. Como Wilberforce, que durante toda sua vida política falou em defesa dos africanos que estavam sendo escravizados, Bonhoeffer desistiu da própria vida para defender os judeus. Parecia natural que, se eu fosse escrever outra biografia, seria a de Bonhoeffer. Em minha cabeça, as duas histórias se complementavam.

Assim, mergulhei na história de Bonhoeffer, li tudo que pude sobre ele e seu tempo. Eu me desliguei de minhas raízes alemãs durante tantos anos que a leitura sobre Bonhoeffer e aquele momento da história começou a me reconectar lentamente a essa parte de mim. Mas foi só quando eu estava mesmo escrevendo o livro — por volta do início de 2008 — que comecei a pensar muito sobre essa época e sobre minha família, que havia passado por tudo aquilo. Minha mãe, *Tante* Eleonore, minha avó, meu avô e *Tante* Walli. Todos eles. Todos estiveram lá enquanto tudo se desenrolava. Foi tudo parte de sua vida. Assim, quando comecei a escrever o livro, pensei neles e em como haviam vivido aquilo. Eu me senti mais e mais ligado a eles e ao fato de que eram minha gente e haviam vivido esse momento doloroso na história sobre o qual eu escrevia.

Um dia, durante esse tempo de imersão naquele período, subitamente a ficha caiu. Foi como se um sino disparasse dentro de minha cabeça com um *blém* profundo e ressonante. Não que eu tenha ouvido algo de verdade, mas foi como se, de repente, eu tivesse uma clara compreensão de algo que antes não entendia em absoluto. Aconteceu em um instante. Não estava pensando nisso. Em um momento, nem me lembrava disso, e no momento seguinte, tinha um entendimento completo. Isso porque só nessa hora, pela primeira vez em pelo menos um ano, que me lembrei do sonho estranho e poderoso sobre Großstöbnitz, e pela primeira vez entendi do que se tratava. No sonho, eu tinha um profundo desejo de fazer parte de minha família alemã, mas daquela que existiu antes de minha visita em 1971. Eu queria tanto estar naquela foto com todos eles, antes de realmente estar lá, mas não podia. E então, vi que esse poderoso desejo de fazer contato com minhas raízes e família alemãs antes de 1971 estava se realizando na escrita desse livro. O desejo, no sonho, era tão poderoso que eu tinha que ligar para minha mãe, e quando tentei localizá-la, acabei contando-o a minha tia.

Dizendo isso, percebo que é difícil comunicar de forma eficaz o que aconteceu. É, no mínimo, subjetivo. Mas o fato é que eu não havia pensado nisso antes. Foi uma consciência súbita. De repente, soube que esse sonho havia sido a extraordinária maneira de Deus me mostrar que Ele havia me criado para escrever esse livro, para contar a história do que aconteceu com a Alemanha, e que, de certa forma, era minha história também. Por meio de minha mãe e avós, e todos os outros parentes, eu estive lá também, e ao escrever o livro, me reconectava com essa parte de mim, a essa parte de minha própria história como alemão. E se tivesse qualquer dúvida sobre isso, Deus fez o milagre singularmente extraordinário de me fazer descobrir horas depois de acordar daquele sonho, em 2006, que a fotografia com que eu havia sonhado realmente existia, e que havia sido impressa na noite anterior. Parecia claro que ele havia feito isso para sublinhar tudo de forma muito dramática, a fim de que eu soubesse que se tratava de um milagre, mesmo antes de saber o sentido do milagre.

Mas há algo mais. Por que Deus quis me comunicar isso? Por que Ele precisava me fazer entender que Ele me criou para escrever esse livro, ou pelo menos me chamou para escrevê-lo? Era como se Ele me dissesse: *Esse é o meu livro. Eu o chamei para escrevê-lo. Eu coloquei esse desejo em você de se conectar com suas raízes alemãs por um propósito maior*. Mas, por que eu precisava saber disso? Eu estava indo bem escrevendo o livro. Por que a questão tinha que estar investida de tamanha importância? Por que tudo isso precisa ser assim tão ponderoso? Não era apenas um livro, a história de um homem inspirador?

Eu pensava assim, e não entendia por que Deus achava necessário salientar tudo daquela forma inegavelmente dramática.

Comecei a compreender isso quando eu estava no sufoco da redação do livro. Uma vez começado, eu tinha um prazo apertado. Eu nunca havia trabalhado duro em nada, e isso não é uma hipérbole. Eu sabia que se não terminasse o livro em cerca de cinco meses, a editora não conseguiria lançá-lo a tempo de coincidir com o filme *Operação Valquíria*, que é sobre a conspiração para matar Hitler. Eu senti que se não tivesse uma ajuda extra para promovê-lo, o livro ia afundar — como seria de esperar de qualquer biografia de um teólogo alemão — como uma pedra.

Assim, um dia, na hora do almoço, consegui que a editora concordasse que se eu terminasse o manuscrito em determinada data, eles iam cumprir sua parte do acordo e publicar o livro um pouco antes que o habitual, para coincidir com o lançamento do filme. De modo que eu saí correndo do restaurante e comecei a escrever feito um louco, mais de doze horas por dia, todos os dias, sete dias por semana, semana após semana, por mais de cinco meses. Era como correr uma maratona, e no meio dela eu senti uma agonia como nunca havia sentido antes, como se estivesse sendo perseguido por um leão e não conseguisse parar, como se meu coração fosse explodir. Orei muito durante a redação do livro, e quando a agonia foi forte demais, lembrei que Deus havia me comunicado que esse era o livro dEle, que Sua mão estava sobre ele e que ia dar tudo certo. Eu precisava me lembrar disso. E como precisava! Relembrar aquele extraordinário milagre me ajudou quando eu achei que não poderia continuar.

Mas as dificuldades pioraram. Depois de terminar essa corrida sem fim e entregar o manuscrito, não tive notícias da editora. Depois de um bom tempo entrei em contato com eles via e-mail, e me responderam logo depois que não iam conseguir ter o livro pronto a tempo do lançamento do filme. Ele teria que ser adiado por seis meses. Eu não podia acreditar no que estava lendo. Foi como se eu houvesse sido atingido com uma pá. Toda aquela loucura havia sido em vão? Aquilo foi demais. Com que posso comparar? Foi como se alguém com um coração fraco soubesse que sua equipe de revezamento tinha a chance de ganhar a medalha de ouro e bater o recorde mundial. Assim, sob o risco de um ataque cardíaco, ele corre seu trecho com toda sua força, quase morrendo de tanto esforço, mas entregando o bastão ao próximo corredor com uma boa vantagem na competição e uma boa chance de bater o recorde mundial. E a seguir, desaba na pista de concreto, orando para que seu coração aguente. Momentos depois, ele olha para cima e vê o homem a quem entregou o bastão encostado na grade com o bastão em uma mão e um cigarro na outra. Ele não se preocupou em correr seu trecho. Por isso, foi tudo em vão. Foi assim que eu me senti quando ouvi a notícia. A agonia da maratona interminável havia sido em vão. A privação de tempo com minha família e tudo o mais. Eu estava entorpecido de descrença.

Levei meses para entender o que me pareceu uma imensa traição por parte da editora. Mas eu não tinha escolha a não ser me recompor e continuar com ela. Ela também insistiu para que eu cortasse mais de um terço do livro. Mas eu não vi tanta gordura para cortar. Para mim, quase tudo que estava lá era osso e músculo, cortar prejudicaria o livro. Eu fiz o meu melhor e cortei o que pude, mas não foi muito. Então, entreguei o manuscrito, deixando claro que se eu precisasse fazer qualquer coisa para garantir que o livro saísse o mais rápido possível, bastava me dizer.

Mas, mais uma vez, não tive notícias durante semanas e meses. Por fim, mandei um e-mail perguntando o que havia acontecido. De novo me responderam muito rapidamente dizendo que, por alguma razão, o livro teria que ser adiado por pelo menos mais seis meses. Talvez nove. E que ainda tinha que ser reduzido em mais de um terço. Não há como descrever adequadamente o que isso me fez sentir. Eu já estava fora de mim, confuso, irado e deprimido. Eu nunca havia caído num desespero desses, e em tudo isso, a única coisa a que eu podia me agarrar era a lembrança de que Deus havia dramaticamente me comunicado, por meio do milagre do sonho e da fotografia, que aquele era o Seu livro e que Sua mão estava sobre ele, que tinha um plano para a obra, um propósito maior. Tirei disso o conforto que podia e me lembrei disso e do milagre com a fotografia pelo menos diariamente.

Eu sabia que cortar o livro o comprometeria, de modo que escolhi mudar de editora, o que acarretou outras dificuldades. Mas eu continuava lembrando o milagre: Deus me informara que havia me chamado para escrever o livro e que tudo ia dar certo. Eu sabia que podia confiar nEle, e devia confiar. O que isso significava especificamente eu não tinha ideia. Só sabia que Deus era digno de confiança e eu confiaria a Ele os detalhes e o resultado de tudo.

Jamais imaginei ser possível que o livro acabasse se tornando um best-seller. São seiscentas páginas de biografia de um teólogo alemão. Quantas pessoas comprariam um livro desses? O livro ter sido eleito Livro do Ano pelo ECPA* foi também algo que eu não imaginava possível, nem que seria traduzido para dezesseis línguas (e ainda está sendo traduzido para outras) e me permitiria a enorme honra de conhecer dois presidentes dos EUA. Tudo que eu sabia era que Deus havia feito algo extraordinariamente milagroso para chamar minha atenção e me mandar a mensagem de conforto de que necessitei desesperadamente para atravessar os tempos difíceis — que me fez de fato suportá-los e até hoje me encoraja, toda vez que a recordo.

* Evangelical Christian Publishing Association.

AS CHAVES PERDIDAS

Parte do que torna o conceito de milagres e a intervenção de Deus um tema tão atraente para muitas pessoas é que todo o mundo se pergunta como um Deus que, presumivelmente, rege todo o universo não vai curar alguém de câncer, mas vai encontrar para alguém uma vaga de estacionamento. Como e quando Deus intervém — se é que intervém — dá-nos uma ideia de quem Ele é. E a maioria das pessoas pensa que um Deus que perde tempo fazendo truques de mágicas, como encontrar vagas de estacionamento para pessoas, e permite que o Holocausto aconteça, deve ser nada mais que um grande babaca. E não podemos culpá-las por pensar assim. Essa é uma questão que precisa ser respondida, ou pelo menos discutida.

Por exemplo, eu tenho uma amiga muito querida chamada Kimberly Thornbury, que uma vez perdeu suas chaves. Perder as chaves deve ser um fenômeno universal, pelo menos no mundo civilizado, em que as pessoas têm chaves. E quando não perdemos nossas chaves perdemos nossos óculos, ou um pedaço de papel com algo importante anotado, ou um pé de sapato ou uma mão de luva. As pessoas perdem as coisas. Um estudo calculou que as pessoas gastam 3680 horas de vida à procura de itens perdidos, o que corresponde a 150 dias inteirinhos. Isso é possível? Uma fração disso já é demais.

Kimberly se considera uma pessoa bastante organizada, o que significa que quem não é muito organizado a considera uma invejável pessoa superorganizada. Ela é esposa de meu querido amigo Greg Thornbury, que é presidente do King's College em Nova York, e sua competência e atenção aos detalhes naquilo que ela faz no King's e em geral são praticamente lendárias. Mas, assim como o resto de nós, Kimberly uma vez perdeu as chaves.

Isso aconteceu por volta de 2005. E não era um molho comum de chaves. Kimberly tinha um cargo muito importante na Union University, em Jackson, Tennessee, naquela época, por isso tinha um número enorme de chaves no chaveiro, a maioria chaves-mestras de vários prédios da universidade. Pode-se dizer que Kimberly tinha o tipo de trabalho e responsabilidade dado a pessoas não propensas a perder chaves. E não havia só um monte de chaves no molho; elas estavam presas a um gigante chaveiro de plástico vermelho em forma de coração, que Kimberly havia feito em uma oficina quando estava no ensino médio. De modo que se estivessem em qualquer lugar nas proximidades, seria extremamente difícil ignorá-las.

Kimberly, nessa época, trabalhava período integral e era mãe de duas meninas, de dois e quatro anos de idade. Seu marido, Greg, viajava muito. De fato, ele estava longe quando Kimberly perdeu as chaves, de modo que ela não tinha com quem reclamar, nem ninguém para ajudá-la a pensar onde as poderia ter colocado. Ela também estava tão ocupada que não tinha muito tempo para parar e procurar as chaves. Tinha mantimentos para comprar, roupa para buscar na lavanderia, e roupas para deixar num bazar. Então, sexta-feira à tarde, sem perder tempo, ela pegou a chave reserva do carro no envelope de papel pardo que tinha na lavanderia (já mencionei que ela era organizada?) e continuou fazendo suas várias tarefas pela cidade. Esteve igualmente ocupada no sábado, mas no decorrer das muitas atividades dentro e fora da casa, as chaves não apareceram. Era um enigma. No domingo, ela foi ao culto na igreja — tanto o matutino quanto o vespertino —, o tempo todo usando a chave reserva do carro e esperando que as outras chaves aparecessem. Mas não apareceram.

Na segunda-feira de manhã, ela levou as duas meninas para a babá, ali pertinho, antes de ir para a universidade trabalhar, onde as chaves perdidas fariam muito mais falta que no fim de semana. A babá cuidava das filhas de Greg e Kimberly desde que nasceram. Todos a consideravam sua Mary Poppins, maravilhosa em todos os sentidos. Como sempre fazia, a babá estava esperando perto da garagem para receber as duas filhas de Kimberly e começar o dia. As duas meninas saíram do carro, deram um grande abraço na babá e correram para dentro da casa dela. Mas a babá ficou fora por um momento.

— Como você está? — perguntou a Kimberly.

— Eu estou bem — respondeu ela. — Eu sei que parece bobo e sem importância, mas eu perdi minhas chaves na sexta-feira e não consigo encontrá-las em lugar nenhum. As chaves-mestras da universidade estão junto, e isso é um problema. Pode orar para que eu as encontre?

Muitas pessoas, quando lhes pedimos para orar, dizem que sim, e logo depois esquecem. Outras se recordam e oram. E outras, quando lhes pedimos para orar, sabendo que provavelmente vão esquecer, fazem-no imediatamente. A babá de Kimberly era uma dessas. Ela imediatamente segurou as mãos de Kimberly, ali mesmo na calçada, e disse:

— Por que não oramos agora?

E então, ela passou o problema a Deus em oração, como fazia com todas as coisas, grandes e pequenas. Elas disseram amém, Kimberly a abraçou e, a seguir, virou-se para voltar a seu carro.

Foi quando ela as viu. E a babá as viu exatamente ao mesmo tempo.

As chaves estavam cuidadosamente — de fato, precariamente — colocadas *no meio* do para-brisa do carro, do lado de fora. Se Kimberly estivesse sentada no banco do motorista, teria as chaves em sua linha direta de visão. Elas estavam apoiadas no vidro inclinado, tão perfeitamente no meio do para-brisa, que Kimberly simplesmente esticou a mão e as pegou.

O que é que havia acabado de acontecer?!

Foi estarrecedor. Mas tinha que haver uma explicação. Deus não faz as coisas aparecerem do nada, não é? Bem, Ele fez o universo aparecer, mas foi um ato de criação a partir do nada. Mas *aquilo*? Onde as chaves estavam antes que foram aparecer no meio do para-brisa? Poderiam ter estado no teto do carro por esses três dias, e nesse momento, por alguma razão, escorregado para o para-brisa? Mas, se fosse esse o caso, por que nesse momento? E por que teriam pousado no meio do para-brisa? Não deviam deslizar até o para-brisa e ficar presas na fenda dos limpadores? Por que estavam ali, no meio do para-brisa, então absurdamente destacadas que parecia uma pegadinha?

Tudo que Kimberly e sua babá sabiam era que durante três dias as chaves estiveram desaparecidas, e então, elas oraram e Kimberly se voltou e lá estavam elas, ao alcance da mão: as chaves no chaveiro de coração vermelho que ela havia feito na oficina da escola. Estavam bem ali, brilhando ao sol de uma manhã de outono. Depois de estender a mão e pegar as chaves, Kimberly voltou-se para olhar para a babá. Ambas estavam de queixo caído. Foi um momento indescritível. As duas sabiam que não tinha explicação, parecia um milagre. E as duas estavam lá para testemunhá-lo.

"Há problemas muito maiores do mundo", disse Kimberly. "No entanto, naquele momento, Deus apareceu e cuidou de mim. Não há absolutamente nenhuma explicação para que essas chaves tenham aparecido no para-brisa. Foi simplesmente um exemplo de Deus cuidando de mim naquele momento de forma inesperada."

DOIS HEMISFÉRIOS, TRÊS MÚSICAS

Ouvi pela primeira vez esta história de meu amigo Larry Crabb em um evento da New Canaan Society, em San Francisco. Ele é um escritor e orador bem conhecido, com doutorado em Psicologia Clínica e uma longa série de credenciais profissionais. A história é sobre seu filho, Ken, que quinze anos antes havia passado por um divórcio muito doloroso.

Ken conhecera sua esposa na faculdade. Pela descrição de Larry, "ela era a mais bonita e ele, o mais popular". O casamento parecia encomendado no paraíso; por cerca de cinco anos. Depois disso, começou a desmoronar. "Não importa o que estivesse errado, Ken estava fortemente empenhado em fazer o casamento dar certo. Mas sua esposa se opôs à tentativa. Ela se recusou fazer terapia de casal com ele, dizendo que sua decisão já estava tomada e que simplesmente queria o divórcio."

Larry explicou que, na época, Ken fez tudo que pôde imaginar para impedir sua esposa de avançar com o divórcio. Comprava-lhe presentes e, de vez em quando, simplesmente lhe suplicava que não fosse adiante. Mas o comportamento dela durante esse período tumultuado e doloroso indicava que, em sua própria mente, as coisas já estavam resolvidas e ela havia seguido em frente.

As coisas não melhoraram. No final, em dezembro de 1998, veio o divórcio e Ken ficou arrasado de dor, com o coração partido e despedaçado. Um dia, na casa de seus pais, ele se sentou em frente à lareira e chorou; falou com seus pais sobre sua desesperança e sua raiva de Deus, que havia permitido que aquilo ocorresse. Ken acreditava que era vontade de Deus que fizéssemos todo o possível para manter o casamento intacto, e ele fez isso, com todas as suas forças, mas sem bons resultados. Aquilo não fazia sentido, como se tudo fosse uma brincadeira cruel. Onde estava Deus nessa história? Seu pai respondeu ao desabafo de Ken, avisando que o que ia dizer não era para parecer um curativo religioso, mas ele sabia, do fundo do coração, que Deus não permitiria que ninguém passasse por algo doloroso e arrasador sem, em última análise, usar esse sofrimento para propósitos maiores. De alguma forma, havia um propósito maior, e tudo que podíamos fazer era submeter nossa dor e sofrimento a Ele e pedir que a usasse como quisesse, e saber que assim faria.

É claro que Ken não estava em condições de ouvir essas palavras ou de agir segundo elas. Sua raiva contra Deus era muito real. Ele não possuía capacidade emocional de alegremente aceitar que Deus tinha um propósito. Do jeito que ele se sentia, parecia que Deus estava muito longe de tudo aquilo.

Em certo momento, durante este período terrível, Ken pegou uma arma; carregou-a e a colocou ao lado da cama. Uma noite, num paroxismo de dor, chorando, ele pegou a arma carregada e ficou encarando-a, com a intenção de acabar com aquele sofrimento terrível. Fez isso por cerca de uma hora, até que, por fim, decidiu não seguir adiante.

Mas a dor continuava. Todas as noites, durante quatro ou cinco meses, quando ia se deitar, Ken dizia a Deus que não queria estar vivo, que queria que Ele lhe tirasse a vida. Mas orava para que, se acordasse na manhã seguinte, entendesse que Deus tinha algum plano para isso. Ele não tinha ideia de qual era, e não se importava muito, mas tentaria acreditar que sua existência acabaria significando mais que aquele momento terrível.

Poucos meses depois, ele parecia ter superado esse período suicida. Mas ainda estava muito zangado com Deus. Seja qual fosse o relacionamento que ele tinha com Deus antes, não existia mais. Havia uma tremenda secura no centro de sua alma. Quaisquer que fossem o amor e a paixão que ele havia tido por Deus, eram meras lembranças. Ele sabia que estava ligado no automático, tentando seguir em frente obedientemente, mas não sentia nada em absoluto. Ele se sentia vazio e inútil.

Essa queda aconteceu em um momento particularmente movimentado no trabalho, e Ken sentiu que precisava se afastar de tudo, pelo bem de sua saúde mental e emocional. Ele queria tirar um tempo de folga de sua vida, ficar o mais longe possível de tudo. Queria recarregar suas baterias, e, mais importante, tentar reencontrar Deus. Ken gostava de surfar, e havia guardado dinheiro suficiente para viajar para Bali, na Indonésia, de modo que decidiu ir e passar dez dias sabáticos. Um amigo dele brincou, dizendo que o que Ken chamava de sabático era, na verdade, só um termo chique que os cristãos usavam para justificar as férias. Até certo ponto, era verdade. De fato, Ken decidiu ficar no exclusivo Hotel Four Seasons, na Jimbaran Bay, famosa pelo surf. Ele sabia que isso ia distrair sua mente das dificuldades, pelo menos por um tempo. E podia até quebrar o ciclo de desespero, autopiedade e raiva. Essa era a sua esperança. E mais que isso, ele esperava que durante esse tempo, sua raiva de Deus passasse. Ken determinou que durante esse período de dez dias, ele oraria e leria a Bíblia com propósito. Talvez ele não sentisse isso, e provavelmente não sentia, mas faria mesmo assim. Sentia que precisava disso. Ele não podia continuar se sentindo do jeito que estava. Alguma coisa tinha que mudar. Alguns dias antes de partir, ele disse a seu pai: "Se eu não encontrar Deus de um jeito diferente do que conheço agora, não vou superar". Ele estava desesperado.

Antes de viajar, seu pai lhe disse que ele poderia contar com uma coisa enquanto estivesse fora: ele e sua mãe orariam com foco por ele todos os dias, por pelo menos quinze minutos. Provavelmente mais em alguns dias, mas ele poderia contar com o fato de que diariamente orariam de modo fervoroso por ele por quinze minutos, no mínimo.

Ken morava perto de Cleveland, de maneira que a viagem de avião para Bali não foi fácil. Na melhor das hipóteses, a viagem de Cleveland a Bali demora 24 horas de voo, com duas escalas. Mas quando por fim chegou, estava determinado a fazer o que havia ido fazer. Surfaria bastante, e todos os dias, não importa como se sentisse, passaria algum tempo lendo a Bíblia e orando.

Durante a primeira semana, foi muito difícil para Ken. Ele continuava não sentindo vontade de orar nem ler a Bíblia, mas por um profundo senso de dever, fez os dois todos os dias. Ele descobriu que a oração não era tão difícil quanto ler a Bíblia, porque quando orava, podia pelo menos expressar sua raiva de Deus. Ler a Bíblia se provou um esforço enorme. No entanto, obedientemente, leu. Mas a maior parte do tempo, ele passava surfando. O único livro que ele levou consigo para ler durante este tempo, além da Bíblia, foi o clássico devocionário de Dietrich Bonhoeffer, *Discipulado*.

No sétimo dia da viagem, Ken resolveu que já era suficiente. Ele levaria a sério a coisa com Deus, o que, no caso dele, significava que naquele dia não iria surfar. Ele surfou muito nos dias anteriores, mas naquele dia, não pegaria uma única onda. Ele andaria nas areias da praia de Uluwatu e oraria. Assim, de sunga e sem nada nas mãos, ele caminhou pela praia, determinado a se relacionar seriamente com Deus.

Pela primeira vez, naquele dia ele sentiu um desejo perceptível de se comunicar com Deus. Mas não tinha certeza do que exatamente dizer. Enquanto caminhava, ele se encontrou não orando, mas cantando. Por alguma razão, esse era seu desejo mais profundo naquele momento, cantar para Deus. Depois de tantos meses sem sentir nada disso, era uma grande mudança, e por duas horas mais ou menos ele caminhou pela praia, comunicando-se com Deus de uma forma gloriosamente alegre, cantando com o coração.

Enquanto isso, no Colorado, o pai de Ken, Larry, orava por ele todos os dias, como havia prometido a seu filho que faria. Sua oração era para que Deus, de alguma forma, se comunicasse com o filho e lhe dissesse que realmente tinha um plano para sua vida, um plano que ia além de apenas aguentar e sobreviver. Ele orou para que seu filho soubesse que Deus o faria atravessar esse período, que a raiva por Ele passasse, e Ken redescobrisse a alegria de conhecê-Lo e amá-Lo.

Mas o pai de Ken teve que admitir para si mesmo que suas orações nem sempre foram tão apaixonadas como ele gostaria. Um dia, no meio desse período de dez dias, ele teve que dirigir noventa minutos de Denver a Colorado Springs para uma reunião de negócios à tarde. Enquanto dirigia, resolveu passar os noventa minutos orando por seu filho. Mas, mesmo então, suas orações não foram as mais intensas que ele já havia feito. Na verdade, ele estava com o rádio ligado e orava enquanto ouvia música, e de vez em quando ainda mudava de estação. A certa altura da viagem ele percebeu que a gravidade da situação de seu filho merecia mais que essas "orações simbólicas", como ele as descreveu mais tarde. Então, desligou o rádio e apaixonadamente pediu a Deus para ajudá-lo a encontrar algo dentro de si mesmo que o ajudasse a orar com força e profunda convicção. Ele perguntou a si mesmo: "O que é que realmente tenho dentro de mim, vivo em mim, pelo que desesperadamente quero orar, que quero apresentar a Deus?".

À medida que continuava dirigindo, já sério em relação ao que queria orar, de repente notou que sentia vontade de cantar. Foi uma compulsão, na verdade. E então, ele começou a cantar. Larry lembrou que a primeira música que cantou foi o famoso hino "Tu é fiel". Larry sabia todos os versos, e conforme cantava, começou a chorar. Ele chorou porque, ao meditar sobre a fidelidade de Deus para com ele ao longo dos anos, agora orava desesperadamente para que seu filho, Ken, pudesse cantar essa música e conhecer a fidelidade de Deus, que pudesse sentir na pele que, apesar de tudo que aconteceu, apesar de toda a dor, Deus sempre foi fiel e sempre será:

Great is Thy faithfulness, O God my Father;
There is no shadow of turning with Thee,
Thou changest not, Thy compassions they fail not,
As Thou hast been, Thou forever wilt be.
Great is Thy faithfulness!
Great is Thy faithfulness!
Morning by morning new mercies I see
All I have needed Thy hand hath provided
*Great is Thy faithfulness, Lord unto me!**

Depois de cantar essa, começou a cantar "Eu te amo, ó Deus", uma canção mais simples, escrita em 1980:

I love you, Lord, and I lift my voice
To worship you. O my soul rejoice!
Take joy, My King, in what You hear.
*Let it be a sweet, sweet sound in Your ear.***

Larry continuou chorando enquanto cantava essa segunda canção e continuou a orar apaixonadamente para que seu filho fosse capaz de sentir o que ela comunicava: um grande amor pelo Deus que o amava.

Por fim Larry cantou uma canção que ele chamava de canção da família Crabb. Sem dúvida nenhuma, foi essa terceira canção que correspondia mais diretamente ao que Larry estava orando. Era o famoso hino "Sou feliz com Jesus", escrito por Horatio Spafford. Larry sabia de cor os quatro versos, e conforme cantava, seu pranto se transformava em soluços, a ponto de ele ter que parar o carro. Ali, no acostamento, ele continuou a cantar mais e mais. A história por trás dessa música já é bem conhecida por muitos, mas vale a pena contá-la.

Horatio Spafford era um proeminente advogado de Chicago no século

* Uma das traduções desse hino é: Tu és fiel, Senhor, meu Pai celeste,/ Pleno poder aos teus filhos darás!/ Nunca mudaste, tu nunca faltaste,/ Tal como eras, tu sempre serás./ Tu és fiel, Senhor! Tu és fiel, Senhor!/ Dia após dia, com bênçãos sem fim,/ Tua mercê nos sustenta e nos guarda;/ Tu és fiel, Senhor, fiel assim. (N. T.)

** Uma versão em português dessa canção é: Eu te amo, ó Deus/ E com minha voz/ Te adorarei, ó meu Deus,/ E te entoarei, sim o meu louvor/ Que seja um doce, doce som/ Para Ti. (N. T.)

xix, apaixonado pela causa abolicionista e amigo próximo de D. L. Moody, o famoso evangelista. Spafford e sua esposa, Anna, casaram-se em 1861 e viveram inúmeras tragédias juntos, sendo a primeira a morte por pneumonia de seu filho de quatro anos, em 1870. No ano seguinte, ele foi à falência quando o Grande Incêndio de Chicago acabou com grande parte de suas significativas ações imobiliárias. Mas essas coisas são insignificantes em comparação com o que se abateu sobre eles em 1873.

Naquele ano, Spafford resolveu que a família devia tirar umas férias. Eles prepararam uma viagem para a Inglaterra e planejaram embarcar em novembro no navio a vapor *Ville du Havre*; mas os negócios o detiveram no último minuto, e Spafford mandou a esposa e suas quatro filhas na frente, planejando se juntar a elas o mais rápido possível. Em 22 de novembro, no meio da noite, outro navio atingiu o *Ville du Havre*, e este naufragou em doze minutos. Oitenta e sete pessoas sobreviveram à tragédia, mas 226 não. Entre os que perderam a vida estavam as quatro filhas de Spafford, com idades de onze, nove, cinco e dois anos. A esposa de Spafford foi encontrada inconsciente, flutuando sobre um mastro de madeira. Nove dias depois, ela chegou a Cardiff, no País de Gales, de onde telegrafou ao marido: "Só eu me salvei. O que devo fazer?". Spafford imediatamente saiu de Chicago para encontrar sua esposa. Quando seu navio passou por sobre o local onde suas filhas haviam morrido, o capitão chamou Spafford a sua cabine para lhe avisar. Segundo a história, foi logo depois que ele começou a compor o hino pelo qual ficou conhecido. O primeiro e mais famoso verso é:

When peace like a river, attendeth my way,
When sorrows like sea billows roll;
Whatever my lot, Thou hast taught me to say,
It is well, it is well, with my soul.

E o refrão diz:

It is well! With my soul!
*It is well, it is well, with my soul!**

O fato de esse homem ter sido capaz de ter esses pensamentos, e ainda mais de escrever um hino proclamando-os, é quase inacreditável. É simultaneamente penoso e inspirador pensar nisso.

* Uma das traduções desse hino é: Se paz a mais doce me deres gozar,/ Se dor a mais forte sofrer,/ Oh! seja o que for, tu me fazes saber/ Que feliz com Jesus sempre sou!// Sou feliz com Jesus, sou feliz com Jesus, meu Senhor! (N. T.)

Essa foi a terceira e última canção que Larry cantou naquele dia, no acostamento da estrada. Ele ficou lá trinta ou quarenta minutos, cantando, cantando, orando, orando. Ele orou para que seu filho pudesse cantar essa canção e sentir o que Spafford sentira: que, apesar do imenso desgosto, Deus estava no controle e ainda podia confiar nEle.

Por fim, Larry voltou para a estrada e continuou chorando e orando enquanto dirigia o resto do caminho para sua reunião, em Colorado Springs. Ele orou todos os dias enquanto o filho esteve longe, mas nada se aproximou do que acontecera com ele no carro naquele dia.

Cerca de duas semanas depois de Ken voltar de Bali para Cleveland, ele foi para Denver a negócios, e seu pai o levou para almoçar. Não muito tempo se passou antes de ele perguntar o que morria de vontade de saber: "Como foi sua viagem para Bali?".

Ken contou tudo a seu pai, mas toda a história culminou com a caminhada que ele fizera no sétimo dia em Bali, quando decidira renunciar ao surfe e só caminhar pela praia e orar. Ele contou a seu pai que, sem nenhuma razão em particular, nada que pudesse discernir, ele subitamente sentira a conexão com Deus que estava procurando.

— Como assim? — perguntou seu pai.

Ken disse que, enquanto estava andando pela praia, de repente sentiu uma compulsão por cantar, que seu desejo de se conectar com Deus havia se manifestado em seu canto enquanto caminhava ao longo da praia.

Larry subitamente olhou para o filho, de forma intensa.

— Você lembra que dia foi isso? — perguntou.

Seu filho disse que fora no sétimo dia de Bali.

Larry fez alguns cálculos de cabeça e seus olhos se arregalaram. Que coisa extraordinária! Aquilo havia acontecido com os dois no mesmo dia. Para Larry parecia um milagre, mas ele não sugeriu nada.

— Você lembra quais músicas cantou? — perguntou.

Ken lembrava. Ele disse ao pai que cantara "Tu és fiel".

— Ah, é? — disse Larry, emocionado. — E o que mais?

Kenny disse que havia cantado mais duas músicas. Uma delas era "Eu te amo, ó Deus". A outra era o hino de Horatio Spafford "Sou feliz com Jesus".

Obviamente, Larry mal podia acreditar no que ouvia. Em um instante ele contou ao filho sobre o que havia experimentado naquele mesmo dia e como sentira uma compulsão por cantar, e cantara exatamente essas mesmas três músicas! Ken achou aquilo inacreditável, mas os dois não tinham escolha a não ser reconhecer o que havia acontecido. No mesmo dia, a 14 mil quilômetros de distância, ambos haviam — sem mútuo conhecimento

— tentado se conectar em um nível mais profundo com Deus, e os dois de repente se viram cantando para isso, e não só isso, mas cantando as mesmas três músicas. Kenny perguntou a que horas isso havia acontecido a seu pai, e depois de um pequeno cálculo, perceberam que haviam cantado ao mesmo momento também. Kenny ficou atônito, como qualquer um ficaria. Durante sete dias em Bali ele não teve coragem de pensar em realmente nada. Ele só lia, assistia à TV e surfava. Mas naquele sétimo dia, ele caminhou pela praia e, por quase três horas, cantou essas três canções, as mesmas que seu pai estava cantando no acostamento de uma estrada no Colorado, a meio mundo de distância.

Larry Crabb é rápido em comentar que esse tipo de experiência estava muito longe de ser típica para ele. Ele brincou dizendo que ele "foi elevado no Santo Dueto. O Pai, o Filho, e cuidado com esses loucos carismáticos". Mas depois dessa experiência marcante, ele percebeu que havia desconsiderado um terço da Trindade, e posteriormente decidiu se comprometer a adorar não apenas o Pai e o Filho, mas o Espírito Santo também.

Sentados ali, refletindo sobre o que havia acontecido, o pai e o filho ficaram deslumbrados. O fato de Deus fazer algo tão maravilhoso especificamente para que soubessem quanto Ele os amava e quão intimamente estava envolvido na vida e dificuldades deles era muito comovente. Foi uma resposta para as orações de ambos. Antes de se despedirem, eles choraram e se abraçaram. Ken por fim soube profundamente aquilo que seu pai pedira, em oração, que ele soubesse: que Deus estava lá e está sempre, e não desperdiçaria todas provações que Ken havia passado. Ele as usaria para Seus propósitos, porque Ken estava disposto a Lhe permitir isso. Parece que só por Ken contar essa história para mim, a fim de que eu a inserisse neste livro para encorajar os outros, Deus já está cumprindo essa promessa.

Hoje Ken está feliz, casou-se novamente e tem dois filhos lindos.

UM TELEFONEMA

A primeira palavra que vem à mente quando penso no meu amigo Larry Poland é "integridade". Ele é o cidadão mais sólido que alguém poderá encontrar. Larry é chefe do MasterMedia, um ministério religioso voltado para os executivos de Hollywood, em nome da comunidade cristã. Nós nos conhecemos em 2000, quando comecei a frequentar um grupo de estudos bíblicos que começara em Manhattan. Na época eu escrevia para o programa infantil *Os Vegetais*. Larry é imensamente talentoso e já foi o mais jovem presidente de faculdade da América, aos 27 anos. Não muito tempo atrás, ele escreveu um livro intitulado *Miracle Walk*, sobre os muitos milagres que ele experimentou, e gentilmente me permitiu incluir algumas dessas histórias neste livro.

Esta primeira história é sobre um café da manhã com um diretor de fotografia (DF) em Hollywood. O homem passava por uma depressão grave. De fato, era tão grave que Bryan, um amigo de Larry que era produtor de cinema e TV, telefonou-lhe pedindo ajuda. Bryan estava trabalhando com o DF e disse ao amigo temer que o homem tirasse a própria vida. Ele perguntou a Larry se poderia se encontrar com o DF, ou pelo menos tentar. Bryan e sua esposa haviam tentado ajudá-lo, mas estava claro que o que ele atravessava exigia artilharia pesada.

A agenda de Larry já estava lotada de reuniões importantes, de modo que ele não havia conseguido ligar para o DF. Então, certa manhã, a assistente executiva de Larry, Ruthann, saiu de sua sala para expressar sua frustração com a agenda do chefe. Larry reunia-se regularmente com os executivos do entretenimento para incentivá-los na fé em negócios certamente muito seculares. Também se reunia com executivos não cristãos para lhes ajudar a explicar o que o típico cristão evangélico procura no entretenimento, e por que criar programas saudáveis pode ajudá-los a atingir seus objetivos, para não falar da cultura em geral.

Mas, nessa manhã, Ruthann disse que todos os compromissos estavam sendo alterados. Várias pessoas haviam ligado, cancelando de última hora. Era tão fora do comum que Ruthann teve que comentar com Larry. Aquilo era inédito.

— Não tenho nem um café da manhã marcado para amanhã! — disse ela.

De repente, Larry pensou uma coisa.

— Você entrou em contato com o DF deprimido sobre quem Bryan nos falou? — perguntou.

Ruthann disse que não.

— Ligue para ele agora — disse Larry — e me passe a ligação.

Ruthann digitou o número, e quando estava chamando, Larry pegou o fone. Segundo a descrição de Larry, a voz que atendeu era "bastante moderada". Larry, a quem eu nunca na vida vi de baixo astral, tem uma atitude pra cima, saudável, confiante e positiva em todos os momentos, até onde eu sei.

— Olá — disse ele —, eu sou Larry Poland. Nosso amigo em comum, Bryan, disse que estavam trabalhando em um filme e que você parecia meio pra baixo. Ele achou que eu poderia incentivá-lo. Estarei em Hollywood amanhã de manhã, poderíamos nos encontrar no café da manhã?

Houve uma longa pausa, e então Mark deu sua resposta sem entusiasmo:

— Acho que sim.

Ficou claro para Larry que um café da manhã com um estranho entusiasmado, no dia seguinte, não era algo que o homem estava planejando fazer.

— Muito bem, então — prosseguiu Larry — onde gostaria que nos encontrássemos?

Eles marcaram no Denny's da Sepulveda Boulevard, não muito longe de onde Mark morava.

Quando se encontraram, na manhã seguinte, Larry imediatamente viu que Mark não estava bem. Ele tinha um olhar cansado, infeliz. Larry ouvira a história de Mark por Bryan. Ele havia sido casado, mas trocara a esposa por outra mulher, a quem descrevera como "o amor de sua vida". Mas a mulher de Mark não se impressionou com a descrição da mulher com quem seu marido estava cometendo adultério, de modo que caiu com tudo em cima dele. O divórcio litigioso se arrastou, custando a Mark 100 mil dólares em honorários advocatícios. Depois de cinco anos com o "amor de sua vida", ela decidiu deixá-lo. Isso havia acontecido recentemente. Quando Larry encontrou Mark no Denny's naquela manhã, o divórcio ainda estava longe de ser resolvido. A partida recente do "amor de sua vida", depois de cinco anos juntos, havia deixado Mark arrasado. Ele estava claramente em um beco sem saída.

Mark estava tão consternado que mal conseguia comer. Disse que a única coisa que achava que seu estômago aceitaria seria uma omelete. Quando se sentaram, Mark contou a Larry toda sua história, com um misto de amargura e dor, e então, Larry disse:

— Parece que você precisa da ajuda de Deus para encarar isso.

Mark respondeu categórico.

— [Palavrão suprimido], eu preciso.

— Você sabe como conseguir a ajuda de Deus? — perguntou Larry.

Sua resposta negativa foi igualmente enfática.

— Deixe-me dizer-lhe como — disse Larry.

E da maneira que muito poucas pessoas podem fazer tão bem quanto ele, Larry apresentou a Mark o básico, passo a passo. Explicou que tudo que precisamos fazer é voltarmo-nos para Deus e pedir-lhe perdão, sabendo que Jesus pagou o preço por todos os nossos pecados e erros. Como Ele morreu por nós e por nossos pecados, podemos voltar nossa vida — ou seja, nossos problemas e tudo — para Ele, e Jesus pode nos deixar novos outra vez.

Mark havia sido criado como católico, por isso, o que Larry disse não foi totalmente estranho para ele. Larry lhe perguntou se havia alguma boa razão pela qual Mark não gostaria de orar com ele para convidar Cristo a sua vida, a fim de perdoá-lo e lhe dar nova vida. Mark disse que não havia. E ali na mesa do Denny's, Larry guiou Mark por uma simples oração de entrega de sua vida a Jesus.

Mas quando Larry disse o "amém", Mark desmoronou. Larry ficou surpreso. Ele disse que Mark começou a rir e chorar ao mesmo tempo. Estimou que a montanha-russa emocional durou uns três minutos, o que é uma eternidade em uma manhã tranquila no Denny's. Foi tão tempestuoso e estranho que os outros clientes olhavam por cima de seus pratos imaginando se não deviam chamar uma ambulância. O homem parecia estar tendo um ataque.

Por fim, Mark se acalmou. Cinquenta anos de fardos e de culpa pareciam ter sido tirados de cima dele. Foi dramático. Então, ele disse a Larry algo que não havia dito antes, e que ajudou a explicar suas emoções.

— Engraçado — disse ele —, ontem, quando você ligou, eu estava deitado na cama com uma navalha em uma mão e um saco de gelo na outra, preparado para cortar meus pulsos. Eu gritei: "Deus, se estiver aí, ajude-me!". E o telefone tocou; era você, marcando este café da manhã.

Várias semanas depois, Mark apareceu em uma reunião. Larry estava lá, assim como Bryan, o produtor que os havia posto em contato. Bryan demorou a reagir, porque Mark estava tão diferente que ele quase não o reconheceu. A angústia e a culpa que acabaram com sua vida e seu semblante haviam desaparecido. Ele parecia tranquilo. A fé de Mark passou a crescer, e muitas vezes ele conta às pessoas sobre o dia em que ele recebeu um "chamado muito próximo", quando um telefonema salvou sua vida. Ele não acredita que foi coincidência.

DE CALI A BOGOTÁ

Houve épocas na vida de Larry Poland em que ele viajava quase sem parar. Esse foi o caso em 1977, quando ele era líder do Agape Movement da Cruzada Estudantil e Profissional para Cristo (CEPC), um ministério fundado pelo grande Bill Bright. Agape era como um corpo de paz cristã que levava jovens voluntários para nações em desenvolvimento. Durante esse tempo, Larry passou várias semanas viajando pela América do Sul para trabalhar com as pessoas em vários países a fim de levar voluntários para essas nações.

Primeiro ele foi de sua casa, na Califórnia, para Miami, e de lá pegou um avião para Bogotá, Colômbia, onde se encontrou com uma equipe de funcionários da CEPC. Daí foi para Cali, também na Colômbia, onde a sede do ministério se localizava. Ele estava no avião, a quatrocentos quilômetros de Cali voltando para Bogotá, quando essa história começou.

No avião, na poltrona ao lado de Larry, estava um latino-americano, estatura mediana, um tanto atarracado, com os típicos cabelos e olhos escuros. Mas Larry logo soube que ele era, na verdade, um norte-americano que crescera no Novo México. Ele era educado, e parecia estar aproveitando a oportunidade de conversar com um compatriota. Larry conversou com ele durante todo o voo, mas, apesar da "inspiração" — como diz Larry — para dizer algo sobre Deus a esse homem, ele não falou. Não sabia por que, mas, por algum motivo, simplesmente não falou. Quando desembarcaram em Bogotá, eles se despediram e se dirigiram à esteira de bagagens. O homem — vamos chamá-lo de Ramon — pegou sua mala primeiro e foi embora. Foi quando Larry ouviu Deus lhe falar. Não era uma voz audível, mas a mensagem era clara: "Você não compartilhou sua fé com ele". Larry não estava acostumado a ouvir Deus, mas também não costumava desperdiçar uma inspiração para compartilhar sua fé. De modo que disse a Deus que estava arrependido e pediu perdão. E orou:

— Se um dia eu tiver outra chance de falar com ele, vou obedecer a Sua voz. Senão, por favor, passe-lhe a mensagem por outra pessoa.

A vida é cheia de arrependimentos, e para Larry, perder a oportunidade de compartilhar sua fé, especialmente tendo sentido claramente uma inspiração de Deus para fazê-lo, era o tipo de coisa de que ele certamente se arrependia. Mas ele sabia que Deus nos perdoa quando realmente sabemos que estamos errados e nos arrependemos de verdade. E é claro que ele se arrependia.

Naquela semana Larry foi de Bogotá a Lima, Peru, e depois a La Paz, na Bolívia e, por fim, a Santa Cruz. Lá ele conheceu uma equipe de professores do Agape que ele havia mandado para ali alguns anos antes. O casal que liderava era Dan e Nancy Pryor. Eles trabalhavam com crianças deficientes e, de fato, fundaram a primeira escola da Bolívia para crianças com necessidades especiais. Está em operação ainda hoje.

Cerca de uma semana depois, ele programou sua saída de Santa Cruz para São Paulo. Mas quando chegou ao aeroporto de Santa Cruz, soube que seu voo havia sido cancelado. Era uma quinta-feira, e o próximo voo saía só no sábado! Larry sabia que isso não era totalmente incomum em um país em desenvolvimento, por isso fez o que pôde para reorganizar seus planos em função da partida dois dias depois. O que mais ele poderia fazer? Viajar 1760 quilômetros por terra através da densa floresta tropical não era uma opção. De modo que ficou com os Pryor por mais dois dias. Felizmente, o voo para São Paulo no sábado não foi cancelado, e Larry ficou feliz em saber que era direto. Mas, quando chegou ao aeroporto e foi embarcar no avião, viu que a aeronave era bastante antiga e não bem cuidada. O próprio piloto estava sujo e despenteado, com a barba de alguns dias e uma gravata com o nó meio desfeito.

Quando decolaram, Larry percebeu que estavam voando a uma altitude muito baixa, por isso ficou apreciando a vista, que depois de algum tempo incluía as pastagens verdejantes do Brasil. Eles haviam viajado cerca de oitocentos quilômetros quando o piloto anunciou que ia pousar em Campo Grande. Foi estranho ouvir isso, considerando que haviam anunciado que o voo ia direto para São Paulo. Mas Larry ficou tranquilo ao saber que pelo menos não era um pouso de emergência. Além disso, que opções ele tinha? De modo que relaxou e viu como lentamente desceram em direção ao Aeroporto Internacional de Campo Grande.

Mas, enquanto desciam, Larry não viu nenhuma vila ou cidade com aeroporto nas proximidades. Não havia nada além de terra em todas as direções. Onde estava o aeroporto? O avião havia descido para cerca de 150 metros quando Larry avistou uma fina faixa de grama no meio da terra. Evidentemente, essa era a pista de pouso, e o avião logo pousou sem incidentes.

Larry viu um edifício do tamanho de uma garagem para dois carros, com um telhado de estanho e uma biruta em cima. De modo que soube que esse era, de fato, o aeroporto, e não só um lugar onde os aviões poderiam pousar, se necessário. O avião taxiou até parar. A porta se abriu e a escada baixou. Larry viu duas ou três pessoas, que pareciam seus futuros colegas de viagem. Estavam com alguns carregadores de bagagem e começaram a se aproximar do avião. À medida que se aproximavam, Larry viu que um deles lhe parecia familiar. Quase pensou que seus olhos estavam lhe pregando uma peça, mas quando o passageiro se aproximou, viu que não. Era Ramon. Dizer que Larry ficou surpreso dificilmente faria justiça ao que ele sentiu.

A poltrona ao lado de Larry estava livre, de modo que o momento em que Ramon entrou na aeronave, o primeiro deu um salto e acenou para ele. Ele não estava disposto a perder essa segunda oportunidade de fazer o que deveria ter feito da primeira vez, mais de duas semanas antes. Ele não acreditava que aquilo estava acontecendo, que teria essa chance. Ramon colocou a bagagem no compartimento, sentou-se, e a seguir, olhou para Larry de um jeito estranho. Larry perguntou o que estava pensando, e Ramon respondeu.

— Que estranho — disse ele. — Quando nos separamos no aeroporto de Bogotá, uma voz me disse: "Você vai ver esse homem de novo. Ele tem uma mensagem que você deve ouvir".

Por mais que Larry houvesse se espantado ao ver Ramon se aproximando do avião, agora estava ainda mais surpreso ao ouvir aquilo. Larry havia visto Deus fazer coisas incríveis antes, mas parece que nunca se acostumara com isso; e nem deveria. Ramon estava assustado com tudo aquilo, e deu a Larry muita atenção, esperando pela mensagem que supostamente deveria ouvir.

— Eu só tenho uma mensagem que é importante compartilhar — disse Larry.

E, com isso, falou a Ramon sobre o perdão e o amor de Jesus, e como Deus quer que cada um de nós entregue sua vida a Ele. Larry havia feito isso tantas vezes na vida, mas a maneira como Deus havia arranjado as coisas fez com que ele sentisse que era especialmente importante. Então, Larry perguntou a Ramon se ele gostaria de orar para aceitar Jesus, mas parecia que toda a experiência era tão nova e impressionante para ele que não conseguia absorver. Mas também não parecia resistente à ideia. Então, Larry sugeriu que ele orasse sozinho, em particular. Por conta de tudo que acontecera para fazê-los chegar a esse ponto, Larry tinha poucas dúvidas de que ele o faria. Quando desembarcaram em São Paulo, eles se despediram e Larry confiou seu companheiro às mãos de Deus.

É comum ouvir que Deus dá segundas chances, que Ele torce por nós e quer que tenhamos sucesso. Especialmente se pisamos na bola, fica ansioso para nos dar outra oportunidade, se estivermos abertos a isso. Para meu amigo Larry, essa foi uma ilustração bastante intensa dessa simples ideia.

UMA MENINA E UM ESQUILO

Meus amigos Rick e Barbara Vlaha vivem em uma área chamada Woodlands, perto de Houston, Texas. Pelo nome, fica claro que há muitas árvores em Woodlands, por isso, quando em setembro de 2008 o furacão Ike varreu o Golfo do México e chegou a Galveston, Houston e Woodlands, um grande número de árvores caiu. Rick e Barbara, portanto, ficaram especialmente contentes porque nenhuma caiu no quintal deles. E também ficaram surpresos ao ver o que caiu: um ninho de esquilo-cinzento intacto, contendo três bebês esquilos. Seus filhos, Grace e Christopher (na época com dez e sete anos) ficaram animados com a descoberta, mas tristes ao descobrir que apenas dois dos esquilos sobreviveram à queda. Eles tentaram fazer com que a mãe levasse seus filhos de volta, mas, por um motivo conhecido para eles, ela pegou só um. Assim, os Vlahas decidiram cuidar do esquilo que sobrou. Eles o chamaram de Isaac, por causa da tempestade que o fizera entrar na vida deles.

Tantas árvores haviam caído durante a tempestade que nos dias seguintes houve uma grande falta de energia na área. Era tão perturbador que eles acharam que seria inteligente ir para Tulsa e ficar com uns amigos. Tulsa ficava a oito horas, no norte, e eles não tinham escolha a não ser levar Isaac junto. Grace estava animada, e cuidou dele no carro o caminho todo até lá. Mas, quando chegaram a Tulsa, ficou claro para Rick e Barbara que Isaac não estava muito bem. Por isso que sua mãe o rejeitara? Será que ela sentiu que ele não sobreviveria, como os animais às vezes sentem? Isaac se recusava a comer, de modo que Rick e Barbara decidiram procurar alguém que soubesse como cuidar melhor dele.

Mas Grace estava tão apegada a Isaac que ela não quis ouvir. Rick e Barbara sabiam que iam partir seu coração, mas o que poderiam fazer? Como explicar a uma criança, com uma ligação emocional irresistível a um bichinho peludo incrivelmente precioso que parecia ter caído do céu na vida dela, que precisava doá-lo para o próprio bem dele? Que eles não sabiam como fazê-lo comer e que ele morreria logo? Eles tentaram explicar isso a Grace, mas ela permaneceu impassível. O plano era levar Isaac a um veterinário em Tulsa e deixá-lo lá. Eles continuaram tentando convencer Grace de que essa era a coisa certa a fazer por ele, mas ela não acreditava. Então, Rick e Barbara oraram. Eles sabiam que o Deus da Bíblia ama cada um de nós como um pai ama a um filho, por isso, se o amor paternal deles os fazia querer amenizar os sentimentos de Grace em relação ao esquilo, o Pai celestial não ia querer fazer o mesmo? De modo que não fizeram rodeios para pedir a Deus que ajudasse Grace a fazer a coisa certa e ter "paz" em relação a essa decisão.

Foram todos ao veterinário em Tulsa com Isaac e perguntaram a Deus o que fazer. O veterinário disse que ali perto morava uma mulher cuja especialidade era cuidar de esquilos órfãos, e que deviam levar Isaac a ela. Eles haviam ouvido direito? O nome da mulher era Stephanie, mas todos ali a conheciam como "a mulher dos esquilos". Rick e Barbara perceberam que ela não se importava de ser chamada assim quando pararam em sua calçada e viram a placa "SQRLADY" [Sra. Esquilo]. Quando entraram na casa, puderam acreditar no que viram. Havia mais de vinte esquilos ali, todos em vários estágios de reabilitação. O jeito delicado de Stephanie foi um grande conforto para Grace, que, no entanto, ainda estava chateada por estarem fazendo aquilo.

Quando Stephanie examinou Isaac, logo percebeu que não era ele, e sim ela. Rick, Barbara e Grace imediatamente a chamaram de Izzy. Stephanie disse a eles que tinha outro esquilo da mesma idade de Izzy. Mas não era um esquilo-cinzento; era um esquilo-vermelho. Rick e Barbara também já ficaram sabendo que Stephanie era cristã, porque ela disse que estavam orando havia algum tempo pedindo uma companheira para o esquilo-vermelho. Ele não estava indo bem, e ela sabia, por experiência, que ele precisava de outro esquilo da mesma idade para ajudá-lo. Ela disse a todas as outras "casas de reabilitação" de esquilos na área — sim, havia outras — que a avisassem se encontrassem um esquilo mais ou menos da mesma idade do esquilo-vermelho. Mas, até então, não havia tido sucesso. Até que a família Vlaha apareceu com Izzy.

Depois de tratar a desidratação de Izzy, Stephanie a colocou na gaiola com o jovem esquilo-vermelho. O que aconteceu a seguir, diante dos olhos de Grace, pareceu absolutamente mágico. Os esquilos imediatamente se encararam, quase se tocando, olho no olho, e então, enrolaram a cauda em volta um do outro. Foi quase inacreditável. Para todos que estavam olhando, eles pareciam feitos um para o outro.

Grace ficou tão comovida com o que viu que a ideia de levar Izzy embora, de repente, parecia errada. Ficou claro que Izzy devia ficar ali com seu novo amigo, o esquilo-vermelho solitário. Quando perceberam que Grace se sentia assim, Rick e Barbara ficaram imensamente gratos a Deus.

No entanto, houve mais. Rick e Barbara não faziam ideia de como aconteceu, mas a história foi parar na estação de notícias local de Tulsa. Parecia que o furacão Ike havia feito uma pequena coisa positiva, afinal, e as pessoas queriam ouvir falar nisso. Logo as notícias foram da Califórnia até Boston, onde contaram a história também, e antes de essa corrida midiática acabar, chegou à CNN, e foi ao ar no *AC 360°*, de Anderson Cooper.

Toda a experiência foi uma mensagem para Rick, Barbara e seus filhos: Deus nem sempre faz as coisas do jeito que gostaríamos, e não responde a todas as orações da maneira que queremos. Mas, nesse caso, parece que Ele atendeu às orações de uma mulher dedicada a servir esquilos indefesos. E parece ter atendido às orações de dois pais preocupados com o coração sensível de sua filha de dez anos.

6. Tocando a eternidade

Todos os relatos de milagres são histórias da eternidade tocando o tempo — do paraíso tocando a terra, do Criador tocando sua criação, do sobrenatural tocando o natural. Mas há momentos em que um milagre é mais abertamente um exemplo disso que outros. No contexto deste livro, os milagres neste capítulo se enquadram nessa categoria. Eles também ressaltam o mistério: como nosso mundo de tempo e espaço se cruza com o mundo fora do nosso mundo, o mundo além do tempo e espaço. Essas interseções estão muito além da nossa plena compreensão, assim como nossos lampejos da eternidade, mas elas nos dão algumas ideias de como começar a pensar nesse tema.

UM JUIZ EM PRANTOS

Alice von Hildebrand é uma mulher surpreendente. Ela tem 91 anos, e foi duas vezes minha convidada aos eventos do *Socrates in the City* que fazemos em Manhattan. Ela saiu da Bélgica para os Estados Unidos em 1940, fugindo do exército de Hitler, e conheceu seu futuro marido, Dietrich von Hildebrand, logo a seguir. Hoje ele é considerado um dos mais célebres pensadores católicos do século xx. Sua história, que começa com seu nascimento em 1889, vale bem a pena ser lida, assim como todos os seus livros. Após a morte de sua primeira esposa, ele se casou com Lily — como seus amigos a chamam —, muitos anos mais jovem, mas para quem os conhece um pouco, a harmonia de sua união é profundamente comovente. Ela foi professora de Filosofia no Hunter College, em Manhattan, por três décadas, e dedicou seus anos de "aposentadoria" à escrita e ao legado de seu falecido marido, que morrera em 1977. Lily se aposentou em 1984, de modo que pôde aceitar a maioria das palestras que lhe haviam proposto durante tantos anos. Então, depois de 1984, ela estava quase constantemente viajando.

Esta história começa no verão de 1991, quando Lily foi convidada a falar em Ohio. Ela escreveu àqueles que a convidaram para dizer que aceitava, e lhes deu detalhes de seu voo. Logo a seguir, foi para New Hampshire, onde ainda passou algum tempo no verão. Como partiu para New Hampshire logo após aceitar o convite, ela não recebeu as informações sobre o que fazer quando chegasse a Ohio. A correspondência que recebeu depois não as continha. De modo que ela não fazia ideia de quem iria buscá-la no aeroporto e onde ficaria hospedada em Ohio, nem qual era a localização exata de onde daria sua palestra. À medida que a data se aproximava, Lily começou a pensar nisso e se estressar. A seguir, ela recebeu um convite para ir a Portugal e dar uma palestra lá, não muito tempo antes da data em que iria para Ohio. Esse compromisso seria em Fátima, onde ocorreram as famosas visões da Virgem Maria em 1917. Lily foi para Lisboa, para Fátima, fez sua palestra e voltou para casa. Faltavam apenas alguns dias para ir a Ohio. Mas, ao voltar a seu apartamento em New Rochelle, ainda não havia chegado uma carta de confirmação do pessoal de Ohio que a convidara. Ela tinha um número de telefone, para o qual ligou diariamente ao longo das semanas, sem resposta. Começou a ficar frenética. Alguém a buscaria no aeroporto de Columbus? Será que não receberam a carta que ela enviara em junho?

A viagem de ida e volta para a Europa no fim do verão cansara a viúva de 68 anos. O fuso horário era o principal culpado. Ela normalmente ia de transporte público de sua casa ao aeroporto de LaGuardia para economizar dinheiro, mas, dessa vez, ela pensou que, dada a forma como estava se sentindo, seria mais prudente pegar um táxi. Lily não tinha carro, de modo que às vezes fazia de táxi os curtos trajetos de sua casa até o centro de New Rochelle. O homem que sempre a levava era o sr. Smith, um jamaicano. Ele trabalhava em uma empresa de táxi local, e era extremamente prestativo para com ela. Quando a levava ao aeroporto, o sr. Smith carregava a bagagem do apartamento para o táxi. Frágil e pequena como ela era, precisava desse tipo de ajuda. Pois bem, na manhã de sua viagem para Ohio, ela chamou o sr. Smith para levá-la ao aeroporto. Mas ele disse que não estava trabalhando nesse dia. Ele sabia quanto Lily dependia dele para fazer coisas que os outros motoristas não fariam, especialmente carregar sua bagagem, por isso, o sr. Smith disse que embora não a pudesse buscar com o táxi, ficaria feliz em buscá-la em seu próprio carro e levá-la ao aeroporto. Ele sempre a chamava de "madame".

— Madame, hoje é meu dia de folga, mas posso lhe fazer um favor e levá-la em meu próprio carro.

E assim fez.

Por conta da ansiedade nesse dia, Lily esqueceu seu cartão de crédito em casa. A caminho do aeroporto, ela ficou muito preocupada com o que aconteceria quando desembarcasse em Ohio. Ela não tinha muito dinheiro, e ainda tinha que pagar o táxi. Teria dinheiro suficiente quando desembarcasse em Ohio? E se ninguém estivesse no aeroporto para buscá-la?

Quando chegaram ao LaGuardia, Lily disse ao sr. Smith que lhe pagaria, naturalmente, a mesma quantia que pagaria se ele estivesse dirigindo seu táxi, mas que, a fim de ser reembolsada quando chegasse a Ohio, precisaria de um recibo. De modo que pediu ao sr. Smith que escrevesse em um pedaço de papel os detalhes da corrida, quanto ela pagou etc. Assim fez, e lá foi ela pegar seu avião.

Mas quando Lily estava esperando na fila do aeroporto, um policial enorme se aproximou dela e grosseiramente pediu para ver seu recibo do táxi. Ela naturalmente se surpreendeu com esse pedido, querendo saber de onde ele vinha e por que precisava do recibo. E lhe perguntou. Mas ele deixou claro que não estava para brincadeiras e novamente, com aspereza, pediu para ver o recibo. Sendo uma cidadã obediente à lei, Lily enfiou a mão na bolsa, pegou o recibo e o entregou a ele, ainda imaginando para que tudo aquilo. Uma vez satisfeito, o policial lhe devolveu o recibo e foi embora.

Mas durante todo o caminho até Ohio Lily não conseguia parar de pensar no que havia acontecido. Ela estava profundamente preocupada com aquilo. "O que foi que eu fiz?", ficava perguntando a si mesma. Ela também não tinha certeza de que seria recebida no aeroporto quando chegasse. Isso contribuiu para uma viagem desagradável. Quando chegou, ela foi recepcionada pelas pessoas que a haviam convidado. Eles haviam recebido a carta, afinal. Pois bem, ela fez sua palestra e voltou para casa. Mas assim que chegou a seu apartamento, ligou para o sr. Smith, antes de tirar o casaco. O sr. Smith atendeu ao telefone, ainda muito chateado com o que havia acontecido. Ele disse a ela que a polícia o havia detido na rua por uma hora no aeroporto e lhe dado uma intimação para que comparecesse ao tribunal em outubro. Disse que seria multado em 350 dólares por receber ilegalmente dinheiro em um veículo não autorizado, como havia feito, e ele provavelmente perderia sua carteira de habilitação por seis meses. O táxi era sua única fonte de renda.

Foi um duro golpe para Lily ouvir isso. Embora nada daquilo fosse culpa dela, repreendeu-se terrivelmente. A grande bondade daquela alma tão gentil para com ela levou-o a passar por esse sofrimento, que poderia muito bem arruiná-lo financeiramente. Perder sua única fonte de renda por meio ano era uma pena draconiana para alguém em circunstâncias econômicas já humildes. O sr. Smith lhe disse que ele devia comparecer ao tribunal no dia

15 de outubro, um mês depois, portanto. Por sua voz, dava para ver que ele estava apavorado. Lily lhe pediu que fosse a seu apartamento para poderem discutir o assunto pessoalmente. Uma vez lá, ficou claro que o homem estava de fato bastante abalado. Ele lhe mostrou o documento intimando-o a comparecer ao tribunal. O policial que exigira seu recibo naquele dia no aeroporto preenchera tudo. Mas o sr. Smith era obrigado a assinalar "culpado" ou "inocente", mas não o fizera. O homem parecia apavorado com tudo aquilo. Lily pegou o documento e assinalou "inocente" com um X bem grande, e o entregou de volta ao taxista. Ela estava chocada com a injustiça e disse ao sr. Smith, em termos inequívocos, que o acompanharia ao tribunal em 15 de outubro.

Assim que o sr. Smith deixou o apartamento, ela entrou em ação. Para ela, isso significava oração, em primeiro lugar. Ela escreveu cartas a dois grupos, pedindo suas orações para 15 de outubro. Um deles era o grupo de freiras conhecidas como Clarissas — que correspondiam à Ordem Franciscana. O outro era de monges em um mosteiro em Vermont, que havia sido fundado por um judeu que se tornara cristão por meio do falecido marido de Lily, Dietrich von Hildebrand. Muitos haviam se convertido à fé diretamente por meio de seu falecido marido, que no momento de sua morte tinha cerca de cem afilhados. O judeu, por exemplo, não só havia se convertido, mas também fundara um mosteiro em Vermont. Os cartusianos praticavam o voto de silêncio e viviam no topo do Monte Equinox, em Arlington, Vermont. Lily escreveu cartas para as irmãs e os irmãos, explicando que as orações eram desesperadamente necessárias para a situação.

Sozinha ela também orou constantemente. Sua propensão para se preocupar estava agora a mil, e ela perdeu o sono nas semanas anteriores à data. Dois dias antes, em 13 de outubro, ela recebeu um telefonema do sr. Smith. Ele disse que a audiência do tribunal havia sido adiada. Eles teriam que comparecer em 2 de janeiro. Lily escreveu novamente aos dois mosteiros, contando-lhes a nova situação e pedindo renovadas orações. A seguir, no final de dezembro, o sr. Smith ligou novamente. Novamente a data havia sido adiada. Não seria mais 2 de janeiro, e sim 13 de março. Então, novamente Lily escreveu duas cartas, mais uma vez pedindo que as orações não parassem, e continuassem por mais dois meses.

Em 20 de janeiro, Lily recebeu o telefonema de um estranho. O homem disse que era um grande admirador da obra de seu falecido marido e dela também. Ele a havia visto na TV diversas vezes e esperava que ela aceitasse seu convite para um almoço. Pouco tempo depois, ela o encontrou em um restaurante no centro de New Rochelle. Depois de se cumprimentarem, Lily ficou emocionada ao saber que esse homem era chefe de polícia de todos os arredores de New Rochelle. Ela logo lhe contou sua aflição, esperando que ele pudesse ajudá-la. Mas, em vez disso, o homem lhe mostrou um quadro sombrio da situação. Disse que havia grandes problemas com os "táxis clandestinos" que levavam as pessoas ao aeroporto sem licença, e deviam ser punidos. Não havia nada que ele pudesse fazer. Disse que não só esse homem seria multado em 350 dólares, como também muito provavelmente perderia sua licença por seis meses. Qualquer que houvesse sido a esperança de intervenção divina por meio desse estranho que a convidara para almoçar, foi frustrada. No momento em que se despediram, suas perspectivas do dia 13 de março eram muito mais sombrias do que antes de se sentarem à mesa.

Poucos dias antes da data temida, o sr. Smith lhe ligou novamente. Disse a Lily que o tribunal mais uma vez havia adiado a data. A nova era 16 de maio. Lily mal podia acreditar no que ouvia, mas novamente contatou as duas ordens sagradas e lhes disse que deviam continuar com as orações, informando-os sobre a nova data. Essa foi sua quarta carta sobre o assunto para os dois locais. Em todos esses meses ela continuou perdendo o sono por aquilo e havia feito inúmeras orações. Na semana antes do dia 16, no entanto, Lily adoeceu. Sua agenda de palestras havia sido exaustiva. Ela devia dar uma palestra na Universidade de Notre Dame e depois iria direto para Dallas para dar outra. Mas, primeiro, teve que ir para a Califórnia para dar uma palestra lá. Quando voltou da Califórnia, no entanto, estava tão exausta que adoeceu e teve que cancelar as palestras de Notre Dame e Dallas. Sua irmã mais nova, que vivia na Europa, havia planejado ir visitá-la, mas Lily lhe pediu que fosse mais cedo para cuidar dela, o que a irmã fez. Perto do dia 16 ela continuava mal, e quando a manhã desse dia de maio chegou, a irmã de Lily viu que ela estava doente demais para ir ao tribunal, e lhe disse isso. Mas Lily não seria dissuadida.

— Viva ou morta — disse ela à irmã — eu tenho que ir! Preciso defender esse homem!

Pois bem, ela se preparou para ir. Pouco antes de deixar o apartamento, descer e encontrar o sr. Smith, que iria de carro com ela ao tribunal, ela fez algo que nunca havia feito antes. Entrou em seu quarto e falou com firmeza e bastante alto para o retrato de seu falecido marido, que, havia catorze anos, partira deste mundo. Como todos os cristãos, ela acreditava que aqueles que são aceitos no seio de Deus na morte nunca morrem. Os católicos acreditam que é permitido — e aconselhável — falar com aqueles que partiram, especialmente com os considerados santos, e pedir sua ajuda. Lily fazia isso o tempo todo, mas nunca havia falado com a alma de seu marido dessa forma.

— Você me amou, ajudou e defendeu a vida toda — disse ela —, mas agora, *hoje*, tem que me provar que está no céu. Você tem que me ajudar!

Ele havia sido seu grande protetor durante a vida, de modo que ela continuou suplicando enfaticamente:

— Se você ainda é meu marido, peço que me ajude hoje como fez tantas vezes na vida. Mas você tem que fazer isso hoje, *hoje*!

Depois, girou seus calcanhares e desceu para encontrar o sr. Smith em seu velho carro maltratado. O trajeto levou mais de uma hora. Durante todo o caminho, Lily continuou a orar desesperadamente. Uma de suas orações dessa viagem foi para que Deus os favorecesse, enviando-os um juiz negro.

Quando por fim chegaram ao tribunal, viram um quadro-negro enorme listando os cinco juízes que presidiam a corte naquele dia, com os números de seus tribunais. Lily viu que o sr. Smith estava no tribunal três. Enquanto caminhavam para lá, Lily continuou rezando para que o juiz fosse um homem negro.

Mas, assim que entraram, Lily viu que o juiz era branco. "Este foi o primeiro golpe", disse ela. Eles se sentaram nos fundos e viram que eram os últimos da lista de cerca de doze casos daquela tarde. Lily notou que a atitude do juiz era notadamente desagradável. Depois que ouvia cada caso levado a sua presença, sem sequer erguer os olhos, o mais duro que podia, ele rispidamente pronunciava: "Culpado, culpado, culpado!". Vê-lo em ação foi assustador.

Conforme os casos passavam e sua hora se aproximava, Lily insistia com o sr. Smith, sem parar, quanto ao que exatamente ele devia dizer. Ela disse que era um caso muito simples e que tudo que precisava fazer era dizer a verdade. Devia explicar que não pediu pagamento, que estava simplesmente fazendo um favor para uma idosa porque ele sabia que ela precisava de ajuda para carregar a bagagem e outro motorista de táxi não faria isso. Ele devia deixar claro que não esperava receber, mas que ela havia insistido, o que era verdade. Quando ela dizia essas coisas sem parar, o sr. Smith dizia: "Sim, madame. Sim, madame", indicando que havia entendido. Ela analisou os fatos com ele por cerca de quarenta minutos.

Por fim chegou a hora deles. O último caso do dia.

— Sr. Smith!

Aproximaram-se do banco, e Lily viu que o sr. Smith estava literalmente tremendo de medo. A injustiça de tudo aquilo era um ultraje para ela. A ideia de que um homem simples, sem instrução como esse, tinha que se submeter a essa situação indizivelmente humilhante fez seu sangue ferver. O policial que rudemente exigira seu recibo no aeroporto nove meses antes estava lá, e deu primeiro sua versão da história. A seguir, o juiz perguntou:

— Mr. Smith, o que tem a dizer em seu favor?

Mas o sr. Smith tremia e enrolava a língua.

— Meritíssimo — disse ele — ela é uma senhora imensamente simpática...

O juiz logo se impacientou com o sr. Smith.

— Tudo bem, sr. Smith — disse com desdém —, mas isso não é resposta! O que tem a dizer em seu favor?

Ainda assim, o sr. Smith quase não conseguia falar de medo.

— Ela é uma das senhoras mais legais que eu já conheci na vida — disse ele.

O juiz deixou claro que não tinha tempo para esse absurdo.

— Sr. Smith — disse severamente. — Esta é sua última chance. O que tem a dizer em seu favor?

Mas, a essa altura, o sr. Smith foi incapaz de dizer muita coisa.

— Nada — respondeu ele humildemente, quase em lágrimas. — Nada...

Em seu grande medo, ele havia esquecido tudo que ouvira.

Lily então fez uma pequena oração, e a seguir, perguntou ao juiz se ela podia falar. O juiz perguntou rispidamente seu nome, endereço, número de telefone e profissão. E então lhe perguntou:

— Jura dizer a verdade, toda a verdade e nada mais que a verdade, com a ajuda de Deus?

Ela jurou.

Após esse preâmbulo, Lily disse ao juiz os simples fatos. Deixou claro que o sr. Smith não havia pedido dinheiro, que estava lhe fazendo um favor porque sabia que ela precisava de ajuda com a bagagem, e sabia que não poderia contar com os outros taxistas. Ela também deixou claro que só lhe pagara porque quisera, não porque ele esperava ser pago, e disse que só pediu recibo porque seria reembolsada quando chegasse a Ohio, visto que havia esquecido seu cartão de crédito em casa. Isso era tudo.

Depois que ela terminou, o juiz disse:

— Caso encerrado.

Foi um momento deslumbrante.

O policial ficou muito descontente com o veredicto e saiu da sala contrariado. Quanto ao sr. Smith, ele foi quase levado às lágrimas. Olhou para Lily com enorme adoração, incrédulo por, após oito meses de agonia, ter por fim saído ileso daquilo. Um instante depois, ele também deixou a sala em silêncio. Lily sabia que ele estava indo para a garagem para pegar o carro.

De repente Lily estava a sós com o juiz. Ele falou:

— Von Hildebrand... Von Hildebrand... A senhora tem algum parentesco com Dietrich von Hildebrand?

Obviamente, isso foi imensamente surpreendente de ouvir nesse contexto.

— Sim, meritíssimo — respondeu Lily, espantada. — Sou viúva dele.

O juiz se levantou e desceu de seu banco para ficar perto dela.

— A senhora é a viúva... — disse ele, parecendo maravilhado com a coincidência. — Sabe, anos e anos e anos atrás, eu assistia às palestras dele em seu apartamento em Manhattan, na Central Park West.

Lily se deu conta de que isso devia ter sido no início dos anos 1940. Durante anos, seu marido dera palestras políticas contra o nazismo e o comunismo, e também palestras religiosas sobre Deus e a Igreja; mas parou de falar de religião em 1945. Lily achou que o juiz era judeu, e de fato era, de modo que concluiu que ele havia assistido às palestras políticas de seu falecido marido, e não as religiosas, e disse isso.

— Não — disse o juiz — foram suas palestras litúrgicas. Na verdade, eu conheci minha esposa em seu apartamento.

E então, de repente, inexplicavelmente, o juiz começou a soluçar.

Lily disse que ele não estava chorando, e sim soluçando descontroladamente. Ele cobriu o rosto com o braço e continuou a chorar, ali parado. Lily não sabia o que fazer com ele. Então, colocou o braço nos ombros dele para confortá-lo, e disse:

— Meritíssimo, o senhor tem lembranças tristes de meu marido?

— Não, não — disse ele em meio aos soluços, aparentemente incapaz de falar uma palavra sequer.

Lily soube que Deus estivera de alguma forma trabalhando em todo esse processo.

— Meritíssimo — prosseguiu —, nos últimos oito meses eu tenho estado agoniada por causa desse caso. Por causa da minha estupidez ao não explicar adequadamente as coisas ao policial, coloquei esse homem bom e completamente inocente nessa terrível situação, pondo em risco sua subsistência. Mas agora vejo claramente que a providência de Deus permitiu isso para que eu tivesse a alegria de conhecê-lo. Eu gostaria muito de manter contato com o senhor. Poderia me dar seu nome e endereço?

O juiz, ainda soluçando, consentiu, e depois, calmamente, deixou a sala. Lily esperou sozinha por cerca de cinco minutos, após os quais o juiz voltou de seu gabinete, já sem a toga. Ele entregou a Lily seu cartão de visita. E então, apoiou o braço na parede e continuou soluçando, com o rosto enterrado nele.

O sr. Smith foi o último caso do dia, de modo que ninguém entrou na sala do tribunal enquanto isso tudo estava acontecendo. Mas como o juiz continuava a chorar apoiado no braço, Lily achou que talvez devesse sair, de modo que se despediu e foi embora.

Lá embaixo ela encontrou o sr. Smith esperando em seu carro judiado. O alívio que ele sentiu por conta do veredicto tão ansiado era visível. Quando ela entrou no carro, ele disse:

— Eu oro por pela madame todos os dias... Mas você sabe, você sabe... Você *deveria* ter sido advogada!

Quando Lily chegou a casa naquela tarde, pegou sua correspondência e viu uma carta das freiras. Dizia que no dia da audiência perante o juiz todos estariam de joelhos orando. Lily entrou no quarto e falou com a fotografia de seu falecido marido.

— Agora eu sei — disse apaixonada e enfaticamente — sei que você ainda me ama e me protege!

Ela sabia que a alma imortal de seu marido, de alguma forma, agira em seu nome. Ela sabia que ele estava vivo, e não apenas vivo em um sentido vago, mas vivo e capaz de ouvi-la, *ele mesmo*. Ele não era "uno com o cosmo", como algumas religiões afirmam, mas era Dietrich von Hildebrand, vivo em glória, e agora parte dessa "grande nuvem de testemunho" da qual o autor aos Hebreus escreve. Foi uma experiência extremamente comovente para ela. Lily disse que "algo incrível aconteceu. Eu estava viúva havia catorze anos. Mas de repente, de uma forma misteriosa que não posso explicar, eu não me sentia mais assim".

Quando ela contou essa história a diferentes pessoas logo depois, algumas se recusaram a acreditar que um juiz pudesse chorar daquele jeito em seu tribunal. Era tão absurdo, completamente impensável. Mas a maioria das pessoas que ouviu a história acreditou e pediu a Lily que entrasse em contato com o juiz. Sentiam, como ela, que devia haver um propósito maior para tudo o que havia acontecido. Assim, cerca de uma semana após a data do julgamento, Lily ligou para o número de telefone no cartão. Uma mulher atendeu.

— Quem fala?— perguntou ela com uma voz não muito amigável.

Lily explicou, e em poucos instantes o juiz pegou o telefone. Mas estava muito reservado e pouco à vontade. Ele deixou claro com suas respostas que não estava interessado em continuar a conversa. Depois de algumas semanas, Lily ligou novamente. Ela logo daria uma palestra em Nova York e achou que poderia ser uma nova chance para que ela e o juiz se encontrassem. Mas, novamente, ele estava frio, dizendo que não estaria disponível. Lily ligou uma terceira e última vez, sem resultados.

Então, uma amiga sugeriu como fazer para que o juiz falasse com ela, e, talvez, revelasse o que estava por traz do imenso sofrimento que ele havia expressado com seu pranto naquela tarde em sua sala de audiências vazia. Lily estava escrevendo um livro sobre seu marido, e solicitaria pensamentos e lembranças de pessoas que o conheceram ao longo dos anos. Pois bem, ela escreveu uma carta ao juiz explicando isso. Mas não teve retorno.

USS WASHINGTON, JUNHO DE 1940

A última vez que Alice von Hildebrand foi minha convidada no *Socrates in the City* foi em novembro de 2013, no Union League Club. Depois, houve o habitual jantar dos nossos patronos na linda Biblioteca Lincoln, com seus painéis de madeira, no clube. Ali, Lily compartilhou uma história extraordinária. Foi o que aconteceu com ela em 1940, quando tinha dezessete anos, a bordo do transatlântico *Washington*, que cruzava o Atlântico rumo à América.

Lily cresceu na Bélgica, filha de pais católicos devotos. Em 1940, os exércitos de Hitler estavam se aproximando do leste, então, sabendo que a vida das duas filhas estava em perigo, os pais dela arranjaram-lhes passagens para a América, onde um parente havia concordado em abrigá-las. Era 8 de junho quando Lily e sua irmã, Marie-Helene, embarcaram no *Washington* em Le Verdon. O navio primeiro atravessou o tempestuoso Golfo de Gascogne e Lily ficou muito enjoada. No dia 10 chegaram a Lisboa, e todo esse dia passaram ancorados na costa de Lisboa, enquanto dezenas de pessoas eram transportadas a bordo, todas fugindo da guerra.

Lily me disse que o navio normalmente acomodava mil pessoas, mas, por causa da situação de emergência extrema de conseguir tirar tantos da Europa, levaram 2 mil. Ela lembrou que os salões de baile do navio foram transformados em dormitórios.

Uma noite, Lily foi acordada por gritos e barulho. Era 4h45. Ela saiu da cama e abriu a porta para o corredor para ver o que estava acontecendo e viu pessoas correndo caoticamente, vestindo coletes salva-vidas. Ela rapidamente acordou Marie-Helene e os dois outros em sua cabine. (Era uma cabine dupla de primeira classe, mas por causa da necessidade de espaço, acomodava quatro passageiros.) Eles se vestiram com uma pressa louca. Lily lembrou que usava um vestido de algodão de bolinhas. Ela pegou sua bolsa e saíram para o caos e estrépito do corredor. Estavam indo para o convés, onde se encontravam os botes salva-vidas, mas Lily tinha pavor de perder sua irmã no meio da multidão que se acotovelava sem parar, de modo que enroscou seu braço no dela com força e não a soltou. Com sua imensa capacidade de memória, Alice disse a Marie-Helene que o salva-vidas que lhes fora atribuído era o de número 10. Ela ainda lembrava onde estava. Mas quando chegaram lá em meio ao imenso caos, viram que já estava lotado. Ninguém mais pôde subir a bordo.

Enquanto estavam ali paradas no convés perto do bote salva-vidas cheio, ouviam o capitão falando, mas nenhuma das duas sabia inglês suficiente para entender. Um homem próximo que sabia francês traduziu, prestativo, o que o capitão havia acabado de dizer. Parecia que o navio havia sido parado por um submarino alemão. Os alemães haviam informado ao capitão que os passageiros tinham exatamente uma hora para entrar nos botes salva-vidas e abandonar o navio, após o que eles o torpedeariam. Enormes navios de passageiros como esse poderiam eventualmente ser usados pelos Aliados para a guerra, de modo que os alemães planejavam destruir o maior número possível. Todos deviam sair imediatamente do navio ou afundariam com ele. Mas o bote salva-vidas número 10 já estava cheio.

Era compreensível que um transatlântico construído para mil passageiros tivesse botes salva-vidas para esse número. De modo que não havia outra maneira de acomodar todos os 2 mil, pelo menos não sem pôr em risco a vida das pessoas já nos botes. Lily e sua irmã chegaram tarde demais. Naquele momento, disse Lily, ela percebeu que não havia escapatória; estavam condenadas. Estava bem convicta de que enfrentava a morte. Quando essa soturna realidade se estabeleceu em sua mente, Lily voltou o rosto para o mar. E quando olhou para o vasto oceano Atlântico, experimentou algo transcendente e milagroso. "Em um milésimo de segundo", ela me disse enfática e exatamente, "eu vi toda minha vida passar diante de mim!" Aquilo que aconteceu com inúmeras almas — e o que muitas vezes se ouve como um clichê — literalmente aconteceu com Lily naquele momento. Foi um momento proverbial eterno. O tempo de repente havia sido totalmente transcendido e por um instante infinitamente pequeno, ela entrou na eternidade atemporal. De alguma forma, naquele momento, ela viu toda sua vida passar diante de seus olhos nos mínimos detalhes. Ela disse que via cada coisa que fizera e tudo que havia deixado de fazer; viu o que não deveria ter feito, e também tudo que havia desejado. E então, acabou. Mas, quando acabou, disse ela, sabia que ao passar por aquele momento havia sido transportada da juventude à maturidade. Um momento antes ela era uma menina, e agora, uma mulher, e tudo havia acontecido naquela mínima fração de segundo. Lily ficou ali no navio atônita, sem palavras. A experiência foi tão extraordinária e tão absolutamente sagrada que ela ficou lá e não disse nada. De fato, levou muitos anos para que a compartilhasse com alguém. Era um segredo profundo e santo, ela disse, sobre o qual devia refletir em seu coração.*

Mas enquanto estava parada no convés do navio naquela hora mais que angustiante, preparada para entrar para sempre na eternidade, Lily reviveu a

* Ela nos contou ao redor da mesa do jantar que teve três experiências como essa na vida, e cada uma foi tão santa e tão sagrada que simplesmente sentia que não a poderia compartilhar. Era íntimo demais para expô-las. De fato, ela disse que só anos depois de estar casada, e mais de 25 anos depois de ter acontecido, por fim foi capaz de recontar a experiência com seu amado marido, Dietrich.

visão extraordinária em sua mente mais e mais. Deus lhe havia revelado algo e a havia mudado para sempre. No final daquela terrível hora, Lily e todos os outros souberam que, de alguma forma, o submarino alemão havia mudado de ideia. O *Washington* não seria levado para o fundo do Atlântico, e Lily viveria além dos seus dezessete anos, afinal. Após essa indescritivelmente boa notícia o navio levou muito tempo para começar a se mover novamente, mas acabou retomando sua jornada, levando-a para Nova York, onde ela viveu estes últimos 74 anos. Ela disse que a experiência a convenceu de que, no final da vida das pessoas, pode haver esperança para aqueles que ainda não fizeram as pazes com Deus, e que assim como Ele lhe dera a visão de sua vida, pode, em sua misericórdia, dar a outros essa última oportunidade de ver a totalidade de sua vida e se arrepender, voltar-se no fim para Ele e dizer: "Perdão".

Um comentário final: a história de Lily me fez lembrar as palavras do apóstolo Paulo em sua segunda carta à igreja em Corinto. Ele diz que vai discutir algumas "visões e revelações do Senhor", e a seguir, refere-se a alguém que ele sabe que catorze anos antes havia visitado o céu, onde "ouviu coisas indizíveis, coisas que ao homem não é permitido falar". É comum pensar que Paulo modestamente se referia a uma experiência que ele mesmo havia tido. Se é esse o caso, não importa. O que importa é a ideia de que algumas coisas são tão sagradas que não podem suportar a revelação. Porque vivemos em uma cultura na qual o mistério perdeu o valor, onde esconder algo é muitas vezes visto como meramente repressivo; não entendemos a ideia do "sagrado". Parece que aceitamos a ideia em voga de que todas as coisas antes consideradas sagradas e misteriosas — a sexualidade principalmente — devem ser libertadas de seu mistério e "santidade". Mas na maioria das culturas ao longo da história, o oposto foi verdadeiro. A maioria das culturas mostra uma forte reverência perante o sagrado, que oculta com profunda reverência e respeito.

ALÉM DA MORTE

Houve recentemente uma enxurrada de livros sobre pessoas que vão para o paraíso, pessoas que aparentemente escorregaram dos laços da terra e voaram para o outro mundo, e depois voltaram para nos contar. Essa é uma afirmação surpreendente, mas esses relatos não se deparam com ficções fantasiosas. O que devemos fazer com eles? Um desses relatos, do livro *O céu é de verdade* — que até virou filme — é sobre um menino de quatro anos que parece ter visitado o céu. Nos meses seguintes, ele conta a seus pais muitas coisas extraordinárias que eles sabem ser verdadeiras e que ele não poderia ter inventado. Curiosamente, as três histórias além dessa que vêm à mente quando se fala nesse assunto são todas contadas por médicos. Um dos livros, intitulado *Fui ao céu e voltei*, conta a história de uma cirurgiã ortopédica que morre em um terrível acidente de caiaque. Outro, intitulado *Uma prova do céu*, narra a história de um neurocirurgião que morre e retorna. E, por fim, *Raising the Dead: A Doctor Encounters the Miraculous* [Levantando os mortos: um médico encontra o milagroso] descreve a história de um cirurgião cardíaco de Palm Beach cuja oração por um cadáver trouxe o homem de volta à vida.

Na verdade, visitar o céu é o tipo de milagre que faz coisas como curas parecerem quase banais. Quando pensei em escrever este livro, lembrei-me dos relatos de milagres que eu havia ouvido de muitos amigos, mas não sabia de ninguém que afirmasse ter visitado o céu. Mas enquanto escrevia este livro, fiz uma viagem para Grand Rapids, e lá, em uma reunião na casa de minha amiga Sharon, conheci um homem que havia realmente visitado o céu. O nome dele é Andrew DeVries, e ele é um talentoso oficial regional do Calvin College; mas à época de sua história, ele era professor lá. Ao falar com ele, percebi que já conhecia sua esposa, Kay. Ela e eu havíamos nos conhecido em uma turnê Bonhoeffer que fiz em Berlim há dois anos, quando ela, Sharon e outros amigos me acompanharam a todos os locais relacionados a Bonhoeffer. Kay havia mencionado seu marido para mim, claro, mas não sua história incrível. Mas então, ali estava eu ouvindo-a do próprio homem.

Devo dizer que, como quase todos em Grand Rapids — pelo menos assim me parece —, Andy é holandês, e como todos os holandeses, ele é alto e louro. Mas, ao contrário de todos os outros que já conheci, ele já visitou o céu e voltou para nos contar. Não lembro como isso surgiu em nossa conversa, mas assim que ele começou a me narrar a história, eu soube que tinha que entrar neste livro.

A história começa com um horrível acidente de moto. Em 2002, Andy foi fazer uma viagem de moto com um amigo, Jene Vredevoogd, que é, naturalmente, holandês. Estavam viajando por Holland, Michigan, que é ainda mais holandês que Grand Rapids, seguindo para o leste pela Rua 32, quando uma mulher de 84 anos passou um sinal vermelho na Rodovia 31. Seu para-choque esmagou a perna de Andy contra o motor da motocicleta, quase a pulverizando. Quebrou em mais de quarenta lugares, e o carro o atingiu com tanta força que quase toda a carne foi separada do osso. Foi medonho. Se Andy sobrevivesse — o que era bastante improvável —, provavelmente perderia a perna.

Antes do acidente, Andy havia sido um atleta bem-sucedido. Ele praticou muitos esportes, mas jogava vôlei especialmente bem, e fazia parte de um time que vencera o USA Open de Voleibol em 2000, o que o levou a tentar entrar em um time que representa os Estados de Michigan e Indiana nos Jogos Olímpicos de 2002. De fato, o teste fora apenas duas semanas antes desse acidente.

Andy recordou os momentos seguintes ao terrível acidente. Disse que ficou voando pelo ar, aparentemente suspenso no tempo. O tempo pareceu parar e ele se sentiu tranquilo, e a seguir, tudo se acelerou quando seu ombro direito se esmagou no para-brisa do carro. Ele ricocheteou no capô e caiu no chão, e o carro passou por cima de sua outra perna. Seu amigo Jene, pensando rápido, imediatamente posicionou sua motocicleta para bloquear o trânsito e chamou o resgate. A ambulância chegou bem rápido, mas quando os paramédicos se preparavam para levar Andy para a ambulância, Jene se opôs. Temendo que o amigo houvesse sofrido um trauma na cabeça, ele insistiu para que usassem uma maca para transportá-lo. Assim fizeram, e Andy agora acredita que isso possa ter salvado sua vida.

Quando chegaram ao hospital em Holland, os médicos não estavam preparados para tratar os extensos e graves ferimentos de Andy, de modo que ele foi imediatamente levado de helicóptero para o Spectrum Hospital em Grand Rapids. Lá, um dos melhores cirurgiões ortopédicos o esperava. Seria preciso um excelente cirurgião para lidar com a situação. A maioria dos ligamentos em volta do joelho de Andy havia sido rompida, por isso, sua rótula estava, literalmente, perto do quadril. Na sala de emergência naquela noite, eles reconstituíram o joelho e puxaram para baixo os ligamentos de sua virilha para recolocá-lo. Um pino de titânio foi inserido para manter tudo no lugar.

Quatro dias após o acidente, os médicos ficaram surpresos ao ver que a perna ainda estava "viva", sem qualquer veia que fornecesse o fluxo de sangue. Alguns capilares eram a única fonte de sangue. Mas isso foi se tornando cada vez mais insuficiente, e tiveram que marcar a amputação. Mas, quando chegou a hora da amputação, algo estranho aconteceu. O ortopedista levou Andy para a cirurgia e o colocou na mesa. O médico marcou onde devia cortar e apoiou a serra na perna de Andy, para começar. Mas, por algum motivo, ele não conseguiu cortá-la. Ele não sabia exatamente por que não podia, mas mesmo depois de ter chegado tão longe, parou. Não podia continuar. Em sua cabeça, ele argumentou que certamente poderia cortar a perna no dia seguinte, se fosse necessário, ou no seguinte, mas uma vez que fosse amputada, certamente nunca poderia recolocá-la. Assim, o médico cancelou a cirurgia, e por enquanto a perna permaneceu ligada ao corpo de Andy.

Mas depois dessa quase amputação houve semanas e semanas de cirurgias, a maioria delas destinada a salvar a perna. Para Andy, eram momentos de dor sem fim. Ele disse que seu dedo estava quase colado no botão que acionava a bomba de morfina. A noite toda sentia dor, de modo que nunca dormia bem, e quando adormecia, tinha flashbacks horríveis do acidente. A dor e as cirurgias não pareciam acabar, e era quase impossível ter esperança. Alguns amigos lhe levaram fones de ouvido e alguns CDs contendo uma combinação de hinos evangélicos sulistas que Andy havia aprendido com seus avós, e outros que ele havia cantado no coro. Ele nunca na vida se sentira tão impotente. Andy era um homem de grande fé, e durante esse período, encontrou-se pensando mais e mais em Jesus e no que Ele havia sofrido por ele na cruz. Muitas vezes Andy chorava copiosamente enquanto pensava nisso. Muitas visitas pensavam que o choro era de dor e ansiedade, mas a maior parte desse tempo, lembra Andy, ele sentia gratidão pelo que Deus havia feito por ele, e por Sua proximidade durante essa longa provação.

Com o tempo, pequenas melhoras ocorreram, mas cirurgias adicionais ainda foram necessárias. O gastroenterologista disse que o fígado de Andy não estava forte o suficiente para aguentar a anestesia, de modo que a perna de Andy tinha que ser amputada o mais rápido possível. Ele sabia que havia poucas esperanças de mantê-la, de qualquer maneira, e adiar a amputação estava comprometendo sua capacidade de sobreviver. Mas, por enquanto, o conselho do gastroenterologista não foi seguido; eles iam tentar outras coisas, e ainda esperavam poder salvar a perna.

Um dos procedimentos foi um enxerto de pele da perna saudável de Andy. Mas, logo após, seu corpo começou a reter líquidos de tal forma que seu peso subiu para mais de 125 quilos. Então sua pele ficou preta, um sinal especialmente ruim. Nesse ponto, os médicos decidiram por um tratamento chamado desbridamento, no qual o tecido desvitalizado é continuamente removido, a fim de aumentar o potencial de cura.

Apesar de todos esses esforços heroicos, a situação era inegavelmente desoladora. Sua saúde geral ainda era ruim e não melhorava. O informe oficial do hospital durante esse tempo era que ele estava em "estado grave", mas inúmeras vezes as coisas pioraram. Andy, todavia, sempre parecia recuar da beira do abismo. Então, um dia, os médicos viram as coisas tomando um rumo especialmente ruim, e tinham certeza de que ele não ia se recuperar. Sugeriram que a família devia se reunir. Naquele momento o filho de Andy estava no Grand Canyon, como parte de um curso que ele fazia no Calvin College. A faculdade arranjou tudo para mandá-lo para casa. A filha de Andy lecionava na Flórida, e foi para Michigan também.

Quando por fim todos estavam reunidos no hospital, ao redor de sua cama, Andy estava inconsciente e não sabia da presença deles. Mas enquanto

Kay e seus filhos estavam lá e seu estado de saúde piorava, Andy teve o que ele mais tarde entendeu como um vislumbre vívido do paraíso.

Ele se encontrou de repente em um lugar diferente. Lembra-se de olhar para um vasto campo panorâmico. Ele diz que foi o lugar mais bonito, calmo, sereno e vívido que jamais havia visto. Havia árvores, flores e fauna, mas tudo o que ele via tinha cores pálidas. O próprio céu tinha uma cor pálida. A seguir, as cores começaram a se aprofundar cada vez mais, até que se tornaram as cores mais vibrantes que ele jamais poderia imaginar. Era tudo tão visualmente deslumbrante que ele podia até ver os detalhes da casca das árvores. As flores silvestres tinham todas as cores imagináveis, amarelos, laranja, violeta, e o céu parecia azulejado de azul. Um vento fez as flores silvestres do prado se ondularem como o mar. Era tudo muito bonito.

Andy notou uma figura na borda do campo. Parecia um espantalho ou um esqueleto, e ele saiu do canto e se dirigiu ao meio do campo. Conforme se aproximava, os ossos começaram a ganhar carne e a musculatura se tornou pronunciada. E a figura estava pulando. Andy disse que em todos os seus anos de ensino, ele aprendera que pular é a forma de movimento que quase sempre expressa felicidade. É muito raro que alguém pule sem ter um sorriso no rosto. O homem — Andy agora via que era um homem — pulava enquanto andava pelo lugar. Conforme o homem se aproximava, Andy viu que usava o tipo de roupa que ele mesmo usara anos antes. Usava uma calça Levi's, uma camiseta de gola careca com listras azuis e brancas e docksiders. Seu rosto estava radiante de alegria. Quando ele chegou mais perto, Andy pôde ver as feições do homem. Seu rosto lhe parecia familiar. Então, percebeu que estava olhando para si mesmo. Ele estava se vendo no céu. Pelo breve período em que tudo isso aconteceu, Andy lembra que não sentiu nenhuma dor, só alegria. Ele não deixara de sentir dor durante muitas semanas. Então, de repente, o momento celeste se quebrou e Andy sentiu um puxão no tornozelo.

"Pai! Pai!", a voz chamou. Era a voz do filho de Andy, Drew. Mas Andy não queria nem pensar em deixar aquele lugar glorioso, pacífico e alegre. Em sua mente Andy gritou: "Não!". Mas então, as cores desbotaram, ficaram de novo pálidas. Um túnel branco surgiu e Andy foi "sugado" por ele de volta a sua cama de hospital e sua dor. Andy ficou extremamente chateado por deixar aquele lugar que ele sabia ser o céu, mas, por alguma razão, havia voltado. Desnecessário dizer que ele não morreu.

Mas a experiência o afetou tanto que ele não tem absolutamente nenhum medo da morte desde que aconteceu. Na verdade, é o contrário. Ele diz que olha para a frente com grande expectativa, sabendo que Deus tem algo lindo e maravilhoso planejado para ele. Diz que a experiência mudou radicalmente sua vida.

Poucos meses depois de tudo isso, Andy por fim saiu do hospital e fez um esforço heroico para retomar sua carreira de professor no Calvin College. Ele estava em sua cadeira de rodas, tentando manobrar para passar por uma porta, todo enrolado, quando um capelão assistente viu sua situação. Ele se apressou a ajudar Andy a passar pela porta e disse que não podia acreditar que ele estava de volta à escola. Perguntou se Andy conseguia se lembrar de quando o cirurgião decidira não cortar sua perna. Andy lembrava, e disse ao homem a hora e o local da cirurgia. O capelão olhou para Andy.

— Você sabe o que estava acontecendo no campus nesse momento? — perguntou.

Andy não sabia a que ele estava se referindo. O capelão disse que naquele exato momento uma vigília de oração por sua vida e sua perna acontecia na capela. Centenas de pessoas que conheciam sua situação estavam orando por ele naquele momento.

O médico que havia levado Andy para a cirurgia — o mesmo que segurou a serra na perna de Andy — disse-lhe mais tarde que foi como se ele "não tivesse força para puxar a serra". Disse que algo o impediu de iniciar o movimento de corte. É claro que nem ele nem Andy sabiam sobre as centenas de pessoas que naquele momento oravam pela perna. Naquela noite, no apartamento de Sharon em Grand Rapids, eu vi sua perna com meus próprios olhos. Ainda é dele, tantos anos depois.

O PODER DE DEUS

Meu amigo Brad Stine é um comediante profissional. Em um perfil sobre ele no *The New Yorker*, disseram que tem um estilo de comédia "frenético, agressivo e cáustico, com ecos de Robin Williams, Sam Kinison e George Carlin, que é seu herói comediante".

Brad foi criado como cristão, mas, como tantos outros, ele nunca entendeu por que Deus não parecia se comportar hoje da mesma maneira que se comportou durante os momentos em que a Bíblia fora escrita. Ele acreditava nos eventos da Bíblia, como a abertura do mar Vermelho, os milagres dos pães e dos peixes, as curas que Jesus fez, sua ressurreição dos mortos e tudo o mais. Mas por que essas coisas não aconteciam em sua vida, onde ele as podia ver? Onde estava o Deus que havia feito essas coisas, e que ele sabia que existia?

Brad ouvira muitas vezes as pessoas se referirem a coisas como milagres, como quando alguém sobrevivia ao que poderia ter sido um acidente de carro fatal, mas ele se perguntava como poderíamos saber se essas coisas não eram apenas coincidências. O que faz de algo um milagre? Brad lembrava as histórias incríveis do livro Atos dos Apóstolos, como quando Paulo e seu companheiro de ministério Silas são libertados de suas correntes enquanto o carcereiro dormia nas proximidades. Isso era um milagre. Isso não podia simplesmente "acontecer". Se aconteceu, não havia dúvida de que não era uma coincidência. Mas Brad imaginava se todos os amigos de Silas e Paulo acreditaram neles quando contaram essa e outras histórias incríveis. Talvez alguns de seus amigos tenham sido céticos, assim como nós seríamos se ouvíssemos histórias surpreendentes como essas de nossos próprios amigos.

Parte da razão de Brad se perguntar como algumas pessoas na Bíblia eram vistas pela gente ao seu redor quando falavam de acontecimentos milagrosos é porque algo aconteceu com ele que ninguém mais poderia corroborar. É sua palavra contra o mundo, por assim dizer. Por que alguém deveria acreditar em sua história? No entanto, ele sabe que é verdade.

A título de informação, Brad cresceu na década de 1970 em uma igreja de teologia conservadora. Brad aderira completamente aos seus ensinamentos e ele próprio era muito legalista e rígido. Suas próprias crenças e seu ambiente da igreja não incentivavam pessoas a compartilhar relatos de milagres sobrenaturais. Mas havia muitas outras igrejas que floresciam na Califórnia na década de 1970 onde tais coisas eram mais aceitas. Quando Brad tinha vinte e poucos anos, vivenciou pela primeira vez um pouco dessas "outras" igrejas por meio do ministério de John Wimber. Wimber havia sido arranjador musical dos Righteous Brothers, mas quando Brad o conheceu, ele era líder do movimento religioso de crescimento incrivelmente veloz Vineyard, que era conhecido por sua abertura ao "milagroso".

Brad gostou do que viu lá e lentamente derivou naquela direção, frequentando uma igreja "carismática" todos os domingos. Brad levou o zelo e a intensidade que carregava consigo para essa igreja, e ele chegava aos cultos 45 minutos antes, todos os domingos, para orar pelo culto, pedindo a Deus para agir poderosamente no pastor e na congregação.

Um domingo, antes de o culto começar, o pastor falou à congregação sobre o papel de cada um no culto. Deixou claro que eles mesmos eram "a igreja", e deviam se sentir tão livres para "ministrar" quanto ele. Não era coisa de um homem só. Eles eram parte do que Deus fazia todos os domingos, de modo que deviam se sentir livres para agir de acordo com o "cutucão" que sentissem de Deus para fazer ou dizer algo. Ele deixou claro que se tratava de uma igreja em que as pessoas nunca deviam ter medo de "agir pela fé" e fazer coisas como orar abertamente por alguém, se achassem que isso era o que Deus queria que fizessem. Mesmo que entendessem errado, era melhor tentar do que ficar ali sentados com medo de cometer um erro. Ele disse que, a menos que todos estivessem dispostos a correr alguns riscos e cometer alguns erros, nunca iriam aprender coisa alguma, e era seu desejo como pastor ensiná-los a fazer o que ele fazia; e, mais importante, a fazer o que Deus queria que eles fizessem. Eles deviam aprender a "ouvir" Deus e saber diferenciar quando Ele estava realmente lhes falando ou quando era só algo que estava em sua própria cabeça. Era um erro fácil de cometer, de modo que deviam estar dispostos a "agir pela fé" e aprender. Deus estaria com eles no processo, e ele queria assegurar que, nessa igreja, deviam se sentir livres para cometer erros. Se o coração estava no lugar certo, era só o que importava, porque, como diz a Bíblia, "Deus vê o coração". Ele disse que depois de cada culto, se achassem que alguém havia dito ou feito algo que não era de Deus, avaliariam o que aconteceu e tentariam ajudar. Mas ele deixou claro que "Deus prefere que você tenha fé para agir em Sua direção *mesmo se estiver errado*, a que não pratique ouvi-lo e aja pela fé".

Todos tomaram seus assentos para assistir ao culto, prontos para agir. Brad lembrou que a congregação estava bastante reduzida naquele dia, e o culto começou com uma canção "especial". Para horror de Brad, uma idosa tocou "Quão bondoso amigo é Cristo" na gaita. Brad lembra que achou aquilo imensamente brega e ruim, mas sabia que o coração dela estava no lugar certo e tentou focar nisso.

Devemos nos estender por um momento para dizer que, durante esse tempo, Brad era mágico profissional; ganhava a vida fazendo truques com as mãos em mesas de restaurantes em todo Orange County. Ele também tinha um grande amigo que era hipnólogo profissional. Por isso Brad sabia um pouco sobre a hipnose e sobre enganar as pessoas por meio de artifícios. Ele se achava especialmente bom para compreender nossa capacidade de enganar os outros — ou de sermos enganados. Ele se sentia parte dessa "fraternidade" de mágicos que remonta a Houdini, que se regozijava de expor médiuns falsos e outros tipos de charlatões. Ele e seu amigo haviam frequentado certa vez uma igreja "espiritualista" simplesmente para expor os truques que aconteciam lá. De modo que ele não era do tipo que se deixava enganar por aquilo que muitos cristãos chamam de "cair no espírito", sendo que se trata apenas de uma espécie de histeria coletiva. Ele estava convencido de que se alguma vez "caísse no espírito",* o próprio Deus teria que provocar a "queda". Ele não estava disposto a concordar com aquilo só porque era o que

* Esse é um termo que algumas igrejas usam para descrever o fenômeno de alguém se sentir cumulado pelo sentimento de que Deus o "tocou". As pessoas geralmente perdem a capacidade de se sustentar e caem no chão do santuário e permanecem caídas, às vezes por alguns segundos, às vezes por muito tempo.

os outros esperavam. Ou Deus o derrubava, ou ele não se mexeria. Ele havia visto bastante o que parecia ser um "pensamento de grupo" em algumas daquelas esquisitas igrejas "carismáticas", e prometera que nunca se deixaria levar por qualquer coisa assim.

Brad estava na segunda fila naquele culto do domingo, ouvindo a terrível interpretação de gaita desse maravilhoso hino antigo, quando o pastor — aquele que havia acabado de dizer que todos tinham um papel-chave no culto — se sentou bem a sua frente. Assim que o pastor se sentou Brad teve a forte sensação de que deveria colocar as mãos nos ombros dele e orar. Brad achou que por mais forte que a sensação fosse — e era forte —, não fazia muito sentido, porque pouco antes de o pastor falar, antes de começar o culto, o grupo inteiro, ele inclusive, havia "imposto as mãos" no pastor e orado por ele e pelo culto. Além disso, eles estavam no meio do culto, por isso seria difícil fazer uma coisa dessas. Não parecia ser o momento certo. Mas assim que pensou isso, recordou as palavras do pastor sobre aprender a confiar em Deus. Ele havia dito que Deus quer nos ensinar a ouvir sua voz e fazer coisas que aparentemente não fazem sentido. Parte do que Deus está fazendo também é nos levar a responder, *especialmente* se o que Ele diz não faz muito sentido. Por isso devemos aprender a diferença entre a voz dEle e nossos próprios pensamentos.

Então, Brad reuniu coragem para fazer o que achava que Deus estava lhe dizendo. Colocou a mão no ombro do pastor e começou a orar. Assim que fez isso, fechando os olhos e inclinando a cabeça, viu o olhar do pastor nele. Brad achou que o pastor ia pensar que ele estava tentando chamar sua atenção, mas depois perceberia que estava entrando em modo de oração. Mas Brad lembra que isso o fez se sentir ainda mais embaraçado pelo que estava fazendo, porque não só o pastor se voltou, mas também muitos presentes na congregação podiam ver Brad fazendo aquilo, e provavelmente imaginavam o que estava acontecendo. Brad pensou que o próprio pastor devia estar pensando: "Ah, cara. Veja Stine, dando um de hiperespiritual pra cima de mim, para mostrar sua incrível santidade a toda a congregação...".

Ao contar essa história, Brad enfatiza que não queria orar pelo pastor, que sentiu que estava fazendo um papel ridículo e que foi extremamente desconfortável agir como agiu, mas sentia que tinha que obedecer ao que achava que Deus lhe ordenara, especialmente depois do que o pastor havia falado. Mas Brad nunca fizera nada parecido antes, e queria ser o mais breve possível. Ele não esperava nada. Só sabia de uma coisa: uma sensação poderosa de que devia colocar a mão sobre o pastor e orar por ele. Então, por pura obediência, foi o que fez. Mas um momento depois de "agir pela fé", com os pensamentos confusos e envergonhado, algo realmente aconteceu.

Para contextualizar, Brad explica que, muitas vezes ao longo dos anos, ele implorara a Deus "em angústia" para se revelar de alguma forma palpável. Ele pedira a Deus que lhe desse uma visão ou qualquer tipo de manifestação que O fizesse real de uma forma que Brad nunca havia experimentado. Isso nunca havia acontecido. Mas agora, não pedindo nada em absoluto, de repente Brad começou a sentir algo que ele descreve muito claramente como "uma esfera quente" que emanava do centro de seu estômago. Brad diz que usa a palavra "esfera" específica e deliberadamente, porque não era uma sensação vaga, "grudenta". "Não", diz ele, "era uma esfera real, uma bola, uma esfera que eu podia sentir de forma tangível." Ele a descreve como "quente, redonda, e pulsante". Então, enquanto isso estava acontecendo, ele se tornou consciente de que sua oração pelo pastor "assumira vida própria".

"Eu estava falando", diz ele, "mas parecia fora do meu controle, como uma experiência fora do corpo; eu fazia aquilo e tinha ciência de que estava ocorrendo *sem minha vontade.* De repente, a esfera começou a se expandir e pulsar, enquanto crescia por todo meu corpo. Eu literalmente senti que não poderia pará-la nem controlá-la, e senti relâmpagos ou raios de luz emanando de meu corpo!" Brad diz que "foi como se a luz estivesse explodindo para fora do meu ser, como o grande clímax em que o nazista é explodido por Deus em *Indiana Jones e os caçadores da arca perdida*".

Brad diz que a experiência toda foi imensa e surpreendente, para dizer o mínimo, porque foi repentino e inesperado. Ele é enfático ao dizer que não foi uma experiência suave e leve; foi tão grande que a única palavra que pode ser usada para descrevê-la com precisão é "medo", segundo ele. Uma enorme sensação de medo se apoderou dele, porque "comecei a sentir que alguma coisa me controlava", diz. "E senti que se aquilo não parasse, eu seria literalmente destruído, a ponto de explodir. Tive que encontrar meus pensamentos no meio daquilo e clamar: 'Deus, me ajude!'. Nesse momento, senti uma voz dentro de mim a me lembrar de que o medo nunca foi de Deus e que eu estava seguro e podia experimentar aquilo enquanto quisesse; que eu tinha o poder de parar quando quisesse, e foi exatamente o que eu fiz. Cheguei a um ponto em que me senti esgotado."

Brad diz que em todo o momento, ele se sentia cada vez mais constrangido e desconfortável por causa do que o resto da congregação pensaria sobre o que estava acontecendo. Ele só podia imaginar o que todos estavam testemunhando a partir de seu próprio ponto de vista. Foi tão maluco e extraordinário que ele sabia que devia ter sido assustador e terrível para os outros também.

"E assim", disse ele, "tão rápido e inesperadamente como havia começado, eu parei. Levantei a cabeça lentamente, abri os olhos e me preparei para tentar explicar a todos o que eu havia passado e lhes dizer que não tivessem medo. Mas quando olhei em volta, ainda sendo serenado pelo final do horrível solo de gaita, percebi uma coisa ainda mais incrível. Ninguém — *e quero dizer ninguém* — tinha a menor ideia do que havia acontecido. Ninguém estava olhando; ninguém estava pasmo; ninguém sequer se movera do lugar."

Isso, por si só, foi quase tão incrível para Brad quanto o que havia acontecido — o fato de que o Deus do universo havia acabado de descer em uma exibição de poder e majestade assustadora e terrível, e tocara palpável e fisicamente um de seus filhos daquele jeito impressionante no meio de uma multidão. E ninguém sabia, a não ser o próprio Brad.

Depois de abrir os olhos, ele não tinha certeza do que fazer. Estava corado por causa da experiência e soltou um enorme suspiro, mas queria mesmo era gritar desesperadamente para todo o mundo o que havia acontecido. Foi tão grande e tão avassalador, e além de qualquer coisa que ele esperava que Deus pudesse fazer, em todas as orações que ele fizera ao longo dos anos. Deus Todo-Poderoso, o Criador do universo, havia descido e se revelado com tamanho poder! Mas Brad não disse nada. Só ficou ali em seu lugar em completa reverência, pensando no que havia acontecido. O culto continuou como se nada houvesse acontecido. E foi isso.

Mas durante todo o culto Brad não conseguia pensar em nada mais. Quando o culto terminou, ele foi até o pastor e tentou descrever o que havia acontecido, supondo que se havia alguém que podia apreciar e compreender aquilo, era ele. "Mas o pastor deu um meio-sorriso", diz Brad, e "disse 'Que legal', e prosseguiu com seu jeito alegre. Foi quando percebi que vivi algo sem explicação que nunca me havia acontecido antes e que provavelmente nunca vai acontecer de novo."

Ele reitera que o que aconteceu com ele foi como o que ocorreu a uma série de personagens da Bíblia, que experimentaram algo sozinhos, só entre eles e Deus. As pessoas podiam acreditar ou não, mas não havia nada que pudessem fazer, a não ser tentar explicar e saber que eram os únicos que tiveram a experiência.

Mais de 25 anos depois, Brad ainda fica intrigado com o que aconteceu naquela manhã. Foi a experiência física e espiritual mais extraordinária de sua vida, mas às vezes ele mesmo quase se pergunta se realmente aconteceu. Ele sabe que sim, mas é difícil não se perguntar sobre o que foi e o que significou.

"Por que Deus me escolheu", pergunta ele, "para fazer esse evento único, naquele dia, sem aviso?" E Brad se pergunta por que Deus depois desapareceria de novo naquele lugar familiar, mas frustrante, onde não o podemos ver ou sentir, mesmo agora sabendo que ele está lá. Se Brad alguma vez duvidou que Deus estava lá, depois disso, nunca mais.

"Parece que naquele domingo especial", diz Brad, "Deus Todo-Poderoso quis me mostrar o quanto Ele me ama, que Ele é de fato real, e que um dia vou 'conhecê-Lo como sou conhecido [por Ele]'. Eu vou ver claramente, e não através de uma lente nublada — e tudo porque este mágico cético e pessimista fez a única coisa que Deus me pediu para fazer: obedecer."

11 DE SETEMBRO DE 2001, NOVA YORK

Embora tenha apenas quarenta anos, minha amiga Lolita Jackson já viveu uma vida extraordinária e dramática. Eu a conheci em 2007, quando ela tinha um cargo de alto nível na administração do prefeito Bloomberg, de Nova York. Ela também foi crescendo como líder na Igreja Presbiteriana Redeemer, em Manhattan, fundada por Tim Keller. Em 2009, eu acompanhei Lolita e o pequeno grupo que ela dirigia a uma missão de Páscoa na Alemanha, onde cantamos em um grupo evangélico em cultos de Berlim e Hamburgo. Com o tempo, eu conheci a história dramática dessa afro-americana incrivelmente bem-sucedida.

Quando Lolita tinha seis meses de idade perdeu a mãe, que era mentalmente doente e entrava e saía das instituições ano após ano. Lolita, portanto, foi criada pela avó em circunstâncias difíceis, incluindo um enorme conflito e pobreza.

Aos oito anos, Lolita teve uma experiência sobrenatural. Ela teve uma visão de seu futuro, no qual moraria em Nova York, falaria para grandes multidões, e de alguma forma, estaria envolvida no ministério de Deus. Mas tudo isso estava muito longe de seu presente difícil. Nesse meio-tempo, ela ia de ônibus para uma escola integrada nos subúrbios de Central New Jersey, onde era alvo de *bullying* e provocações por parte de alguns alunos brancos, enquanto sua extrema inteligência e inclusão em honras de classe a tornaram alvo de alguns colegas afro-americanos, que zombavam dela por se comportar como "branca". Foi só na faculdade — ela foi aceita em Yale e outras escolas da Ivy League, mas por fim escolheu Penn — que Lolita começou a deixar para trás a dor de sua infância. Mas, por alguma razão, o chamado de Deus em sua vida — como lhe havia sido mostrado na visão que tivera na infância — lhe parecia opressivo naquele momento, então ela deliberadamente adotou um estilo de vida projetado para escapar daquilo, ou pelo menos para mantê-lo longe. Seu sucesso na Penn a levou a uma carreira auspiciosa no mundo das finanças e ela se mudou para Nova York, como a visão lhe havia indicado. Mas ela se manteve longe das outras partes da visão, especialmente da ideia de estar de alguma forma envolvida no ministério religioso. Lolita estava trabalhando nas torres gêmeas em Manhattan quando o primeiro atentado ao World Trade Center aconteceu, em 1993. Esse incidente foi tão eclipsado pelos horrores do que aconteceu oito anos depois que dificilmente é lembrado. Seis pessoas morreram, mas para a maioria dos milhares que trabalhavam no edifício, aquilo acabou sendo lembrado principalmente como um grande inconveniente, algo que se tornou uma experiência que conectava todos os presentes. Na época, porém, foi bem assustador. Lolita nunca esqueceria a experiência de descer 72 lances de escada no meio da escuridão e da fumaça, sem saber se ia conseguir, nem o que a esperava lá embaixo. Mas uma vez superada, a experiência pareceu evaporar. Todos achavam que nunca iam passar por nada parecido novamente.

Oito anos depois, quando os horrores do evento conhecido como Onze de Setembro se desenrolaram, Lolita ainda trabalhava nas torres gêmeas. Dessa vez, ela quase morreu. Ela trabalhava no septuagésimo andar da Torre Sul, no edifício conhecido como World Trade 2, quando o primeiro avião bateu. O que se seguiu mudaria sua vida.

Nesse momento, Lolita ainda acreditava em Deus e frequentava a igreja. Ela nunca havia virado as costas para Deus, mas também não se sentia, de forma alguma, ansiosa para viver a visão que tivera tantos anos antes. O fato de ser consumida pelo trabalho e por seus grandes êxitos profissionais a levava mais e mais longe das memórias dolorosas de sua infância. Ela sentia que esse sucesso e os elogios que vinham com eles tornaram-se sua identidade.

Na manhã daquele 11 de setembro, o departamento de Lolita estava em reunião em uma sala de conferências no canto sudoeste do septuagésimo andar. A vista era espetacular, e incluía o lado sul da Torre Norte. O trabalho começou cedo para a maioria do pessoal de finanças de Lower Manhattan. Lolita estava esperando sua vez de falar quando o primeiro avião atingiu a Torre Norte, às 8h46. Ela estava olhando pela janela quando a gritante massa do jato comercial atingiu o prédio a 960 quilômetros por hora.

Lolita viu a enorme bola de fogo explodir, e momentos depois, uma infinidade de papéis começou a voar das aberturas no edifício feitas pelo avião e a explosão. Quem via a cena do nível da rua imediatamente se deu conta da tragédia e do horror do que haviam acabado de presenciar, mas ninguém sabia o que realmente acontecera. Segundo a imprensa, provavelmente havia sido um pequeno avião que atingira o edifício. Mas, devido ao lado do prédio onde estavam, Lolita e seus colegas não viram o avião, só a explosão.

Mas não havia tempo para pensar nisso. Todos os presentes na reunião de Lolita estavam lá em 1993, quando duas explosões atingiram os edifícios de baixo, de modo que, no momento em que viram o que aconteceu, sabiam que tinham que sair do prédio sem demora. Descer os 72 lances de escada oito anos antes parecia ter levado uma eternidade. Não havia tempo a perder.

"A partir desse momento", disse Lolita, "Deus foi uma presença muito real para mim, como se estivesse segurando minha mão ao longo de toda minha fuga."

Um homem chamado Robert era um colega próximo de Lolita no trabalho, e ela começou a descer as escadas com ele. Enquanto desciam as escadas, Robert tentava ligar para o celular de sua esposa, mas como era tudo de concreto, era impossível obter sinal. Lolita lembra ter lhe dito isso. Eles haviam descido onze andares e estavam no 59º quando foram instruídos a sair da escada e pegar um elevador para o *skylobby* no 44º andar. Mas Robert queria muito falar com sua esposa, assim que quando saíram da escada, ele disse que ia procurar uma sala vazia no andar e ligar rapidinho para sua esposa para que ela soubesse que ele estava bem. Lolita planejava ir com ele, e estava quase indo quando uma voz lhe disse claramente: "Não vá com ele!". No momento em que a ouviu, Lolita soube que era a voz de Deus. Então, em vez de acompanhar Robert, ela lhe disse que o encontraria no 44º andar e seguiu em direção aos elevadores, enquanto o colega foi procurar uma sala para dar seu telefonema.

Lolita pegou o elevador, e quando saiu no *skylobby* no 44º andar, viu que havia centenas de pessoas ali à espera de novas instruções. Ela estava parada no meio da multidão quando, às 9h03, o segundo avião se chocou. Ele atingiu seu edifício — o South Tower — 33 andares acima deles. Lolita lembra que o edifício não balançou com o impacto. Em vez disso, simplesmente se deslocou vários metros em uma só direção. Para as centenas de pessoas que estavam lá no *skylobby* do 44º andar, parecia que todo o edifício estava caindo. Lolita disse que foi o único momento em que pensou que ia morrer. "Mas, de repente, eu fui tomada por uma sensação de paz", disse ela. "Eu sabia que se morresse naquele momento, ficaria bem e iria para o céu. Eu nunca havia sentido isso antes com tanta convicção. Logo o prédio se endireitou e eu sabia muito bem que ia sair dali. Eu estava perfeitamente calma."

Mas Lolita viu que imediatamente após o edifício se endireitar, todos começaram a correr em direção a uma escadaria. Naquele momento ela teve a sensação de que Deus estava dizendo a ela para ir para outra escada, mais próxima de onde o prédio havia sido atingido. Por causa de sua experiência em descer as escadas oito anos antes, ela sabia que as coisas se retardariam se todos descessem pela mesma. De modo que ela abriu a porta para a outra escada e viu que estava bem iluminada, sem escombros que bloqueassem seu caminho. "Está livre aqui", gritou para que todo mundo pudesse ouvi-la, e imediatamente cerca de cinquenta pessoas a seguiram. "Eu levava as pessoas para baixo pelas escadas e tentava incentivá-las a não pensar na caminhada", disse ela. "Quando chegamos ao 15º andar, eu sugeri que contássemos os andares como se fosse véspera de Ano-Novo: Quinze! Catorze! Treze!..."

Quando Lolita por fim deixou a escada, estava no mezanino, com vista para o nível da praça, onde os restos dos dois aviões haviam ido parar. Também havia corpos mutilados daqueles que já haviam pulado dos edifícios, mas aqui e ali havia fogo. "[No entanto] Deus guiou meus olhos para outra coisa", lembra Lolita. Havia shows diários na praça, por isso sempre havia várias centenas de cadeiras ali. "De alguma forma, no meio do caos, todas as cadeiras estavam ainda em pé", lembra ela, "e eu ficava olhando para elas e me perguntando como podia ser. Não vi mais nada enquanto olhava para a praça, apesar de ter sido uma cena de horror e devastação."

Lolita por fim saiu do edifício, exatamente às 9h26. Disseram-lhe para não olhar para cima e não usar seu telefone celular, só continuar andando. Ela havia andado dois quarteirões antes de se voltar e contemplar a incomensurável destruição. Para ela, era como se o fim do mundo houvesse por fim chegado. As pessoas oravam nas ruas, clamando a Deus, enquanto lá em cima, em cada uma das torres, as chamas furiosas fugiam do controle. O caos era inédito na vida da maioria das pessoas. Lolita estava ali sozinha, tentando absorver tudo, querendo saber o que havia acontecido e o que estava acontecendo. Ela lembra que ficou ali, no meio da rua, olhando para o fogo e a fumaça negra saindo dos buracos nos dois edifícios. Era uma visão incompreensível, algo simplesmente inconcebível. De repente, enquanto estava ali, Lolita ouviu a voz de alguém que ela conhecia. Era um homem que havia feito um trabalho de consultoria para sua empresa. Ele lhe explicou o que havia acontecido e a urgiu enfaticamente a ir para casa. "A maioria dessas pessoas não pode voltar para casa", disse ele, "mas você mora em Manhattan e os metrôs ainda estão funcionando."

Lolita não havia pensado em abandonar a área, mas, de alguma forma, em resposta ao tom categórico do homem, ela começou a andar em direção à entrada de metrô mais próxima, a cerca de cem metros de distância. Eram 9h50 quando ela desceu as escadas do metrô. Cerca de um minuto depois, um trem chegou e Lolita embarcou. Mais tarde, ela soube que esse era o último trem de metrô que passaria por aquela estação. Poucos minutos depois todos os trens foram detidos, e às 9h59, o primeiro edifício desabou.

Lolita percebeu que se seu amigo não lhe houvesse implorado para sair dali, ela teria sido pega, como tantos outros, correndo daquela nuvem cinza escura de poeira, e, talvez, esquivando-se dos escombros que desabavam a 480 quilômetros por hora. Ela saberia depois de muitas pessoas que naqueles poucos minutos sofreram um trauma profundo, o qual mudaria sua vida para sempre: os debilitantes efeitos físicos de respirar a poeira sufocante, ter que correr para salvar a vida e se esconder atrás de carros quando os prédios desabaram, ficando quase cara a cara com os corpos destroçados de pessoas que haviam saltado da Torre Norte.

Lolita mais tarde soube que Robert, que no 59º andar havia ido ligar para sua esposa, havia morrido. Ele entrou em um elevador apenas três minutos depois de Lolita, mas enquanto estava lá dentro, o segundo avião atingiu o prédio e o cabo do elevador quebrou. Lolita sabia que se o houvesse acompanhado e tomado o elevador com ele três minutos depois, teria morrido também. Lolita disse que "perceber que Deus me manteve indiscutivelmente fora de perigo me mudou para sempre".

Passaram-se dois anos antes que ela fosse capaz de incorporar essa mudança completamente a sua vida. Depois do Onze de Setembro e de ouvir a voz de Deus, e por isso ter sua vida poupada, Lolita cada vez mais passou a ver seu trabalho como um "ídolo", algo que a afastava do que Deus tinha para ela. Ao longo dos dois anos seguintes, ela sentiu que "por fim era livre para ser plenamente utilizada do jeito que Deus quis o tempo todo".

Lolita havia frequentado a Redeemer em Nova York, mas sua extrema dedicação ao trabalho a impedia de se envolver muito. Então, ela decidiu participar de um "grupo de comunhão", para ajudá-la na grande transição de abandonar Wall Street. Como muitas vezes aconteceu com Lolita, ela logo se tornou líder do grupo, e depois líder na própria Redeemer, juntando-se aos "diáconos" e guiando uma série de missões, incluindo a de que participei. Ela se envolveu com uma série de ministérios religiosos e começou a falar por todo o país em conferências e eventos cristãos, assim como predissera sua visão, quando tinha oito anos. Sua meta anterior de se tornar diretora administrativa de sua antiga empresa já lhe parecia uma coisa muito pequena se comparada com a vida que ela tem agora, servindo a Deus com sua imensa energia e seus talentos.

"No momento mais escuro, eu sabia que Ele estava lá", diz ela, "e isso é algo que sempre sei, todos os dias."

PARTE II

A QUESTÃO DOS MILAGRES

7. A crença em milagres

Se todo o universo não tem sentido, jamais teríamos descoberto isso. Assim como, se não houvesse luz no universo e, portanto, não houvesse criaturas com olhos, nunca saberíamos que era escuro. Escuro seria sem sentido.
C. S. Lewis

Em um artigo de 2013 da revista *New Yorker* sobre fé e crença, Adam Gopnik escreveu o seguinte: "Nós sabemos que [...] nos bilhões de anos de existência do universo, não há nenhuma prova de uma única intercessão milagrosa com as leis da natureza".

Achei essa uma declaração extraordinária. Para quem já experimentou um milagre, conhece pessoas que já o vivenciaram ou está familiarizado com a literatura de relatos miraculosos, é difícil imaginar que alguém tenha tanta autoconfiança para desdenhar de algo que parece, no mínimo, perfeitamente possível, e, na melhor das hipóteses, totalmente certo. Por eu viver em Manhattan e estar familiarizado com o mundo onde vivem tais escritores, receio não estar tão surpreso. No entanto, é extraordinário. No artigo, Gopnik prossegue: "Não precisamos imaginar que não existe um Paraíso; sabemos que não existe, e vamos procurar anjos para sempre, em vão".

Naturalmente, a razão pela qual esse escritor faz tais declarações tem a ver com seu pressuposto de que este mundo é tudo que existe. Essa maneira de ver o mundo rejeita imediatamente qualquer possibilidade de algo além do mundo material do tempo e espaço. Resume-se nas palavras do falecido Carl Sagan, que ele entoou com desalento: "O cosmo é tudo que existe e tudo que sempre existirá". Ele tentou colocar algo de esperança nessa equação sombria, observando que somos feitos "do mesmo material que as estrelas", como se o fato de ser composto pelos mesmos elementos das longínquas bolas de gás em chamas pudesse ser um consolo poético para nós. Sem dúvida, a palavra "estrela" carrega consigo a conotação de magia e realização de desejos, mas por que explorar isso quando se diz que não há nada além do mundo material, e, portanto, coisas como magia, milagres e desejos não existem e deveriam ser abandonadas? E se não somos mais que agregados de elementos da tabela periódica, por que queremos o consolo poético? Esse desejo não seria uma contradição ao ponto principal? Acaso o dr. Sagan estava tentando ter as duas coisas e se garantir? Ou será que simplesmente estava tentando satisfazer a sua audiência televisiva, disfarçando a paralisante desolação do que dizia?

Quando alguém que insiste nessa visão de mundo estritamente materialista encontra um milagre, ou algo que se apresente como tal, por definição, deve negar que possa ser verdadeiro. Se insistir que a única "evidência" aceitável de um milagre tem que ser "naturalista", nunca poderá haver, obviamente, qualquer prova nesse sentido. É uma tautologia, um *koan** autoderrotista: "Poderia Deus criar uma pedra tão grande que nem ele mesmo a pudesse mover?". Dá para levar isso a sério?

A primeira parte deste livro contém uma série de relatos que só poderiam ser provas de milagres. E como o leitor os interpreta? Como alucinações honestamente críveis? Meras coincidências? Mentiras? Ou poderiam realmente ser milagres?

Essas histórias representam uma pequena parte de todos os relatos do tipo. Para um tratamento mais acadêmico do tema dos milagres, e para muitos mais relatos do que os que temos aqui, veja o magistral, fidedigno e extremamente completo trabalho em dois volumes de Craig S. Keener, *Miracles*. Quem quiser 1200 páginas eruditas e a refutação definitiva do aforismo de Sagan pode começar por aí.

Bem, imagine que haja evidências convincentes — alguns poderiam até dizer provas — de que um ser supremo tentou se comunicar com os humanos. Imagine que essa prova seja abundante, mas essencialmente ignorada ou rejeitada pela mídia e pelas instituições acadêmicas do mundo ocidental. Seria uma conspiração? Alguns diriam que sim. Já o autor deste livro, não. No entanto, não seria extraordinário? Se estiver se perguntando onde está tal prova, este livro pretende apresentar algumas para a avaliação do leitor.

O fato de uma pessoa acreditar em milagres ou no milagroso tem muito a ver com os pressupostos que ela tem quanto ao tema. Que pressuposições temos ao perguntar se pode haver algo além do mundo natural? Todos nós temos pressupostos sobre a natureza das coisas, sobre a existência de algo além do que experimentamos com nossos cinco sentidos. Às vezes, nossos conceitos são resultado de nossa educação, mas são frequentemente determinados, pelo menos em parte, pelo resultado da maneira e da cultura em que fomos criados.

Quando eu era criança, ninguém que eu conhecia falava muito sobre

* No zen-budismo, sentença cujos aspectos são inacessíveis à razão e cujo objetivo é a iluminação espiritual. (N. T.)

milagres; talvez nada. Na igreja que frequentávamos todos os domingos em Nova York — em Corona, Queens — os sacerdotes não discutiam milagres. Os milagres eram algo que havia acontecido muito tempo atrás, se é que realmente aconteceram. Mas o fato de ocorrerem naquelas épocas remotas e não ocorrerem mais, ninguém questionava nem mencionava. Era apenas uma espécie de triste verdade que cada um reconhecia na forma como se comportava, como não falava sobre a possibilidade de um milagre. O fato de não falar sobre isso era uma pequena parte de uma tristeza maior, que, por sua vez, era parte da vida, pelo que sabíamos.

Eu me lembro de estar na sala de aula da escola dominical, aos cinco ou seis anos, colorindo uma cena bíblica. Não recordo os detalhes, mas acho que representava um patriarca barbudo e um anjo. Mas me lembro de ansiar por algo que as pessoas tinham naquela época remota: uma conexão real com Deus e os anjos, com o mundo dos milagres e da magia. O que nos impedia de ter isso também? Eu não fazia ideia, mas sentia que algo dentro de mim havia sido feito para essa conexão com o mundo além deste, para uma ligação com algo mais real, mais verdadeiro e mais vivo que qualquer coisa que eu vivenciava ou ouvia na igreja. Eu sabia que, se ansiava tanto por esse mundo, devia haver uma razão. Por que ansiaria por algo que não existe? De onde vinha esse desejo? Era um desejo tão profundo e inato que parecia vir de um lugar mais real, verdadeiro e vivo do que o que eu habitava, como se meu desejo fosse parte de minha verdadeira natureza antes de ter sido tirado de mim; como se fosse um vestígio de quem eu realmente era e seria de novo um dia. Era como se eu fosse um príncipe exilado de outro reino, e ao ver indícios desse outro reino, esperava encontrar o caminho de volta.

Algumas pessoas diriam que esse anseio é apenas um vestígio da infância e nada mais. É o que nos faz esperar por Papai Noel, mas depois crescemos e adentramos o mundo da realidade e vemos as coisas como são. Encaramos a dura realidade de estar sozinho no universo, um universo sem sentido, e temos que finalmente crescer e, com coragem, enfrentar a ele e sua falta de sentido. Precisamos encarar que o mundo da matéria — de átomos e moléculas e coisas que podemos detectar com nossos cinco sentidos — é tudo que existe e tudo que sempre existiu ou existirá. Temos que chegar a um acordo com a ideia de que nossa vida só tem o significado que lhe damos, que nosso anseio por significado, em si, não tem sentido. Mas quem pode suportar pensamentos assim? A menos que sejam verdadeiros. E se forem verdadeiros, o que é a verdade? Pode existir verdade se o mundo for desprovido de significado?

O que há dentro de nós que se rebela contra essa mentira da vida sem significado? E não apenas uma mentira, mas uma mentira monstruosa que vai contra tudo que de alguma forma sabemos ser verdadeiro, bom e belo. Por que às vezes sentimos que fomos deportados de um lugar glorioso? O que é esse sentimento inato que temos compartilhado entre culturas, séculos e continentes? Podemos passar a vida negando, mas nossos ossos e átomos gritam que essa negação do sentido é uma mentira, que tudo em nós não só anseia por esse outro mundo e por significado, mas também precisa desse outro mundo e necessita de um sentido mais que de comida, água ou ar. Foi para ele que fomos feitos, e não vamos descansar enquanto não o encontrarmos novamente.

Até me tornar o adulto que encontrou a fé e esse mundo de significado, eu sabia muito pouco sobre C. S. Lewis. Ele era o professor de Oxford que passara do ateísmo à crença em Deus porque, certa noite, em 1930, estava andando por uma alameda atrás do Magdalen College com seu amigo J. R. R. Tolkien. Isso foi anos antes de Tolkien escrever *O senhor dos anéis* e muito antes de Lewis escrever suas famosas *As crônicas de Nárnia*. Eles eram apenas jovens que haviam sobrevivido aos horrores sombrios da Primeira Guerra Mundial, que viram o horroroso inferno e a morte nas trincheiras e na guerra química, mas que naquele momento eram jovens e brilhantes professores da Universidade de Oxford. Enquanto caminhavam e conversavam ao longo daquela alameda, bem depois da meia-noite, Tolkien tinha o fundamento de uma crença profunda em algo além, mas Lewis, não. Tolkien sentia que este mundo não era tudo que existia, para Lewis, porém, era; os tristes horrores da guerra a que ambos haviam sobrevivido lhe mostraram isto, que este mundo feio era tudo que existia e sempre existiria, e que devíamos aceitar isso, mesmo que nos deixasse triste. Certamente, Lewis — ou Jack, como seus amigos o chamavam —, às vezes também se perguntava por que isso nos deixaria tristes, se era a verdade. E, sendo verdade, por que algo em nós ia querer que não fosse? Que algo era esse em nós, e como fora parar lá? Que significado tinha o fato de desejarmos outra coisa? Qual era o significado de nosso anseio por sentido?

Lewis e Tolkien conheciam e amavam a mitologia e os mitos das culturas antigas. Apreciavam as velhas histórias dos gregos e dos romanos, e conheciam e admiravam as dos deuses nórdicos. Em seu livro autobiográfico, *Surpreendido pela alegria*, Lewis reconta como seu coração foi atingido quando leu estas linhas em *Norse Ballads* [Baladas nórdicas], de Henry Wadsworth Longfellow: "Eu ouvi uma voz gritar: 'Balder, a bela, está morta, está morta!'". Por que isso atingiu seu coração? Por que esse poema do século XIX sobre um personagem fictício o comoveu tanto? Qual o significado disso? Após a morte de sua mãe, as dores da vida e os horrores da guerra, ele deixou esses sentimentos um pouco de lado e abraçou a triste crença de que não podíamos voltar, e que todas essas histórias eram apenas histórias. Belas, mas nada além de histórias.

Tolkien, todavia, tinha outra ideia, embora para ele não fosse mais só uma ideia. Ele sabia que todas essas belas histórias antigas eram ecos de algo maior e mais verdadeiro. Eram sinais conhecidos pela raça humana, sinais de um mundo que uma vez existiu e que voltaria a existir, encontrando-se agora em outra esfera, fora do tempo. Ele conhecia os mitos dos deuses que morreram de forma sacrificial e que ressuscitariam e viveriam, mas não os via como desconectados do mundo real e da história. Para ele, eram ecos de uma realidade maior, que em determinado momento irrompeu na história, mas apenas uma vez. Assim, naquela noite, na alameda escura com seu amigo, Tolkien fez a pergunta que mudaria a vida de Lewis. Pediu-lhe para analisar se era possível que, num momento, esse mito coincidisse com a história — se alguma vez a eternidade poderia ter irrompido no tempo. Tolkien sugeria que sim, que o mito do deus que morrera e voltara à vida era eco de um grande relato — talvez o maior relato que já fora contado —, e que em um momento da história, esse relato eterno havia florescido em realidade, despontando na história e no tempo como um açafrão brota na neve. Isso mudou tudo para todo o sempre; trouxe primavera ao inverno, fez a eternidade irromper no tempo. Lewis nunca havia pensado *nisso*. Mas Tolkien insistiu para que pensasse, e ele o faria, e isso o assombraria. E se fosse verdade e houvesse acontecido? Como poderíamos saber?

E se todos os mitos e contos de fadas indicassem algo que, além de ser verdade, era também mais verdadeiro do que qualquer coisa que conhecíamos neste mundo, um reino mais autêntico e real? E se este mundo material e corpóreo existisse somente na *Terra das Sombras*? E se nós fôssemos feitos para outro lugar mais real e verdadeiro? E se o anseio de nosso coração por esse outro lugar fosse o que levou a humanidade, ao longo dos anos, a criar espaço em nosso mundo para mitos, religiões e contos de fadas? E se o Deus que nos criou e nos amou houvesse encontrado uma maneira de adentrar em nosso mundo, oferecer-nos a mão e dizer: "Se segurarem minha mão, posso levá-los de volta ao lugar de onde vocês viveram e ao qual realmente pertencem, porque seu coração sabe disso"? Você tomaria sua mão e se deixaria levar? Acreditaria no milagre da vinda de Deus a este mundo? Poderia acreditar na possibilidade de milagres só o suficiente para crer que um deles havia acontecido, uma vez? Porque se acreditar apenas nesse milagre, isso irá desvendar o mundo milagroso, o levará de volta a um mundo onde os próprios milagres apontam para a verdade maior, para o lugar de onde vieram, e há placas para esse lugar, sinais para nós *aqui*, para sabermos que há um lugar *lá* — e os sinais não apenas indicam esse lugar e nos dizem que é verdadeiro;

de alguma forma, eles nos mostram como voltar para lá, se pudermos vê-los como o que são, se os pudermos ver e ler e nos atrevermos a segui-los.

Temos que pensar nessas coisas. Temos que refletir sobre elas, sobre nossa vida e sobre a vida em geral. É saudável refletir. Temos uma profunda necessidade de refletir. Devemos refletir quanto a coisas gerais e específicas. E se pudéssemos aceitar que nosso amor infantil pelo Papai Noel era de fato uma fantasia, mas não *simplesmente* uma fantasia? E se aceitássemos que, embora o Papai Noel realmente não exista do modo como Sócrates existiu, nosso anseio por sua existência indica algo que existia, algo pelo qual o próprio Sócrates havia ansiado? E se aqueles que simplesmente acreditavam em qualquer coisa só estavam meio errados, porque seu anseio de acreditar indicava algo que *era* verdade, não apenas no mundo, mas dentro de si mesmos? E se aqueles que sabem que Papai Noel não existe estivessem só meio errados, pois sua rejeição a esse tipo de crença negligente e infantil indicaria o desejo de só acreditar no que fosse real, *realmente* real, e não *apenas* um mito ou um conto infantil; o desejo de crer em coisas que sejam verdadeiras como os fatos nos livros de História e tão reais quanto os átomos e moléculas que aprendemos nos livros de Ciências? E se a meia verdade do anseio por algo além de nós se encontrasse com a meia verdade do anseio pelo real e verdadeiro, que se pode conhecer e ver e tocar neste mundo? E se essas duas metades pudessem se tocar e se tornar a única verdade *verdadeira* que nós dois estávamos procurando?

Este livro é sobre isso.

8. O que é um milagre?

Não existe uma definição padrão para milagre à qual todos possam recorrer. Na verdade, o que é e o que não é um milagre é extremamente subjetivo. Todavia, vale a pena discutir sobre o que são — e o que não são — milagres.*

O dicionário *Webster* define milagre como "um evento extraordinário que manifesta intervenção divina em assuntos humanos". De forma mais colorida e memorável, C. S. Lewis certa vez explicou que milagre é algo que quebra um padrão tão esperado e estabelecido que quase nem consideramos a possibilidade de vê-lo quebrado. "Se por milhares de anos", disse ele, "a mulher só pôde engravidar por meio de relações sexuais com um homem, se ela ficasse grávida sem um homem, isso seria um milagre."

Embora provavelmente não esperássemos vulgaridade de Lewis, sua observação nos chama a atenção. O cético e filósofo David Hume foi célebre ao se pronunciar contra os milagres, mas definiu-os como "uma transgressão de uma lei da natureza por uma particular volição da divindade ou pela interposição de algum agente invisível".

Em essência, podemos concordar com essa definição de Hume, que talvez seja o mais próximo da definição padrão que poderíamos estabelecer. Mas eu gostaria, de maneira mais simples, de dizer que milagre é quando algo fora do tempo e do espaço entra no tempo e no espaço, seja só para nos dar uma piscadinha, seja para cutucar brevemente, ou para chegar e habitar entre nós por três décadas.

* A definição católica de milagres "oficiais", a qual envolve uma complexa e rigorosa análise do provável milagre por especialistas científicos e teológicos, não é a que usaremos neste livro, e é seguro afirmar que qualquer milagre "oficialmente" reconhecido pelo Vaticano segundo essa definição seria, de fato, considerado milagre sob a visão mais ampla que usaremos aqui.

UMA PESSOA RACIONAL PODE ACREDITAR EM MILAGRES?

Nem bem surge o assunto dos milagres, alguém pergunta se uma pessoa pode realmente acreditar nessas coisas hoje. Consideremos o seguinte. A ciência, hoje, ensina que o universo surgiu do Big Bang cerca de 14 bilhões de anos atrás. De acordo com essa teoria amplamente aceita, toda a matéria no universo conhecido — mais de 100 bilhões de galáxias, cada uma com trilhões de estrelas e muitos mais planetas — explodiu de algo menor que o ponto final desta frase.

No entanto, quem esteve por trás disso tudo? Muitas pessoas diriam que foi Deus, mas as definições de Deus e de como Ele criou o universo certamente variariam. Em alguns círculos, seria chocante dizer que houve um criador por trás disso, mas, para a maioria das pessoas do planeta, isso é, em essência, dado por certo. Mas se acreditarmos que Deus criou o universo do nada — *ex nihilo*, para usar a famosa frase latina —, como poderemos dar as costas a milagres menores, como transformar água em vinho ou dar visão a um cego de nascença? Não tem lógica acreditar que Deus poderia, sim, criar o universo, mas não poderia realizar qualquer milagre infinitamente menor. É como dizer: "Ah, sim, eu acredito que Tolstói poderia escrever *Guerra e paz*, e escreveu, mas jamais poderia crer que ele seria capaz de mexer em uma vírgula do manuscrito. Isso seria demais". Se Deus realmente criou esse universo — de alguma forma —, como não podemos crer que ele seria capaz de fazer qualquer outra coisa? Parece que teríamos que acreditar.

Assim, se, como a maioria das pessoas, podemos concordar com as primeiras palavras da Bíblia — "No princípio, Deus criou os céus e a Terra" — por que é que não concordamos com os inúmeros exemplos que a Bíblia traz de Sua milagrosa intervenção? Se Deus pôde criar o universo apenas com Suas palavras, não poderia, mais tarde, falar *dentro* dessa criação?

ANÁLISE CRÍTICA DOS MILAGRES

Se acreditar na possibilidade de milagres é lógico, ou, pelo menos, não ilógico, isso não significa que devemos crer em qualquer coisa que diz ser um milagre. Pelo contrário, devemos examinar os milagres com o maior rigor crítico possível.

Mark Twain disse que dissecar uma piada a mata, assim como se deve matar um sapo antes de dissecá-lo. Isso tem alguma dose de verdade. Como humorista nas horas vagas, eu sei bem como isso se aplica às piadas. Se tivermos que explicar por que algo é engraçado, com certeza acabaremos com a graça. Muitos dizem o mesmo sobre a fé e os milagres. São apaixonados pela ideia de crer, por sua magia inefável, e não acham que nada disso deva ser examinado muito de perto. Para essas pessoas, aquilo em que se acredita importa menos que a própria crença, e elas não querem se aproximar muito dos detalhes, por medo de matar o inefável e acabar com o pó de pirlimpimpim. Mas a verdadeira fé não é como sapos e piadas. Devemos examinar aquilo em que acreditamos. Temos que acabar com o pó de pirlimpimpim. Embora haja um grande mistério envolvido, nem tudo é mistério. O objeto de nossa crença é de vital importância. Acreditamos em algo que é mesmo verdade? Ou temos medo de descobrir? Temos que separar os falsos milagres dos reais, ou cometeremos uma grave injustiça com os reais e com a própria verdade.

É vital que não tenhamos uma "teologia Disney" que diz apenas: "Acredite!", uma *mera* fascinação infantil, porque se não tivermos cuidado com aquilo em que acreditamos, acabaremos crendo em qualquer coisa. E isso é, em potencial, acreditar em bobagens, algumas bastante prejudiciais. Acreditar em Papai Noel e na Fada do Dente é natural para as crianças, mas em algum momento temos que crescer e ser capazes de lidar com o fato de que algumas coisas não são reais. Quando um adulto acredita em Papai Noel ou na Fada do Dente, sabemos que tem algo errado. Não concordaremos com ele, e poderíamos até cogitar a possibilidade de interná-lo. A certa altura, temos que parar de brincadeira e fazer a distinção entre o que é real e o que é imaginário. Isso é de vital importância.

Pois bem; quando falamos de milagres, falamos de coisas que, de certa forma, devem ser avaliadas e compreendidas, caso contrário, estaremos com a mente tão aberta que seremos simplesmente tolos. Uma coisa é ser inocente, e outra é ser ingênuo ou ignorante. Examinar criticamente coisas como o fenômeno da vida na Terra (capítulo 10) ou a existência do universo (capítulo 11), ou a ressurreição de Jesus (capítulo 14), ou a cura do casamento de meu amigo Paul (capítulo 3), ajuda a determinar se foram fatos realmente milagrosos ou não. Se pela análise crítica descobrirmos que *não* são realmente milagres, ótimo. Não queremos nos animar à toa nem acreditar em qualquer coisa. Queremos saber o que é realmente milagroso e o que não é. A verdadeira fé não é um salto no escuro; é um salto para a luz.* Não devemos ter medo dos fatos. Se Deus é Deus, Ele é o Deus da realidade, dos fatos, da ciência, da história.

Assim, os fatos importam; não são irrelevantes. Se algo acabar se mostrando realmente milagroso, estaremos livres para apreciá-lo, nos alegrar com ele

* Eu disse isso pela primeira vez publicamente em um vídeo, "I Am Second". Disponível em www.iamsecond.com.

e celebrar a verdadeira maravilha. Não precisamos nos precaver. Quando por fim sabemos que algo é verdadeiro e real, podemos pular e gritar com liberdade, porque determinamos que aquilo que nos faz pular e gritar vale a pena. Se descobrirmos que aquilo em que acreditávamos ou queríamos acreditar não é verdadeiro e real, poderemos sentir uma decepção momentânea, mas, no fim, será bem melhor do que estar aferrado a algo que era apenas a realização de um desejo, ou uma invenção para fazer nos sentir bem, uma fantasia.

Portanto, não estamos falando da ideia piegas que se esconde por trás dos clichês como "Milagres acontecem!" ou "Acredite!". Esses conceitos negligentes e vagos só aumentam a confusão sobre milagres. Aumentam a visão irrefletida e acrítica dessas coisas, de modo que qualquer maravilha é vista como um milagre. Mas as maravilhas *não* são um milagre, no sentido que apontamos aqui. Precisamos ser corajosos o bastante para dissecar uma rã de vez em quando, a fim de ver o que há dentro. No caso de verdadeiros milagres, eles não correm o risco de desaparecer só porque os analisamos. Se forem verdadeiros e divinos, podem ser cutucados e examinados. De modo que chavões como "Milagres acontecem!" e "Acredite", que vemos esculpidos em pedras artificiais vendidas em catálogos de compra, são inimigos declarados de um rigoroso exame dos milagres. Sérias questões devem ser toleradas e incentivadas, mas a credulidade irrefletida, por um lado, e o cinismo leviano e desconsiderado, por outro, não.

QUAL É O SIGNIFICADO POR TRÁS DOS MILAGRES?

Quando eu tinha nove anos, minha turma da Beaver Brook Elementary School, em Danbury, Connecticut, foi visitar o "Nature Center", que era, na verdade, só um pequeno pedaço de terra às margens do rio Still. Um dia, quando estudávamos as plantas, o professor explicou que não havia uma definição estrita para "ervas daninhas", nem tal categoria. Erva daninha para uma pessoa não é erva daninha para outra. Se houvesse dente-de-leão em seu gramado, você poderia dizer que é uma erva daninha, mas quem come essa flor na salada não diria o mesmo. Ele explicou que toda a ideia de erva daninha era, em essência, subjetiva. Fiquei chocado ao saber. Eu tinha certeza de que todos poderiam concordar quanto ao que era uma erva daninha ou não, mas estava errado.

O que é milagre para um homem, para outro é uma coincidência estranha. De modo que quando falamos de milagres, algo que *podemos* dizer objetivamente é que o contexto é importante, assim como quem vivenciou o milagre. Se Deus está por trás de um milagre — e podemos concordar que isso é, em última análise, o que faz de um evento um milagre —, uma grande parte de Seu feito tem a ver com a comunicação com as pessoas que observam ou vivenciam o milagre. Assim, podemos perguntar: se um milagre acontece na floresta e não há ninguém por perto para vê-lo, é um milagre? Em outras palavras, por que Deus faria um milagre se ninguém percebesse? Como podemos conceber um milagre senão como uma comunicação de Deus para uma ou mais pessoas, no mínimo, para que saibam que Ele existe e se preocupa com elas? Quando um milagre acontece na floresta e não há ninguém por perto para vê-lo, na verdade, não é um milagre.

A palavra grega para milagre é *simaios*, que significa "sinal". Milagres são sinais e, como todos os sinais, não têm um fim em si mesmos. Seu significado está naquilo que indicam. Milagres indicam algo *além* deles. Mas o quê? O próprio Deus. Esse é o propósito dos milagres: apontar para outro mundo além do nosso. São indícios de que esse outro mundo não está em nossa imaginação, e sim lá fora, onde quer que seja isso. Peggy Noonan escreveu certa vez que pensava que milagres existiam "em parte como presentes, e, em parte, como pistas de que há algo além do mundo plano que vemos". Se milagres existem, não existem para si mesmos, e sim para nós, a fim de apontar algo além. Alguém além.

Até aqui, poderíamos dizer que tudo que existe é um milagre; mas um milagre da criação, e não um milagre da clara intervenção divina, como a divisão do mar Vermelho (vou explicar essa diferença nos capítulos 10 e 11). Na verdade, tudo que existe não é apenas um milagre da criação feita por Deus, mas também um milagre da sustentação oferecida por Ele, porque as coisas poderiam aparecer e depois desaparecer. Mas isso não acontece. Elas estão aqui e continuam aqui, de uma forma ou de outra, seja como energia, seja como matéria. Assim, podemos perguntar por que algo foi criado, mas podemos e devemos também perguntar: por que continua existindo?

É curioso que os seres humanos raramente se satisfazem com o fato de que as coisas simplesmente *são*. A própria existência do universo nos leva a perguntar por quê. Por que o universo existe? E por que queremos saber por que ele existe? Por alguma razão, os seres humanos anseiam pelo significado por trás das coisas. Portanto, assim como o que chamamos de milagre aponta para algo fora de si próprio — ou seja, Deus —, o milagre da existência das coisas faz exatamente o mesmo. As coisas indicam algo além de si mesmas. Por exemplo, um leão não é apenas um leão; é uma imagem de realeza, coragem e ferocidade. Os seres humanos, que foram criados à imagem de Deus, não podem se satisfazer somente com a própria coisa. Ansiamos saber o que as coisas *significam*. Uma vez que os seres humanos entram em cena, a questão do sentido entra também. Não podemos evitar, está em nossa natureza — uma natureza que espelha a própria natureza de Deus.

Portanto, não apenas essas coisas que reconhecemos claramente como milagres, mas cada coisa na criação, em última análise, aponta para além de si mesma, para o criador, que está, por definição, fora da existência temporal e material e fora de sua própria criação. Tudo tem sentido! Está na natureza das coisas. *De Rerum Natura*.* É o extremo oposto da visão niilista do universo de que não há um real significado, pois o significado é apenas algo que os seres humanos impõem artificialmente às coisas. De acordo com essa visão de mundo niilista e materialista, nada tem significado. Tudo simplesmente *é*.

O propósito essencial dos milagres, então, é indicar o Deus por trás deles. No Novo Testamento, vemos que Jesus operou milagres justamente para provar que ele era quem dizia ser. E no Antigo Testamento, Deus enviou sinais e maravilhas para atestar quem Ele era. A fé se fortalece e aprofunda com os milagres, e muitas pessoas passam a crer em Deus graças a eles. Minha própria conversão é um exemplo disso, como relato mais adiante, e ela foi dramaticamente reforçada por milagres que vivenciei pessoalmente, bem como por outros que aconteceram com pessoas que eu conheço e em cujo julgamento confio.

MILAGRES AINDA ACONTECEM?

Existe a seguinte ideia popular em nossa cultura: mesmo que milagres pudessem ter acontecido em algum momento no passado, em nosso mundo científico moderno simplesmente não são mais possíveis. Mas, se os milagres não podem acontecer agora, como exatamente poderiam ter acontecido em um passado distante? A realidade fundamental do universo de alguma forma mudou? Quando isso aconteceu? Se acreditarmos que milagres não podem acontecer hoje, mas que ocorreram com nossos antepassados distantes, estaremos dizendo, na verdade, não que milagres aconteciam naquela época, mas sim que todas as pessoas eram suficientemente ingênuas para acreditar que aconteciam. Isso é dizer que milagres nunca aconteceram, mas as pessoas crédulas achavam que sim. Talvez a ideia nos pareça encantadora e nos julguemos generosos por tê-la. Mas essa é uma visão extremamente condescendente de outros seres humanos. Não deveríamos dar às pessoas do passado o mesmo respeito e dignidade que gostaríamos que nos dessem? Não

* Para uma abordagem espetacular desse assunto, consulte o glorioso livro de Thomas Howard, *Chance or the Dance?* É um dos melhores livros que já li.

podemos admitir que, se os milagres realmente aconteceram no passado, podem acontecer ainda hoje? E se não podem acontecer hoje em dia, não podemos ser honestos e admitir que nunca aconteceram no passado também? Logicamente, não podemos fazer as duas coisas.

Isso, porém, leva a outra questão importante: por que algumas vezes temos uma atitude condescendente em relação às pessoas de épocas anteriores? Realmente achamos que elas não tinham o bom senso de saber a diferença entre o que normalmente acontece e o que *não* acontece? Pensamos que, só porque não tinham telescópios e microscópios, não teriam o bom senso de saber se algo realmente aconteceu ou não? Pessoas sábias de qualquer época não iriam querer saber a diferença entre uma alucinação e uma visão real, estranha e inexplicável? Estamos errados ao pensar que, de nossa posição superior, podemos dar tapinhas na cabeça desses distantes inocentes e permitir que se apeguem a suas fantasias, assim como permitimos que nossas crianças de cinco anos acreditem no coelhinho da Páscoa.

Deixemos claro que sempre que falamos da ocorrência de verdadeiros milagres — seja hoje ou no passado bíblico — estamos falando de coisas muito, muito fora do comum em qualquer momento da história, portanto, chamam a atenção em qualquer época. Isso porque essa parece ser justamente a intenção de Deus para chamar nossa atenção quando Ele faz algo milagroso. Ele não quer nos manipular em nossa ignorância de acreditar em algo que não aconteceu. Sendo o Deus da verdade, Ele quer fazer exatamente o oposto, para nos surpreender.

Certamente, um dos exemplos mais dramáticos é a ressurreição de Jesus, que abordaremos em pormenores mais adiante. Mas, para nossos propósitos aqui, vamos simplesmente afirmar que 2 mil anos atrás, a volta de Jesus dos mortos foi considerada impossível e impressionante, como seria considerado hoje também. As pessoas do primeiro século não se levantavam do túmulo mais do que agora, no século XXI. Recuperar o morno sopro de vida saindo da literalmente fria morte é extraordinário e incrível em qualquer século. Por outro lado, se alguém se levanta dos mortos em um mundo de contos de fadas, onde unicórnios voam e cavalos falam, não há nenhum sentido e nenhum impacto, e não é um "milagre". Mas o que aconteceu quando Jesus ressuscitou dos mortos em Jerusalém há vinte séculos foi tão significativo e impactante quanto qualquer coisa do gênero poderia ser. Foi tão chocante e incompreensível que ninguém teria acreditado se não houvesse literalmente centenas de testemunhas oculares, não de sua ressurreição real, claro, mas do fato de ele ter ressuscitado. Contudo, mesmo com centenas de testemunhas oculares, muitos simplesmente não puderam acreditar e se recusaram a fazê-lo, o que é perfeitamente compreensível. O propósito disso, como podemos ver nos relatos dos Evangelhos do Novo Testamento, foi exatamente acabar com a discussão acerca de quem era Jesus; algo tão extrema e assustadoramente fora do comum que muitos céticos acabariam aceitando.

A divisão do mar Vermelho é outro exemplo de quão atípicas e surpreendentes eram essas coisas na época em que ocorreram. Deus quis que assim fosse. Se o mar Vermelho se dividisse de tempos em tempos, não faria sentido ele se dividir há 3500 anos para que os israelitas pudessem escapar dos soldados egípcios que se aproximavam. Poderíamos, então, considerar como uma feliz coincidência a pontual divisão das águas para que os israelitas fugissem do exército de faraó. Mas uma vez que o mar Vermelho nunca se divide por vontade própria — e o local por onde os israelitas o cruzaram tem centenas de metros de profundidade —, podemos concluir que Deus intencionalmente fez algo inexplicável e altamente chamativo. Esse foi seu propósito. O fato não é, de forma alguma, apresentado nas páginas do Êxodo como sendo natural. É para ser tomado — e *foi* tomado — como algo sem precedentes, um marco na história do mundo.

A questão desse e da maioria dos milagres é que ninguém jamais os esquece. Então, como pode algo não ter sido dramaticamente fora do comum se vemos que estava destinado a mudar, para sempre, a maneira de os israelitas perceberem a Deus e a si mesmos? Na verdade, esse foi o maior dispositivo mnemônico. Sempre que os israelitas duvidavam de Deus depois desse evento, sempre que duvidavam que Ele os havia escolhido e feito deles Seu próprio povo de uma forma inédita, sempre que duvidavam que Deus tinha um plano, um caminho e um futuro para eles, só precisavam lembrar o que Ele havia feito lá atrás, quando o exército de faraó avançava sobre eles para aniquilá-los para sempre. O povo se lembraria do que realmente havia acontecido, que Deus não era apenas real, mas que era *tão* real que às vezes intervinha de forma dramática.

Embora não seja tão lembrado pelos gentios, Deus dividiu de forma semelhante as águas do rio Jordão pouco antes de os israelitas entrarem na Terra Prometida. Imediatamente após o ocorrido, eles construíram um memorial de pedras, justamente para não esquecerem que esse extraordinário evento aconteceu de fato. Não houve mais outro desde então, e não se espera que haja novamente. Para marcá-los para sempre, o povo judeu pôs esses eventos em seu calendário, e, claro, marcam a abertura do mar Vermelho e o Êxodo com as celebrações anuais de *Pessach* (a Páscoa judaica).

Uma vez que, segundo a lógica, Deus poderia ter salvado os israelitas do exército de faraó de uma infinidade de formas, e infinitamente mais sutis que a abertura do mar Vermelho, é óbvio que ele não dividiu o mar para salvá-los, mas para se comunicar com eles. Isso, por si só, diz muito sobre o Deus por trás dos milagres. Se Ele poderia fazer o que precisa ser feito de outras maneiras, por que faz desse jeito? É para nos falar sobre Si mesmo.

É, portanto, adequado concluir que um milagre é algo que só acontece *contextualizado*. A divisão do mar Vermelho é um milagre exatamente porque os israelitas o *perceberam* como tal, um evento chocante e inexplicável que Deus fez acontecer, que foi exatamente a intenção dEle. Se fosse apenas uma aberração da natureza, algo que simplesmente aconteceu, não seria um milagre. Se acontecesse 40 mil anos antes de os israelitas existirem, não seria um milagre. O que faz dele um milagre é que Deus o realizou especificamente para se tornar conhecido, para se comunicar com os seres humanos. Quando Deus cutuca nosso mundo por meio dos milagres, está se comunicando conosco; caso contrário, não poderíamos usar adequadamente o termo "milagroso" para descrever um evento.

9. Milagres e ciência

Forçar um paradigma naturalista em tudo tem o efeito de fechar a ciência em vez de abri-la.
John Lennox

Antes de nos aprofundarmos nas evidências pessoais de milagres e nos próprios relatos, achei que devíamos abordar o contexto maior e as grandes questões que cercam o tema. Assim, nos próximos três capítulos vamos falar sobre a compatibilidade entre ciência e milagres, e sobre como a ciência nos dá, cada vez mais, provas do milagre de nossa própria existência. Esses são assuntos inebriantes e extremamente maravilhosos.

A ideia de que a ciência está em desacordo com a fé e os milagres é falsa. Na verdade, não é apenas falsa, mas também comprovadamente ilógica. Ainda assim, é um inoportuno rumor antigo e resiliente, que se recusa a desaparecer. Então, vamos fazer nossa parte para tentar despachá-lo deste mundo como pudermos.*

Muitos cientistas de renome assumem crer em Deus e em milagres, e não veem conflito entre uma vida dedicada tanto à fé como à investigação científica. Isso por si só deveria ser decisivo. Por exemplo, Francis Collins, que saiu na capa da revista *Time* por seu trabalho à frente do Projeto Genoma Humano, e que agora é diretor do National Institutes of Health — além de, por sua fama como cientista, ter feito parte da equipe de transição do presidente Obama em 2008 —, é um cristão que tem sido bastante aberto sobre sua fé. De fato, em seu livro *The Science of God*, ele explica que foi a própria ciência que o levou a abraçar a fé cristã. Outro renomado cientista, Sir John Polkinghorne, de Cambridge, após ter sido reconhecido como um dos maiores físicos quânticos do século xx e de ser eleito para a Royal Society ordenou-se sacerdote anglicano e agora escreve e fala regularmente sobre a

* Muito do que se diz neste capítulo pode ser encontrado no excelente livro do dr. John Lennox *Gunning for God: Why the New Atheists are Missing the Target*, que recomendamos vivamente para quem quiser saber mais sobre este e outros assuntos valiosos.

compatibilidade entre ciência e fé.* E, por fim, o dr. William D. Phillips, que ganhou o Prêmio Nobel de Física em 1997, falou amplamente sobre como sua dedicação à ciência e a Deus não são apenas compatíveis, mas conjugadas e logicamente inextricáveis. A lista de homens e mulheres da ciência contemporânea que acreditam no Deus da Bíblia e em milagres é praticamente interminável.

Só nos surpreendemos com isso — se é que nos surpreendemos — porque nossa cultura tem promovido com muita força a ideia de que a fé e a ciência estão em desacordo, mas a realidade irônica e praticamente desconhecida é que a própria ciência moderna foi, em essência, inventada por pessoas de fé cristã.** Isso porque acreditavam em um Deus que criara um universo de ordem incrivelmente magnífica, o qual poderia ser compreendido racionalmente e que, portanto, valia a pena tentar entendê-lo. Muitos deles criam que seu trabalho científico era uma forma de louvar a Deus, porque revelava a espetacular ordem e a multiforme genialidade da criação dEle. O próprio Isaac Newton era um cristão sério, e Galileu, que por causa de suas batalhas com a Igreja católica é muitas vezes visto como um cientista em desacordo com a fé cristã, era, na verdade, um cristão comprometido. Para acrescentar apenas dois dos muitos outros que poderíamos citar, John Clerk Maxwell e Michael Faraday foram homens de profunda fé cristã, cuja amplitude de gênio científico dificilmente poderia ser exagerada, e cuja fé explicitamente se apoiava em seu zelo por entender as leis que regem o universo.

Hoje, temos por certa a ideia de que o universo pode ser racionalmente compreendido, como se fosse um fato óbvio. Mas essa ideia deveria nos assustar. Embora praticamente não consideremos assim, a compreensão do universo por meio da investigação científica é uma noção radical, que aponta diretamente para Deus como criador. Ninguém menos que Albert Einstein reconheceu isso e declarou para a posteridade:

> A ciência só pode ser criada por quem esteja plenamente imbuído da aspiração à verdade e à compreensão. A fonte desse sentimento, no entanto, brota da religião. A ela também pertence a fé na possibilidade de que as normas válidas para o mundo da existência sejam racionais, isto é, compreensíveis à razão. Não posso imaginar um cientista sem essa fé profunda.

* Por duas vezes ele foi nosso convidado de programa *Socrates in the City*, onde falou sobre "A crença em Deus na era da Ciência" e "Pode um cientista orar?".

** Para uma abordagem completa desse assunto, consulte *A alma da ciência*, de Nancy Pearcey e Charles Thaxton.

Ele também disse o seguinte: "Ciência sem religião é manca; religião sem ciência é cega".

Embora Einstein não acreditasse no Deus da Bíblia, o maior cientista da modernidade claramente contemplava com admiração a grande surpresa encontrada no âmago de toda investigação científica: a de que tudo é possível. Que de alguma forma, o universo pode ser racionalmente entendido. Esse dom glorioso não se perdeu. Em outro lugar, Einstein disse:

> Qualquer um que esteja seriamente envolvido na busca da ciência se convence de que um espírito se manifesta nas leis do universo — um espírito muito superior ao do homem, em face de quem, com nossos poderes modestos, devemos nos sentir humildes. Dessa forma, a busca da ciência leva a um sentimento religioso especial, que é, na verdade, bem diferente da religiosidade de alguém mais ingênuo.

OS LIMITES DA CIÊNCIA

Outra razão para a incompatibilidade entre ciência e fé — ou milagres — é que o reino dos milagres está, por definição, muito além do âmbito da ciência. A ciência se limita a descrever o universo de matéria e energia que surgiu do Big Bang. Especular algo mais é ir além do reino da ciência, no sentido estrito. Mas muitos cientistas ateus insistem em que não há qualquer razão para especular além do universo de matéria e energia, porque não existe nada mais que isso. Eles reiteram que este universo é tudo que existe. O problema é que não podem provar isso cientificamente, de modo que, para eles, fazer tal afirmação já é "não científico". Ironicamente, ao fazer isso, esses cientistas estão indo além do mundo da ciência.

Como John Lennox disse, "a racionalidade é maior que a ciência". O mundo da investigação *científica* não abrange toda a investigação *racional*. Esse é um ponto extremamente importante. De modo que, sim, a ciência tem limites. Ela pode descrever o universo de matéria e energia, mas não pode *explicá-lo*. Ludwig Wittgenstein disse: "A grande ilusão da modernidade é que as leis da ciência explicam o universo para nós. As leis da natureza *descrevem* o universo [...] mas não *explicam* nada".*

Então, na questão mais ampla sobre como o universo explodiu no

* Grifo nosso.

Big Bang e passou a existir, e de onde toda essa matéria e energia saíram de repente, a ciência deve permanecer em silêncio. Ela pode percorrer todo o caminho de volta — 14 bilhões de anos — até o Big Bang, mas vai ter que parar. Pode nos dizer *o que* é, mas não *por que* é ou de onde veio. A ciência não pode falar dessas questões "maiores". O próprio Einstein disse: "Você pode falar dos fundamentos éticos da ciência, mas não dos fundamentos científicos da ética". Por exemplo, a ciência pode nos dizer o que é possível para nós em termos de investigação científica com células-tronco ou clonagem, mas não pode nos dizer se a pesquisa seria ética ou antiética. Para responder a isso, temos que nos aventurar além das fronteiras da ciência.

O nome dessa fronteira, na verdade, é o que chamamos de "singularidade". Como explicaremos no capítulo 11, as leis fundamentais que regem toda a matéria do universo foram estabelecidas em uma fração de fração de segundo após o Big Bang. A ciência simplesmente não pode observar um campo "antes" da existência dessas leis. Não pode nos dizer por que essas leis foram postas em prática naquele momento preciso, nem se elas foram predeterminadas de alguma forma ou por alguém. Eis aqui o que a ciência *pode* nos dizer: que há 14 bilhões de anos, toda a matéria e a energia em nosso universo passaram a existir. Mas há um problema nisso. A Primeira Lei da Termodinâmica diz que a energia e a matéria não podem ser criadas ou destruídas. Se isso for verdade, como é possível que toda a energia e a matéria em nosso universo tenham sido criadas no Big Bang? De acordo com tudo que sabemos de ciência, é impossível. No entanto, a ciência sabe que isso aconteceu.

Ninguém discorda que matéria e energia externas a um "sistema fechado" podem ser postas *dentro* dele. E não é exatamente isso um milagre: a injeção de algo de *fora* deste mundo de tempo e espaço *dentro* dele? Por que não pode acontecer outra vez? E de novo e de novo e de novo? Se aconteceu uma vez, no Big Bang, como podemos afirmar que nunca mais vai acontecer? Com base em quê a ciência pode fazer tal declaração?

Naturalmente, uma vez que a energia e a matéria vieram ao sistema fechado que é este universo, estão sujeitas às leis dele. C. S. Lewis tratou disso de sua maneira tipicamente brilhante:

> Quando Deus aniquila, desvia ou cria uma unidade de matéria, cria uma nova situação nesse ponto. Imediatamente a natureza habita essa nova situação, apropria-se dela, adapta todos os outros eventos a ela. Isso se encontra em conformidade com todas as leis. Se Deus cria um espermatozoide milagroso no corpo de uma virgem, não está violando nenhuma lei. As leis assumem o controle. A

natureza está pronta. Segue-se a gravidez, de acordo com todas as leis normais, e nove meses depois, nasce uma criança.

Assim como na criação do universo, também no milagre do nascimento virginal algo veio de "fora do sistema". Uma vez que a matéria e/ou energia entrou, foi assimilada pelo sistema por meio das regras — tinha que seguir as leis de nosso universo. Mas, como foi que chegou? E por que entrou? E onde está o mundo "de fora" neste mundo da matéria e do tempo? A ciência não pode nos dizer. Mas certamente podemos perguntar e usar a razão para tentar responder a essas perguntas. Seres humanos racionais *devem* fazer essas perguntas e utilizar sua razão da melhor forma a fim de encontrar as respostas.

O milagre do nascimento virginal não é como a criação do universo no Big Bang? Se Deus pôde trazer o universo inteiro de "fora" do sistema, por que não poderia inserir um esperma em outra forma de "sistema fechado"? A cabeça de um espermatozoide tem cerca de cinco micrômetros (a milionésima parte de um metro) por três micrômetros. Se todo o universo eclodiu através da fina linha que separa o ser e o não ser, por que não poderia algo tão pequeno como um espermatozoide fazer o mesmo? Se aceitarmos a singularidade do Big Bang, com que base poderemos razoavelmente argumentar que nenhuma outra singularidade é possível? Se Deus está "fora do sistema" e pôde vir para "dentro" para criar o universo, Ele não poderia vir outras vezes para fazer o que poderíamos chamar de milagre?

John Lennox reitera a ideia de que os milagres sinalizam a transferência de algo externo ao nosso sistema fechado para dentro dele, e uma vez feita a movimentação, as leis "internas" assumem. Diz ele:

> O que os cristãos afirmam sobre a ressurreição de Jesus não é que ele se levantou por meio de um processo natural; violando as leis da natureza. Não. Os cristãos afirmam que Jesus ressuscitou porque Deus injetou-lhe um enorme poder e energia provenientes de fora do sistema. Agora, a menos que se tenha provas de que o sistema é totalmente fechado, não se pode argumentar contra a possibilidade de milagres.

Eis o problema: como os cientistas podem argumentar contra a possibilidade de milagres sem ter evidência científica real que prove que o sistema é totalmente fechado? Tudo que estamos começando a conhecer do novo mundo da física quântica não torna a possibilidade de um sistema hermético cada vez menos plausível?

E se tudo que aprendemos com a ciência apontar para a ideia de que a informação veio de fora do sistema, de um mundo além do domínio da ciência? E se ciência apontar para além da ciência?

Por exemplo, muitos cientistas, ao examinar a impressionante ordem do universo, chegaram à conclusão de que ele não passou a existir de forma aleatória; em vez disso, deve ter sido projetado por algum tipo de inteligência — por um projetista. E se a evidência científica desse "projeto" for esmagadora? Cientistas naturalistas e ateus radicais dizem que não devemos estar abertos a essa possibilidade e que devemos descartá-la. Por quê?

É perfeitamente lógico considerar a ideia de que os sinais de inteligência devem sinalizar inteligência real. Se encontrarmos em letras garrafais a palavra SOCORRO escavada na areia em uma ilha deserta, quem de nós poderia admitir que essas marcas poderiam ter sido feitas pela força natural e irracional da água e do vento? Alguma coisa dentro de nós reconhece que não é algo aleatório, que há uma inteligência por trás desse fato, e devemos racionalmente estar abertos a essa possibilidade.

John Lennox concorda. "Quero ser livre para seguir a evidência aonde ela me levar", diz ele. "Esse é, a meu ver, o verdadeiro espírito socrático da ciência. Forçar um paradigma naturalista em tudo tem o efeito de fechar a ciência, em vez de abri-la." Mas o medo de provocar a ira dos ideólogos cientificistas radicais impediu que cientistas de mente mais aberta falassem de suas ideias, menos ainda que publicassem sobre o assunto. Apesar de terem surgido sinais encorajadores.

Há apenas dez anos, o ateu talvez mais proeminente do século XX, Antony Flew, concluiu que um Deus deve ter projetado o universo. Foi uma notícia chocante e ganhou as manchetes internacionais. Flew passou a acreditar que o extraordinariamente complexo código genético no DNA não poderia ser explicado apenas de forma naturalista. Não fazia sentido que ele acontecesse por acaso, por meio de mutações aleatórias. É notável que Flew tenha tido a humildade e honestidade intelectual de contrariar publicamente tudo que afirmou e ensinou por cinco décadas.

Dizer que é "anticientífico" fazer especulações como fazem Antony Flew, John Lennox e um número crescente de pessoas é como um padeiro afirmar que tudo no mundo fora de sua loja é "antipadaria". Ele pode até se sentir assim, mas é uma afirmação bizarra. O pensamento racional, que se estende para além dos limites estritos da ciência, não é "anticientífico" em absoluto. Devemos nos perguntar por que alguns cientistas tentam excluir qualquer investigação racional que não seja estritamente científica. Esse ato de exclusão é, naturalmente, não científico. Sem qualquer evidência científica de que o sistema do universo é hermético, eles ainda insistem que é. A única coisa honesta a dizer do ponto de vista da ciência é "não sei"; responder a essa questão extremamente importante está fora do âmbito da ciência.

Há muitas coisas importantes para além do âmbito da ciência. Perguntar por que o universo existe ou qual é o sentido da vida — ou simplesmente amar nossos filhos — está fora desse âmbito; no entanto, são atividades profundamente valiosas. Quando foi que os cientistas começaram a zombar de qualquer coisa fora do campo que escolheram?

Certamente, muitos dos cientistas que insistem que não há nada além da ciência e do universo de matéria e energia, afirmando ainda que é "anticientífico" e "irracional" especular sobre a existência de algo, devem saber que não há base científica ou racional para tais afirmações. Devemos assumir que eles se sentem ideologicamente desconfortáveis com tais especulações e desejam fazer todo o possível para pôr um fim nelas. Mas devemos chamar a tática pelo nome: blefe. E assim o chamaremos. Digamos que, ironicamente, isso não é ciência, e que, muito ironicamente, é "anticientífico".

Devemos assumir que se alguém dedica a vida a descobrir o que pode ser conhecido, pode se sentir naturalmente desconfortável com a humilhante ideia de dizer que *não sabe* ou *não pode saber*. Pode se sentir não só desconfortável, mas ainda, de alguma forma, ter medo do Mistério e se sentir ameaçado por ele. Mas é um tipo de fundamentalismo e farisaísmo secular que causa esses sentimentos, que os fazem espernear perante qualquer coisa que ameace a inviolabilidade de seu sacrossanto sistema fechado. Assim, em suas declarações críticas, banirão o Mistério, com barro e pedras o selarão em uma caverna, esperando que ele nunca escape. Mas o Mistério, embora oculto, é parte de toda a verdade, e a verdade, é claro, vai aparecer.

PODEMOS PROVAR QUE UM MILAGRE ACONTECEU?

Convencer as pessoas razoáveis de que algo aconteceu e "provar" que algo aconteceu não é a mesma coisa. Se estivermos falando de um milagre como a ressurreição de Jesus, não poderemos "provar" que ela aconteceu mais do que um advogado pode "provar" que alguém cometeu um crime. Ele pode convencer o júri, que pode até determinar, por unanimidade, um veredicto, mas isso não é bem uma "prova" no sentido mais puro da palavra. Em última análise, poder ser "provado" ou não é meio irrelevante. Em um tribunal de justiça, falamos sobre coisas como "dúvida razoável". Condenamos pessoas à morte ou as libertamos com base em conclusões que não são, estritamente falando, "provas", mas para as quais, no entanto, temos evidências suficientes para chegar a conclusões firmes e entregar veredictos finais. Examinar milagres é meio parecido.

No que diz respeito a "milagres" da medicina, é certamente possível provar que algo "aconteceu". Podemos mostrar raios X e/ou fotografias com o antes e o depois. Podemos obter o laudo dos médicos. Mas não podemos provar que o ocorrido foi necessariamente um milagre. Só porque algo aconteceu (por exemplo, um tumor desapareceu durante a noite, ou talvez diante dos olhos de alguém), não significa que se possa provar que foi um milagre, que Deus estava por trás disso. São questões separadas. Então, o fato de algo aparentemente miraculoso acontecer não o torna necessariamente um milagre. É mais honesto dizer que não sabemos como isso aconteceu. Muitos médicos já atestaram eventos extraordinários, mas não podem dar o salto e dizer que Deus estava por trás do acontecido.

Em um Veritas Forum realizado na Universidade de Harvard em 2012, John Lennox disse o seguinte:

> Normalmente, quando pensamos em ciência, pensamos em métodos indutivos. Fazemos um experimento cem vezes. Obtemos o mesmo resultado e esperamos que isso aconteça na centésima primeira vez. Bem, não podemos repetir uma ressurreição para ver se aconteceu ou não, portanto, temos que empregar os métodos da ciência forense.

Não é possível fazer um clássico experimento científico com resultados verificáveis cada vez que quisermos decidir se um milagre aconteceu. Mas certamente podemos decidir se ocorreu a partir da evidência obtida por outros métodos, como faríamos em um tribunal.

O DEUS DAS LACUNAS

No século XIX, o evangelista e cientista Henry Drummond cunhou o termo "Deus das lacunas". É a ideia de que tudo que não se pode explicar ou entender é atribuído a "Deus". Mas isso é, em essência, uma definição negativa de Deus, e, claro, conforme a ciência progride, nossa necessidade do "Deus das lacunas" diminui. Em suas famosas *Letters and Papers from Prison* [Cartas e documentos da prisão], o teólogo alemão Dietrich Bonhoeffer escreveu:

> Como é errado usar Deus como um tapa-buraco para a incompletude de nosso conhecimento. Se de fato as fronteiras do conhecimento estão sendo encurtadas

mais e mais (e esse é obrigatoriamente o caso), então Deus está sendo limitado com elas, e está, portanto, constantemente em retirada. Encontramos Deus no que sabemos, não no que não sabemos.

Desde que Bonhoeffer escreveu essas palavras em 1943, a visão positiva de Deus tem sido cada vez mais afirmada. À medida que o conhecimento científico aumenta, temos mais provas — e não menos — que apontam para um criador. Por exemplo, recentemente, em março de 2014, os astrônomos anunciaram a descoberta do que acreditavam ser ondas gravitacionais primordiais, solidificando ainda mais a teoria do Big Bang. Com certeza, para alguém ideologicamente comprometido com uma visão de mundo materialista, isso deve ser totalmente confuso e perturbador.

Da mesma forma, a ciência da Arqueologia tem descoberto cada vez mais evidências da historicidade da Bíblia. Por exemplo, durante séculos o mundo não sabia nada sobre os hititas afora as referências feitas a eles no Antigo Testamento; mas, no início do século XX, o arqueólogo Hugo Winckler descobriu milhares de tabuletas com inscrições de escrita cuneiforme acádia. Essas e outras descobertas provaram, acima de qualquer dúvida, que o império hitita de fato existiu, assim como diz a Bíblia. Da mesma forma, em 1994, um monólito quebrado foi descoberto em Tel Dan, no norte de Israel, com uma inscrição referindo-se à "Casa de Davi". Até esse momento, não havia nenhuma referência à casa real de Davi fora do Antigo Testamento, e muitos pensavam que era lendária.

No século XIX, Darwin postulou que as lacunas no registro fóssil lentamente seriam preenchidas à medida que mais e mais fossem descobertos. Ele tinha a esperança de mostrar o efetivo desenvolvimento organizado, ininterrupto e constante de uma espécie para outra. Mas aconteceu o oposto. Em vez de encontrar outros fósseis para preencher as lacunas, os cientistas descobriram mais e mais dos mesmos tipos. Foram encontrados outros exemplos de espécies já descobertas, sem vínculos claros e incontestáveis entre si.

Mas tudo isso não é nada se comparado com a evidência que aponta para a ideia de que nosso universo nunca poderia simplesmente ter acontecido, que tinha que ter sido planejado porque seu projeto é incrível. Quanto mais a ciência descobre sobre as condições necessárias para a existência da vida e do universo, mais ela aponta para um criador. Mergulharemos em detalhes fascinantes sobre isso nos próximos dois capítulos. Como disse o famoso físico Robert Jastrow, o qual se considera agnóstico:

Para o cientista que vive da fé no poder da razão, a história acaba como um sonho ruim. Ele escalou as montanhas da ignorância; está prestes a conquistar o pico mais alto; e enquanto se arrasta sobre a rocha final, é saudado por um bando de teólogos que estavam sentados ali havia séculos.

John Lennox nos oferece a seguinte conclusão: "Quanto mais sabemos sobre nosso universo, mais a hipótese de que existe um Deus criador, que planejou o universo com um propósito, ganha credibilidade como a melhor explicação para o porquê de estarmos aqui".

10. A vida é um milagre?

Milagres, no sentido de fenômenos que não podemos explicar, cercam-nos por todos os lados: a própria vida é o milagre dos milagres.
Sidarta Gautama, Buda

Se a primavera chegasse uma vez por século, em vez de uma vez por ano, ou estourasse com o som de um terremoto, e não em silêncio, que fascinação e expectativa haveria em todos os corações ao contemplar essa mudança milagrosa!
Henry Wadsworth Longfellow

Muitas vezes ouvimos gente exclamar que a vida é um milagre. É difícil saber o que isso quer dizer, porque pode significar muitas coisas. De modo geral, parece calculado para nos fazer refletir sobre as coisas incríveis ao nosso redor, para que possamos apreciá-las e deliciar-nos com elas. No mesmo sentido, Ralph Waldo Emerson disse que "a marca invariável da sabedoria é ver o milagroso no comum". E George Bernard Shaw afirmou: "Se pudéssemos ver claramente o milagre de uma única flor, toda nossa vida mudaria".

Ainda assim, a ideia de que a "vida" é um milagre é bastante diferente do que a maioria de nós imagina quando pensa em milagres. Normalmente, pensamos em coisas mais instantâneas e dramáticas, como quando um cego recupera a visão, um tumor desaparece da noite para o dia, ou um morto se ergue do túmulo. Por algumas boas razões, o sentimento de que "a vida é um milagre" pode soar como um clichê. Mas, e se não for? E se a vida — a simples existência da vida na Terra — for tão milagrosa quanto qualquer um desses outros eventos impossíveis, dramáticos, de tirar o fôlego? E se a existência de vida na Terra for comprovadamente mais extraordinária e surpreendente que o nascimento virginal?

A VIDA NO PLANETA TERRA

É extremamente raro pararmos para considerar a ideia de nossa existência no planeta Terra. Tendemos a considerá-la normal, e isso não é surpreendente, assim como peixe considera a água normal, e os pássaros e as abelhas, o ar.

Sabemos que nosso planeta comporta a vida, e alguns de nós sabe que, até o alcance de nosso conhecimento, nenhum outro planeta no universo a comporta. Mas sabemos por que isso acontece? Por que este planeta seria perfeitamente adequado para que houvesse vida? Na verdade, não deveria ser. Chegaremos a isso.

Muitas pessoas, porém, são da opinião de que outros planetas devem oferecer condições para a vida. Apenas não os encontramos ainda. A ideia é que existem tantos planetas em nosso incrivelmente vasto universo que há a absoluta probabilidade de que alguns deles sejam capazes de comportar a vida. É comum ouvirmos que quem pensa o contrário — que nosso planeta é o único neste vasto universo a abrigar vida — é irremediavelmente arrogante. No entanto, isso não é lógico nem verdadeiro. Quanto a ser arrogante, é outra história. Todavia, com base no que sabemos hoje, quem afirma que não é verdade, o faz não com base em evidências científicas, e sim em cega ideologia.

Para ser justo, há meio século, quando essa ideia se originou, era completamente lógica. Isso porque, na época, tínhamos um conhecimento muito limitado dos parâmetros necessários para que um planeta suportasse a vida. Na verdade, quando Carl Sagan e outros alardearam essa ideia, sabíamos das duas únicas condições que precisavam ser cumpridas para que um planeta comportasse a vida. Acreditávamos que certos tipos de estrelas eram necessários, e sabíamos que o planeta devia manter uma distância exata em relação a elas. Tendo em conta esses dois parâmetros, Sagan e seus colegas estimaram que cerca de 0,001% de todas as estrelas do universo poderia ter um planeta que possibilitasse a vida. Dado o grande número de planetas, estrelas e galáxias, haveria um número espetacularmente elevado de planetas que teriam os requisitos necessários. Tudo que se precisava fazer era descobrir essa vida, o que prontamente se tentou com uma coisa chamada SETI: Search for Extraterrestrial Intelligence [Busca por Inteligência Extraterrestre].

Mas, conforme os anos se passaram e nos vimos incapazes de encontrar uma mera sugestão de vida, os cientistas descobriram mais e mais condições necessárias para sua existência. Eles próprios começaram a entender por que não haviam conseguido encontrar um indício de inteligência extraterrestre. Quanto mais estudamos e medimos o universo, mais vemos que as condições de vida são muito mais rigorosas do que se pensava anteriormente. O número de variáveis necessárias para a vida em um planeta no universo explodiu, enquanto o de possíveis planetas que poderiam acolhê-la murchou. O número encolheu até chegar a zero, e como o número de variáveis necessárias continuou a crescer, a quantidade de planetas capazes de possuir vida caiu para *menos* que zero. As probabilidades *contrárias* à existência de um planeta que suporte a vida crescem cada vez mais, até as alturas insondáveis e vertiginosas da impossibilidade. Mas o entendimento popular dessa situação está longe de alcançar o científico.

Agora, aos quinze anos do século XXI, conhecemos tantas condições que são absolutamente necessárias para que um planeta suporte a vida que não só é extremamente improvável que exista um, mas é extremamente improvável que o *nosso próprio* planeta a suporte. Estatística e logicamente falando, vida de qualquer tipo não deveria existir, e nós não deveríamos estar aqui. Nossa existência é virtualmente impossível do ponto de vista estatístico e científico. Isso pode parecer absurdo, mas é o que a ciência mais avançada nos leva a concluir agora: as probabilidades de que um único planeta no universo possua o ambiente adequado para gerar a vida são tão contrárias, que sua existência, e a existência de vida, é uma anomalia de alto nível. No entanto, aqui estamos, existindo, e não meramente existindo, mas pensando sobre a ideia de que existimos. O que devemos fazer com isso?

Compreender os detalhes ajuda, de modo que vamos examinar alguns dos parâmetros determinados pelos cientistas como cruciais para a vida. Como dissemos, esse número cresceu, cada vez mais, desde 1966, quando Carl Sagan fez seus cálculos.

A imensa e crescente soma dessas condições é assombrosa, mas só algumas delas são fáceis para que nós, leigos, as compreendamos, de modo que vamos nos limitar a algumas.* O que se segue aqui é, portanto, uma lista bastante abreviada, só um gostinho, na verdade. Devemos ter em mente, todavia, que cada uma dessas condições é crucial. Se qualquer uma delas não for atendida, a vida de qualquer tipo não poderá existir. Visto que cada uma dessas inúmeras variáveis se alinha perfeitamente — como deveria —, alguns físicos passaram a usar a expressão "universo afinado". Isso porque, seja qual for sua ideologia sobre o assunto, de forma poderosa, o universo parece ter sido "afinado" para suportar a vida. Afinado *por quem*, naturalmente, é outra história.

A primeira variável que podemos abordar é simplesmente o tamanho de nosso planeta. A maioria de nós já assistiu a filmes ou leu livros de ficção científica o bastante a ponto de não poder imaginar que o tamanho de um planeta fizesse muita diferença, mas sob a perspectiva da *não* ficção, isso é um erro. Isso porque o tamanho — na verdade, a massa — de um planeta determina quanta gravidade ele tem, o que determina muito mais. Embora

* Para uma lista mais completa dessas variáveis, e explicações mais aprofundadas a respeito de sua vitalidade para a existência de vida, recomendamos os excelentes livros de Hugh Ross, *The Fingerprint of God* e *The Creator and the Cosmos.*

isso possa nos surpreender, se nosso planeta fosse um pouquinho maior ou menor, a vida aqui não poderia existir.

Se a Terra fosse um pouco maior, naturalmente teria um pouco mais de gravidade, o que traria implicações interessantes. Não é apenas o fato de que uma pessoa com setenta quilos seria mais pesada. Se a Terra tivesse apenas um pouco mais de gravidade do que tem agora, o gás metano e a amônia, que têm massas moleculares dezesseis e dezessete, respectivamente, permaneceriam perto da superfície terrestre. Como não podemos aspirar metano ou amônia, que são tóxicos, morreríamos. Mais importante, nem teríamos chegado a existir. Se você estiver pensando que poderíamos ter evoluído a fim de poder aspirar esses gases, isso é mais ficção científica que realidade. Simplificando, a vida não pode coexistir com grandes quantidades de metano e amônia. Mas se a Terra fosse um pouco maior, esses gases mortais não se dissipariam na atmosfera, ficariam aqui, onde teríamos que os inalar.

Por outro lado, se a Terra fosse um pouco menor e tivesse um pouco menos de gravidade, o vapor de água, que tem massa molecular dezoito, *não* ficaria aqui perto da superfície do planeta; em vez disso, ele se dissiparia na atmosfera. Obviamente, sem água não poderíamos existir. Como todos ouvimos dizer, nosso corpo é formado por 75% de água. Pensar que o tamanho da Terra deveria ser exatamente como é, senão não existiríamos, é preocupante e, francamente, não tão fácil de acreditar. Mas é fato que precisamos de um planeta pequeno o suficiente para permitir que os gases venenosos de massa molecular dezesseis e dezessete evaporem, e grande o suficiente para que o vapor de água, com sua massa molecular dezoito, não evapore.

Antes de prosseguir, devemos dizer umas palavras sobre as propriedades únicas da água. Como aprendemos na escola, o gás é menos denso que o líquido, que é menos denso que o sólido. Quando algo passa de um estado a outro, suas moléculas ficam mais próximas e a matéria fica mais densa, e, claro, mais pesada. Mas, se isso é verdade, por que o gelo flutua? Não deveria ser mais pesado que a água líquida e afundar?

A água, de fato, torna-se mais densa à medida que esfria para se tornar sólida (gelo) — mas *até* atingir 4ºC, quando então começa a ficar menos densa. Assim, quando está em estado sólido, a água é mais leve que em estado líquido, e flutua. Se a água não tivesse essa peculiaridade genuinamente bizarra, os lagos congelariam de baixo para cima, matando os peixes e outras espécies de água doce, o que desencadearia um efeito mortal em outras formas de vida. A razão de a água ter essa propriedade vital é que cada molécula dela possui dois átomos de hidrogênio que estão ligados ao átomo de oxigênio em forma de V, cujo ângulo é de 104,5 graus. Devido a esse ângulo obtuso, a água se solidifica em estruturas hexagonais, que ocupam muito espaço, e são, portanto, mais leves que a água líquida. Maravilhar-se com isso não é inadequado.

Existem ainda outras propriedades da água que são extremamente anômalas e tornam a vida na Terra possível. O elevado ponto de ebulição da água é um, e sua capacidade de dissolver um grande número de substâncias químicas é outro. Ela também é boa retentora de calor, permitindo que as massas de água em nosso planeta ajudem a estabilizar e moderar as temperaturas. Mais uma vez, se a água não tivesse *todas* essas propriedades raras, a vida seria impossível.

Assim como a maioria de nós não pensa muito sobre como a água líquida é estranha, nem se alegra com o tamanho perfeito de nosso planeta, quem pode dizer que já deu atenção à velocidade com que a Terra gira? Toda vez que observamos o nascer ou o pôr do sol, vemos o ritmo com que o planeta se move; mas, e daí? Se fosse um pouco mais lento ou mais rápido, isso faria uma diferença significativa? A vida não se adaptaria? A ciência diz que não.

Suspeitamos que você saiba que nosso planeta dá uma volta completa a cada 24 horas. Às vezes, gostaríamos que houvesse algumas horas a mais no dia, mas se fosse esse o caso, e a Terra girasse só um pouquinho mais devagar, as oscilações de temperatura entre o dia e a noite seriam inevitavelmente letais. Se o lado noturno da Terra ficasse escuro algumas horas a mais, o frio à noite seria drasticamente mais gelado, e o calor durante o dia, drasticamente mais quente. Como resultado, a vida neste planeta seria nada menos que impossível. Se a Terra girasse um pouco mais rápido, portanto, e nos desse dias mais curtos, haveria ventos incrivelmente fortes. O quão fortes, não se sabe dizer. Os ventos em Júpiter alcançam 1600 quilômetros por hora, portanto, se a Terra girasse um pouco mais rápido, sob uma visão conservadora, podemos imaginar que produziria ventanias que impossibilitariam um ambiente estável e propício para a vida de qualquer espécie.

Outro critério fundamental para haver vida na Terra é a presença de um imenso planeta em nosso sistema solar. Estamos falando especificamente de Júpiter, cujos esforços em nosso favor a maioria de nós tem por certos. Mas sem o gigante Júpiter onde está, cometas e seus detritos nos atingiriam com uma frequência cerca de *mil vezes* maior. O diâmetro de Júpiter é mais de onze vezes maior que o da Terra; a área de sua superfície é 122 vezes a nossa, e poderíamos encaixar 1320 Terras em uma esfera do tamanho de Júpiter. Para ter uma noção maior das enormes dimensões de Júpiter, considere que ele tem o dobro e mais metade da massa de todos os outros planetas do sistema solar juntos.

O que isso tem a ver com evitar que cometas atinjam a Terra? Como Júpiter é composto de gás, não é tão denso quanto a Terra; no entanto, tem 318 vezes a massa do nosso planeta e, portanto, 318 vezes sua gravidade. Assim, a maioria dos cometas que se aproxima de Júpiter é puxada em direção a ele. Ele engole muitos deles em suas profundezas gasosas sem nem soluçar. Na maioria dos casos, entretanto, ele simplesmente os desvia para longe da Terra e para fora do sistema solar.

O MILAGRE DA LUA

O grande significado de Júpiter para a vida na Terra, no entanto, empalidece em comparação com o significado da Lua.

Podemos começar pelo tamanho da Lua, que é sua característica mais insignificante, mas, ainda assim, imensamente significativa — razão de sua importância para a vida terrestre. A considerável gravidade da Lua dá aos oceanos suas marés. Se a Lua fosse levemente maior, tornaria as marés muito mais extremas, uma vez que uma Lua maior evidentemente exerceria uma atração gravitacional correspondente. Com marés de trinta metros, não poderia haver cidades ou aldeias costeiras. Se a Lua fosse um pouco menor e exercesse menos atração gravitacional, as marés seriam insuficientes para purificar a água na costa do mar e repor seus nutrientes. Se a Lua tivesse qualquer tamanho diferente do que tem, a vida como a conhecemos não existiria.

O tamanho da Lua e sua distância da Terra são também responsáveis por estabilizar o eixo de rotação da Terra. Se ele não fosse estável ou não estivesse no ângulo ideal, não estaríamos aqui. Sem a inclinação da Terra, não haveria estações e as temperaturas seriam bem instáveis. De modo que, se a Lua não tivesse exatamente esse tamanho e essa distância, o eixo de rotação terrestre teria mudado ao longo das eras, tornando a vida terrestre completamente fora de cogitação.

Talvez a mais dramática de todas essas considerações tenha a ver com a formação da Lua. De tudo que vamos analisar, isso pode ser o mais difícil de entender. A maioria dos cientistas já concluiu que a Lua não se formou ao mesmo tempo em que a Terra, mas 250 milhões de anos depois. Havia outras teorias, mas a maioria já caducou. Tal como acontece com outros tópicos deste capítulo, o consenso em torno dos eventos foi alcançado recentemente, graças ao crescente conhecimento sobre o assunto, e o consenso continua a aumentar.

Eis o que a ciência nos diz: há 4,25 bilhões de anos, a Terra era muito menor do que é hoje e ainda estava em estado fundido. Não era a Terra ainda, então, vamos chamá-la de "Terra", entre aspas. Pois bem, fora do infinito alcance do espaço negro, viajando em silêncio em uma trajetória fixa por milhões e milhões (e milhões e milhões) de anos e anos-luz, um corpo planetário *maior que Marte* mirou na "Terra" e a acertou em cheio, bem no meio. Essa incomensurável e perfeita colisão de dois corpos na incalculável imensidão do espaço tornou a vida — e, portanto, você e eu — possível.

A rude massa do tamanho de Marte que atingiu a "Terra" foi, na maior parte, absorvida, de modo que ela deixou de ser "Terra" para se tornar realmente a Terra. Nosso tamanho, por conta dessa colisão, aumentou até ser o que é hoje — a proporção que já dissemos ser vital para a existência de vida. Mas os pedaços restantes produzidos por essa colisão cataclísmica começaram a orbitar em volta da Terra, e, um dia, uniram-se para formar o que hoje conhecemos como a Lua.

Outra coisa aconteceu como resultado dessa colisão, sem a qual a vida não poderia existir. O choque frontal entre esses dois objetos foi tão *perfeitamente* alinhado, e, portanto, tão cataclísmico, que mandou a maior parte da atmosfera terrestre para o espaço exterior, deixando-nos com a que temos agora. A atmosfera anterior da Terra era quarenta vezes mais densa que a atual; portanto, a luz do Sol não poderia alcançar a superfície do planeta. Se essa colisão não houvesse acontecido exatamente como aconteceu, não existiríamos. A atmosfera e o tamanho da Terra eram absolutamente incapazes de suportar a vida antes, mas se tornaram perfeitamente aptos para suportá-la depois.

O acréscimo de massa extra ao nosso planeta também aumentou em grande medida o teor de ferro da Terra, permitindo que as algas marinhas florescessem, o que, por sua vez, permitiu que outras formas de vida marinha prosperassem, o que, por sua vez, permitiu a vida em terra seca. Dizer que não estaríamos aqui sem que essa colisão ocorresse exatamente como ocorreu é um imenso eufemismo.

O que talvez seja mais difícil de entender é que o atual estado perfeito da Terra é o resultado de uma colisão aparentemente aleatória ocorrida há 4,25 bilhões anos. Não é exagero dizer que, na infinitude do espaço, dois corpos colidirem desse modo é como se duas balas disparadas de lados oposto no Grand Canyon se chocassem perfeitamente no ar, ponta com ponta, anulando o impacto e caindo verticalmente juntas garganta abaixo. Que isso ocorra é, em essência, uma impossibilidade, e, ainda assim, de alguma forma, a ciência nos diz que aconteceu. Dificilmente podemos entender isso o suficiente, mas se a colisão houvesse sido um pouco menos frontal, ou se esses gigantes se errassem por um triz, não estaríamos aqui.

Quem poderia negar que crer que essa colisão aconteceu de uma forma aleatória, "por acaso", requer mais fé que crer que, de alguma forma, ela foi "guiada" para acontecer? Isso não quer dizer que a colisão não tenha acontecido aleatória e acidentalmente, mas que acreditar nisso é implausível de tal modo que a alternativa deve ser, no mínimo, considerada. A mente humana anseia por sentido e respostas para tais mistérios extraordinários: como pode algo tão extraordinariamente preciso ter só "acontecido"?

Mas se essa surpreendentemente perfeita colisão não houvesse acontecido, exatamente como foi, e se o tamanho da Terra ou da Lua fossem um pouco diferentes, ou se a rotação da Terra fosse levemente mais rápida ou mais lenta, ou se Júpiter não fosse tão grande como é e não estivesse posicionado exatamente onde está, a vida aqui não poderia ser uma vaga possibilidade, muito menos uma realidade.

E esses são apenas poucos parâmetros dos necessários para que a vida seja possível.

Como dissemos, na década de 1960, quando Carl Sagan tentava calcular quantos planetas do universo poderiam potencialmente abrigar vida, havia apenas duas características precisas com que valia a pena se preocupar, o que lhe deu o resultado muito esperançoso de que haveria um em cada dez mil planetas a suportar a vida. Dada a quantidade de planetas que havia no universo, ficou claro que devia haver vida em abundância lá fora. Mas, em 2001, o número de características necessárias para a vida saltou para 150 e, quando se faz os cálculos, descobre-se que as chances de um planeta que suporte a vida são menos que 1 para cada 10^{73}. Isso é um 1 seguido de 73 zeros. No universo conhecido, o número de planetas é de aproximadamente 10^{20}. Segundo esses números, a probabilidade de qualquer planeta abrigar vida é de 1 para cada 10^{50}. Expressando isso de modo visual, sem a preocupação de economizar zeros, é 1 para cada 100 000 000 000 000 000 000 000 000 000 000 000 000 000 000 000 000. Não faz qualquer sentido o fato de a Terra ter derrotado essa probabilidade, mas ela conseguiu. De algum modo.

Isso nos leva ao tópico mais surpreendente sobre a Lua. Uma vez que a maioria de nós normalmente não pensa sobre as luas que orbitam ao redor de outros planetas do sistema solar, não notamos a estranheza particular da Lua, que é radicalmente diferente das demais do sistema solar. Para começar, a Terra é o único planeta do sistema que possui somente uma lua. Tomamos isso como natural, como se ver uma só lua no céu fosse a única opção. Mercúrio e Vênus, claro, não têm lua. Marte tem duas, ambas tão minúsculas que quase não deviam ser chamadas de lua. Uma (Fobos) tem 26 quilômetros de diâmetro — o comprimento de Manhattan —, enquanto a outra (Deimos) tem menos de quinze quilômetros. O colossal planeta Júpiter tem nove luas principais (mas os astrônomos continuam encontrando novas; o número mais recente chega a cinquenta, e vai subindo), enquanto Saturno tem doze luas principais (como acontece com Júpiter, os astrônomos encontraram muitas menores, sendo o número mais recente 53, e também aumentando). Urano tem 27 luas conhecidas, e Netuno tem catorze. Esses fatos colocam nossa única Lua no contexto. Em nosso sistema solar, isso é único.

Ao comparar o tamanho das luas aos planetas que orbitam, a da Terra também é anômala, sendo, de longe, a maior. Existem outras luas maiores que a nossa, mas que orbitam planetas como Júpiter, Saturno e Netuno, todos bem maiores que a Terra. Já mencionamos o tamanho de Júpiter; Saturno, por sua vez, tem um diâmetro 9,5 vezes maior que o da Terra, 764 vezes seu volume, e 83 vezes sua superfície. Em relação ao tamanho da Terra, a Lua é, de longe, a maior de nosso sistema solar. O que queremos dizer é que tudo pelo que a Lua é responsável, como já dissemos antes, é muito mais raro quando a comparamos com outras luas do sistema solar.

Não podemos abandonar o tema da Lua antes de tocar no incrível e quase impensável assunto dos eclipses. Muitos de nós não levam em conta que, para que os eclipses ocorram, o Sol e a Lua precisam aparecer no céu tendo quase que o mesmo tamanho. Tal como acontece com tantas coisas, consideramos os eclipses como naturais. Eles são apenas parte das coisas como elas são. Mas, quando conhecemos os detalhes dos tamanhos e números de luas por todo o sistema solar, a ideia de o Sol e a Lua terem quase o mesmo tamanho, a partir de nosso ponto de vista privilegiado aqui na Terra, é, em essência, absurda e bizarra. Mas é esse fato bizarro que os faz cobrir um ao outro tão perfeitamente durante um eclipse total. Embora isso não exerça qualquer influência sobre a existência de vida, até onde sabemos, isso como tudo o mais que examinamos, nos evidencia, de modo surpreendente, um projeto — portanto, um projetista — que dificilmente poderíamos ignorar.

Os detalhes são os seguintes: a Lua tem um diâmetro de 3476 quilômetros. Para que um eclipse total seja possível, ela precisa aparecer do mesmo tamanho que o Sol, cujo diâmetro é de 1391684 quilômetros. Se dividirmos 1391684 por 3476, teremos 400369. Em outras palavras, o Sol é quase quatrocentas vezes maior que a Lua. Então, para que os dois pareçam ter o mesmo tamanho, vistos da Terra, a distância desta em relação ao Sol deve ser quatrocentas vezes maior que a distância dela à Lua. Quais são as chances de que isso aconteça? No entanto, a distância média entre o Sol e a Terra é quase exatamente 150 milhões de quilômetros, e a distância média entre a Lua e a Terra é de aproximadamente 300 mil quilômetros. Se dividirmos 150 milhões por 300 mil, teremos... 500. Esse número é tão perto de quatrocentos que eles realmente parecem exatamente do mesmo tamanho para nós aqui na Terra. Dá para evitar ficar surpreso com isso? Se ficássemos mais assustados do que surpresos, quem poderia nos culpar? Podemos evitar, pelo menos, perguntar se tudo não foi, de alguma forma, arranjado?

Há como escapar da conclusão de que a existência de vida no planeta Terra, ou vida de qualquer tipo em qualquer lugar, é um milagre surpreendente e incompreensível? Podemos continuar considerando nossa existência aqui como fato certo, sabendo como é superlativamente precária? Se Deus fez tudo no vasto universo do jeito que é apenas para que pudéssemos existir, temos que começar a nos perguntar por quê. O que somos nós para que Ele fizesse tudo isso? Por que Ele faria tudo de forma tão extravagante, e, ainda assim, irracionalmente perfeito? Se tudo foi feito só para nós, surge a pergunta: Quem somos nós?

11. O milagre do universo

Por que existimos?
Anônimo

No capítulo 10 discutimos a impossibilidade estatística da vida na Terra. Mas, e quanto à existência do próprio universo? É possível termos uma ideia da probabilidade de sua existência? A maioria de nós provavelmente toma a existência do universo como uma premissa, o que é compreensível. Mas consideremos se é apropriado tomar sua existência como certa.

Desde o alvorecer da consciência humana, muita gente pergunta: Por que existimos? Normalmente, essa questão é filosófica, e significa "Qual é o sentido de estarmos aqui?". Mas "Por que existimos?" é tanto uma questão científica como filosófica. Em outras palavras, por que tudo existe? Por que existe algo em vez de nada? Por que o universo é aqui? Quando a questão é avaliada com cuidado, é inevitavelmente vertiginosa.

Antes de ir mais longe, temos que explicar que não estaríamos fazendo essa pergunta — certamente não dessa forma — se não acreditássemos que o universo teve um começo. Em muitas culturas e em muitas eras, acreditava-se que o universo sempre existiu e, portanto, não teve início. Os antigos filósofos gregos eram dessa opinião, e na era moderna, até meados do século passado, a maioria dos cientistas aceitava esse ponto de vista também. É claro que os antigos hebreus acreditavam que Deus criara o universo do nada, mas quase nenhuma outra cultura se apegou à crença de que o universo passara a existir a partir de um momento específico.

O termo que os cientistas usaram para um universo que sempre existiu, que não fora criado, era "modelo do estado estacionário". No entanto, em meados do século xx, muitos cientistas começaram a abandonar essa ideia para concluir que o universo teve um começo, afinal. Parece que o humilde Moisés, escrevendo 35 séculos antes, tinha razão. Esse é, em si, um argumento forte e categórico para a origem divina da Bíblia, mas é uma vasta discussão para outra hora. Mesmo com o aumento das evidências do início do universo, alguns cientistas ainda se agarravam ao modelo do estado estacionário — e alguns o fazem ainda hoje —, talvez, em parte, porque a ideia de uma criação parecia implicar um criador, o que é, para alguns, um pensamento desagradável. No entanto, como as evidências continuavam a aumentar, mais e mais acreditaram que o universo havia sido criado no que veio a ser conhecido como Big Bang, um termo cunhado involuntariamente pelo físico Sir Fred Hoyle em uma entrevista à BBC em 1949. Segundo esse ponto de vista, todo o universo surgiu — ou, na verdade, explodiu — do nada, e continuou explodindo, ou expandindo-se, desde então. Mas só em 1964 houve evidência sólida para fazer com que a teoria fosse amplamente aceita. Esse foi o ano da famosa "radiação cósmica de fundo", descoberta acidentalmente por Arno Penzias e Robert Woodrow Wilson. Após essa descoberta, foi consenso científico de que nosso universo surgira bilhões de anos atrás. A última estimativa situa o surgimento em cerca de 14 bilhões de anos.

Quando pensamos no Big Bang, ninguém pode nos culpar por imaginar uma explosão como outra qualquer, que tende a ser confusa e geralmente bastante imprevisível. Mas o Big Bang — o primordial BUUUM que criou as centenas de bilhões de galáxias, cada uma contendo centenas de bilhões de estrelas e planetas — foi um tipo muito diferente de explosão. Foi tão extremamente controlada e precisa que não podemos compreender. Nada que os seres humanos já foram capazes de fazer pode se aproximar da precisão do Big Bang. E é só porque foi precisa e controlada que o universo existe.

Vale a pena analisar os detalhes dessa precisão. Na verdade, devemos considerá-los a fim de ter alguma ideia do imenso milagre de nossa existência.

Podemos começar com o exemplo mais simples de controle: a velocidade da explosão. Agora sabemos que se a velocidade da explosão criadora do universo houvesse sido levemente diferente, ele não existiria. E se fosse um pouquinho mais rápida, por exemplo, a matéria teria se dispersado de maneira tão eficiente que nada haveria se aglutinado para formar galáxias. Se isso tivesse acontecido, não haveria estrelas ou planetas. Mas se o universo se expandisse um pouco mais devagar, teria se agrupado em um pedaço quase infinitamente denso que conteria toda a matéria existente. Literalmente. E por causa desse grande pedaço de tudo, não haveria mais nada. Nem galáxias, nem sóis, nem planetas. Óbvio que qualquer tipo de vida não seria sequer remotamente possível.

Dizer que foi controlada ou exatamente calibrada mal começa a explicar o grau de controle envolvido no Big Bang. Na verdade, a velocidade com que o cosmo se expandiu desse microponto em questão foi tão extraordinária e perfeitamente calculada que os físicos dizem que constitui a "mais extrema sintonia fina já descoberta na física". Segundo o astrofísico Hugh Ross, uma "analogia que não chega nem perto de descrever a precariedade desse equilíbrio cósmico [entre muito rápido e muito lento] seria 1 bilhão de lápis, todos simultaneamente posicionados sobre suas pontas afiadas em uma superfície de vidro liso, sem apoio nenhum".

Há muitos mais exemplos da sintonia fina do universo quando este explodiu há 14 bilhões de anos. Só abordaremos alguns, mais uma vez reforçando a ideia de que se qualquer um deles fosse diferente — em alguns casos, uma fração de fração de fração de 1% — o próprio universo não poderia existir.

Algumas ilustrações da sintonia fina de nosso universo envolvem as chamadas quatro forças fundamentais de que falam os físicos, e com as quais a maioria dos leigos não está familiarizada. São elas: 1) força da gravidade; 2) força eletromagnética; 3) força nuclear fraca; e 4) força nuclear forte. A maioria sabe o que é a gravidade e o que ela faz. A força nuclear forte mantém o núcleo (ou seja, os prótons e nêutrons) de um átomo juntos. A força nuclear fraca cuida da emissão radioativa e da reação dos neutrinos, entre outras coisas; e a força eletromagnética, em essência, mantém os átomos e moléculas juntos. E se qualquer uma dessas forças estivesse em um grau levemente diferente, nosso universo não existiria. Mas como foram determinados os valores dessas quatro forças fundamentais, e como foi que surgiram com tanta exatidão para que houvesse universo?

Talvez o mais impressionante seja que cada um desses valores crucialmente precisos foi estabelecido de uma vez por todas em um *milionésimo* de segundo após o Big Bang. Em outras palavras, imediatamente. Tentar compreender algo acontecendo antes do primeiro milionésimo de segundo de existência do universo está muito além de nossa capacidade conceitual. Mas é um fato conhecido por todos aqueles que estudam o assunto que, quando o universo atingiu um milionésimo de segundo de idade, os valores dessas quatro forças foram, por assim dizer, gravados na pedra. E nenhuma dessas forças se desviou em absoluto nos 14 bilhões de anos desde então. Diante disso, podemos presumir que elas serão as mesmas amanhã. E, como já dissemos, cada uma delas tem um valor que, assim como a velocidade da explosão do universo, é tão impressionante e exatamente calibrado que não se pode entender. Se uma dessas quatro forças fosse o mínimo diferente, o universo não existiria.

Vejamos o valor da força nuclear forte. Como já dissemos, ela controla a força com que prótons e nêutrons se agarram. A ciência descobriu que se essa força fosse 2% mais fraca, prótons e nêutrons não poderiam ficar juntos, dando-nos um universo somente de átomos de hidrogênio (cujo núcleo não tem nêutrons e apenas um próton). Claro que isso não seria bem um "universo". Por outro lado, se a força forte fosse 0,3% mais forte, prótons e nêutrons se uniriam com tanta força que só existiriam elementos "pesados", e não haveria hidrogênio. Tanto um universo apenas com hidrogênio, como um sem ele seriam incapazes de suportar a vida. Assim, a força nuclear forte tinha que ser exatamente como é, ou não haveria universo.

Falando de suporte de vida, a qual depende do carbono, sabemos que deve existir grande fartura desse elemento para que haja qualquer tipo de vida. Postula-se que talvez houvesse vida dependente de silício no universo, mas essa ideia até agora tem sido rejeitada como impraticável. Para que a vida seja possível em qualquer lugar do universo, é preciso que haja carbono em grande quantidade. Em 1953, Sir Fred Hoyle — o astrônomo de Cambridge que cunhou o termo Big Bang — descobriu que o nível do estado fundamental* de energia nuclear de hélio, carbono, oxigênio e berílio teve que ser extraordinariamente afinado para que carbono suficiente fosse criado. Se qualquer um dos níveis fundamentais nucleares fosse apenas 1% diferente, não haveria carbono suficiente no universo para propiciar a vida. Para Hoyle, ateu, a noção de que essa sintonia fina perfeita "simplesmente aconteceu" era impossível segundo a estatística. Mas o que mais poderia explicá-la? Mais tarde, ele admitiu que a descoberta desses níveis extraordinariamente bem sintonizados — e o que ele via como a implicação irrefutável de uma "inteligência orientadora" por trás deles —, mais que qualquer outra coisa, havia "abalado imensamente" seu ateísmo e ele próprio. Depois ele escreveu:

> A interpretação dos fatos segundo o senso comum sugere que um superintelecto brincou com a física, bem como com a química e a biologia, e que não existem forças cegas na natureza das quais vale a pena falar. Os números calculados com base nos fatos me parecem tão avassaladores quanto deixar esta conclusão quase fora de questão.

Para que qualquer vida seja possível no universo é preciso não só carbono em profusão, mas também a presença de, pelo menos, outros quarenta elementos diferentes. Naturalmente, temos mais de uma centena. Mas quarenta são necessários, no mínimo. Se recordarmos a química do ensino médio, lembraremos que cada átomo tem um núcleo, composto de prótons e nêutrons, e que esse núcleo é orbitado por elétrons. A criação de diferentes tipos de moléculas requer que elétrons saiam de suas órbitas no átomo e migrem para outro átomo. No entanto, se a força eletromagnética fosse mais

* O nível mais baixo de energia do elemento.

forte, os núcleos manteriam os elétrons exatamente onde estavam, não permitindo que se afastassem e se juntassem a outros átomos. Por outro lado, se a força eletromagnética fosse mais fraca do que é, os átomos não manteriam seus elétrons de jeito nenhum. Em ambos os casos, a vida não poderia existir.

O físico teórico de partículas Paul Davies disse que "a impressão [da existência] de um projeto é esmagadora". Outro exemplo surpreendente dessa sintonia fina diz respeito à proporção entre a força nuclear forte e a eletromagnética. Davies calculou que se a proporção entre elas fosse diferente, apenas uma parte em 10^{16}, o universo como o conhecemos não existiria. Em outras palavras, se essa relação se desviasse 0,00000000000000001%, o universo não estaria aqui. Mas a proporção é exata e precisa como deveria ser, e cá estamos.

Ainda assim, mesmo essas probabilidades aterradoras perdem vigor quando comparadas com a relação entre a força eletromagnética e a força gravitacional. Os físicos calcularam que, se essa proporção fosse diferente em uma parte em 10 000 000 000 000 000 000 000 000 000 000 000 000 000, o universo não existiria. Mas, de alguma forma, a relação é da maneira que precisa ser. Estatisticamente, isso é impossível, porém, mais uma vez, aqui está, e aqui estamos nós. Para explicar por que essa proporção é tão importante, é preciso ver que se fosse pouca coisa maior, só as grandes estrelas se formariam; se fosse um tantinho menor, só as pequenas estrelas se formariam. Para que a vida tenha chances de existir no universo, ele deve conter ambas as estrelas, grandes e pequenas. Isso porque a maioria dos elementos essenciais à vida é produzida só nos centros das grandes estrelas, e apenas uma pequena estrela como nosso Sol pode arder de forma constante por bilhões de anos — sem essa ardência extremamente estável não poderíamos estar aqui. Aquele grande número — o 1 seguido de quarenta zeros, ou 10^{40} — é o nível máximo de desvio além do qual a possibilidade de vida está descartada. É claro que esse número é difícil de compreender. Em seu livro *Por que a ciência não consegue enterrar Deus*, o matemático de Cambridge John Lennox diz que a precisão necessária para atingir um número assim, exato, é "o tipo de precisão que um atirador necessita para acertar uma moeda que se encontra no lado mais distante do universo observável, a 20 bilhões de anos-luz de distância". É difícil imaginarmos uma distância de 20 bilhões de anos-luz, de modo que vamos considerar outra analogia dessa mesma probabilidade, oferecida pelo astrofísico Hugh Ross, da Caltech.

Ross nos pede para imaginar que cobrimos cada centímetro quadrado da superfície da América do Norte com uma camada de moedas de dez centavos. Uma vez feito isso, colocamos outra camada. Sem pressa. A seguir, colocamos outra camada e depois outra. E mais uma. Continuamos nesse exercício até que as moedas de dez centavos atingem *a Lua*, que, como dissemos anteriormente, fica a cerca de 300 mil quilômetros de distância. Isso é um grande número de moedas, claro. Mas estamos longe de acabar. Depois de cobrir toda a América do Norte até chegar à Lua, fazemos exatamente o mesmo em outro *1 bilhão* de continentes do mesmo tamanho da América do Norte. Se não conseguirmos encontrar muitos outros continentes desse tamanho, basta que nos imaginemos fazendo isso. Agora, aleatoriamente, escolhemos uma das moedas de um daquele bilhão de pilhas de mais de 300 mil quilômetros de altura, pintando-a de vermelho e colocando-a de volta na pilha. Então, vendamos um amigo (não vale espiar) e lhe pedimos para escolher uma moeda de uma das pilhas de 300 mil quilômetros de altura daquele 1 bilhão de continentes. As chances de ele escolher a moeda de dez centavos vermelha são de uma em 10^{40}. Engula essa!

O número de condições como essas só continua a crescer. Se qualquer *uma* delas não fosse cumprida com precisão, o universo não existiria.

Por exemplo, sabe-se que um próton tem cerca de 1836 vezes a massa de um elétron, mas a ciência calculou que se essa relação fosse um pouco maior ou menor, o universo não existiria. Sabe-se também que a distância média entre as estrelas em nossa parte da Via Láctea é de cerca de 48 trilhões de quilômetros, mas já sabemos agora que se fosse maior ou menor, não haveria sistema solar. Aonde quer que vamos, há evidências de sintonia fina e projeto. É como se todos os parâmetros que somos capazes de medir acabassem se mostrando necessários para que o universo existisse, como se todos os aspectos do universo estivessem perfeita e intencionalmente interligados com os outros aspectos, de uma forma que desafia nossa imaginação.

Antes de prosseguir, no entanto, vamos abordar dois exemplos de sintonia fina que são muito mais dramáticos que os que já mencionei. O astrofísico Hugh Ross explica que a expansão do universo é regida pela densidade de sua massa e a densidade de energia do espaço. Ele diz que, para que haja estrelas e planetas suficientes para possibilitar a vida no universo, o valor da densidade de massa deve ser afinado em uma parte em 10^{60}. Ficamos surpresos ao saber que ela está afinada a esse nível? Mas Ross diz que o valor da densidade da energia do espaço deve ser calibrada com um nível de precisão muito mais elevado. Esse valor deve ser afinado para menos de uma parte em 10^{120}. Felizmente, ele é.

Quanto mais a ciência descobre, mais claro fica que, embora estejamos aqui, não deveríamos estar. Quando começamos a analisar os detalhes de tudo isso, as altíssimas probabilidades contrárias a nossa existência começam a se tornar perturbadoras. Ao vermos a superlativamente extrema precariedade de nossa existência, e entendermos que, qualquer que seja o cálculo, não deveríamos existir, o que devemos pensar ou sentir? Nossa existência parece ser não só um milagre quase impossível, mas também o mais extraordinário que se possa conceber, que faz milagres outrora surpreendentes parecerem quase nada.

É como se alguém logicamente nos convencesse de que a probabilidade de podermos respirar mais uma vez é infinitamente pequena. Se realmente acreditássemos, começaríamos a respirar com cautela, talvez até timidamente e hesitantes, na expectativa de que nossa próxima inspiração de ar não possuísse oxigênio algum. A possibilidade de estarmos aqui é tão remota que basta para nos deixar de olhos arregalados de terror, até que, no momento seguinte, percebemos que estamos de fato aqui e explodimos de gratidão por nossa real existência. Essa pode ser a única resposta adequada e lógica para tudo: maravilharmo-nos, alegrarmo-nos e descansarmos no milagre verdadeiramente insondável de nossa existência.

Mas há ainda duas perguntas que devem ser respondidas.

A primeira é: Por que não ouvimos nada disso antes? É claro que algumas pessoas já ouviram falar um pouco disso, talvez no sermão de um pastor moderno, especialmente versado e focado em apologética. Mas a maioria das pessoas não. Por que não? Principalmente, porque o que as pessoas aprendem, seja por meio da mídia ou de livros didáticos em sala de aula, sempre está muito aquém daquilo que a ciência descobre. Então, mesmo que nos últimos anos novas informações tenham sido descobertas, isso não significa que elas tenham sido divulgadas ao público de imediato. Mesmo grande parte dos cientistas fica para trás em relação a essas novidades e ainda se apega a conceitos e teorias ultrapassados. Cada cientista se concentra em seu campo, e não se pode esperar que esteja atualizado sobre as mais recentes teorias cosmológicas, assim como não se poderia esperar de um clínico geral que soubesse o que está acontecendo na vanguarda das pesquisas sobre cada doença. Isso simplesmente não é possível. Por fim, muitos cientistas se agarram com tanta força aos pressupostos materialistas que se encontram predispostos contra essas ideias e simplesmente não podem levá-las a sério a ponto de lhes dar atenção. Quanto mais o tempo passa, no entanto, mais evidências emergem apoiando a teoria da sintonia fina, de modo que o consenso científico geral se amplia a cada dia, dificultando a justificativa de uma dissidência. Claro, isso não significa que alguns não tentam.

Isso nos leva à segunda pergunta. O que devemos fazer com as chamadas teorias "tudo menos isso" que desesperadamente tentam encontrar maneiras de contornar as evidências — e as implicações — de um universo bem afinado? A mais popular no momento é a assim chamada "multiuniverso" — ou "multiverso" — que postula a existência de uma infinidade de outros universos "que não podemos perceber". Segundo essa grande ideia quase cômica, se existe uma infinidade de outros universos — e é um infinitamente grande "se" —, um deles deve, naturalmente, *por acaso*, possuir todas as variáveis perfeitamente corretas para que tudo exista, como de fato existe. E você ficaria muito surpreso ao saber que nós simplesmente passamos a existir nesse universo? Que sorte a nossa. É claro que não há nenhuma evidência científica para essa teoria, a menos que nós simplesmente "não possamos perceber" a evidência. Acerca dessa teoria do multiverso, o eminente físico Sir John Polkinghorne disse: "Reconheçamos essas especulações como o que são. Não são físicas, mas, no sentido mais estrito, metafísicas. Não há razão puramente científica para acreditar em um conjunto de universos". O filósofo Richard Swinburne se posicionou diplomaticamente: "Postular um zilhão de outros universos, em vez de um único Deus, a fim de explicar a ordem do nosso universo, parece o cúmulo da irracionalidade".

Assim, tendo respondido a essas duas perguntas e considerando apenas o que a ciência é capaz de nos dizer no início do século XXI, parece impossível evitar a conclusão lógica de que a existência de nosso universo é um milagre de proporções insondáveis. Quanto mais sabemos, mais claro fica que não deveríamos estar aqui para pensar sobre estar aqui. Somos uma nítida impossibilidade matemática. Damos de ombros e seguimos em frente, ou ousamos considerar as implicações disso? Dizer que as coisas são como são, ou tirar da cartola uma infinidade de universos, é ignorar o peso dos fatos reunidos. Dar as costas ou reclamar dos que precisam de mais tempo para pensar sobre isso parece desonestidade intelectual. Razão e ciência nos compelem a ver o que as gerações anteriores não puderam: que nossa existência é um milagre extraordinário e surpreendente, tão surpreendente, e quiçá tão impressionantemente milagroso, que faz milagres como a abertura do mar Vermelho empalidecerem de insignificância, a ponto de quase serem indignos de nossa consideração, como se fossem feitos facilmente por uma criança sonolenta. É algo para o qual a reação mais humana combina terror e assombro, admiração ancestral e alegria infantil.

12. Perguntas sobre milagres

Como moscas para meninos, somos nós para os deuses.
Eles nos matam por esporte.
Rei Lear

No verão de 1967, quando pulou de um bote e mergulhou na baía de Chesapeake, minha amiga Joni Eareckson Tada calculou mal a profundidade da água e fraturou a quarta e a quinta vértebras, ficando instantaneamente tetraplégica. Ela tinha dezessete anos. Uma coisa é analisar essa situação de forma abstrata, outra, é pensá-la de uma maneira mais pessoal, como quando se trata de alguém que conhecemos. Durante mais de 45 anos, desde o acidente, Joni orou inúmeras vezes, sem obter qualquer cura milagrosa. Joni é uma mulher de profunda fé. A pergunta é: então, por que ela não foi curada?

Perguntar isso — e perguntar por que Deus permitiria que uma coisa dessas acontecesse com uma garota ativa e vivaz de dezessete anos — é fazer as perguntas que estão por trás de todas as perguntas. Provavelmente são versões das perguntas que a maioria das pessoas planeja fazer a Deus quando chegar ao céu. Somos feitos à imagem de Deus e, assim, ansiamos por sentido nas coisas. Por isso, é natural, normal e apropriado que queiramos obter essas respostas. O que aconteceu com Joni nos recorda que existem perguntas para as quais não temos respostas — pelo menos não respostas simples. Alguém poderia dizer que foi a maneira de Deus levar Joni à fé, o que, em parte, parece ser, mas qualquer pessoa sensível não pode evitar querer saber por que Ele precisaria fazer as coisas desse jeito. Não faz muito sentido para nós, não é? De qualquer maneira, é extremamente difícil pensar nisso. Mas, enquanto ponderamos essas questões maiores, há algo mais.

No momento em que Joni fraturou as vértebras, estava debaixo d'água, completamente incapaz de mover os braços ou pernas. Ela não conseguia subir à superfície, e teria se afogado em um minuto ou dois. Mas apenas alguns segundos depois que ela mergulhou e ficou paralisada, um caranguejo mordeu o dedo do pé de sua irmã. A irmã chegou ao bote um minuto antes, mas estava saindo da água no momento em que Joni mergulhou. Ela estava de costas para Joni, e não teria olhado para trás ao sair da água; mas como o caranguejo mordeu seu dedo do pé e doeu, ela se virou para avisar Joni que havia caranguejos com vontade de morder ali. Quando ela se voltou para dizer isso à irmã, notou o cabelo louro oxigenado de Joni boiando sob a água, a certa distância.

Por um capricho, Joni decidira na noite anterior descolorir seu cabelo, de modo que foi até a farmácia, comprou uma embalagem de água oxigenada e o tingiu. Joni disse que se ela não houvesse feito isso na noite anterior, sua irmã nunca teria visto seu cabelo debaixo d'água àquela distância. O cabelo de Joni sempre fora, como ela mesma descrevia, de um marrom "dourado", que teria ficado perfeitamente camuflado pela água e o chão do lago. Até aquele dia, em que de repente se tornou louro platinado. Então, porque o caranguejo mordeu o dedo de sua irmã naquele momento, e porque ela decidira pintar o cabelo de louro na noite anterior, sua irmã a vira a tempo de salvá-la do afogamento. Para Joni, foi um verdadeiro milagre que sua irmã a visse e a salvasse naquele dia.

Mas é claro que queremos saber o que fazer com um Deus que pode ser capaz de fazer um caranguejo morder o pé de um para que a vida de outro seja salva, mas que não fez nada para evitar que Joni ficasse paralisada do pescoço para baixo. Ela recebeu centenas de orações de cristãos bem-intencionados, que pensavam que suas preces iriam tirá-la da cadeira de rodas, mas agora já faz 47 anos e ela ainda está paralisada. Dois anos atrás, ela sobreviveu a uma batalha contra um câncer de mama. De que tipo de Deus estamos falando?

Joni diz que, durante os primeiros dois anos após o acidente, lutou contra uma depressão terrível. Ela simplesmente não queria continuar vivendo. Havia sido maravilhosamente atlética antes, montava a cavalo, fazia trilhas, jogava tênis. Joni nunca poderia fazer nada disso de novo, e ela sabia. Sua vontade de viver era quase zero, até que, um dia, cerca de dois anos depois do acidente, ela percebeu que Deus talvez tivesse um propósito para ela. Na verdade ele tinha — como tem para todos nós — e tudo mudou. Ela tem sido uma luz brilhante na vida de inúmeras pessoas ao longo dos anos. Contudo, ela é severamente sincera ao dizer como odeia ser tetraplégica. Joni descreve sua rotina de todas as manhãs quando acorda: "banho de cama", ir ao banheiro, fazer exercícios, vestir-se. Nada disso ela faz sozinha. Alguém tem que fazer por ela ou ajudá-la. É difícil imaginar isso, dia após dia, durante quase cinquenta anos. Mas ela pede força a Deus e, de alguma forma, a obtém, e continua a usá-la para incentivar as pessoas que têm de lidar com alguma deficiência. Ela também é uma defensora ativa e eficaz dos deficientes. Ainda assim, o que exatamente devemos fazer com esse Deus que cura alguns e não outros?*

POR QUE MILAGRES ACONTECEM COM ALGUMAS PESSOAS E NÃO COM OUTRAS?

Vimos nos capítulos anteriores que nossa existência é um milagre. Mas quando se pensa no milagre típico, pensamos naqueles que acontecem de maneira pessoal, quando Deus intervém de uma forma que nos espanta. Às vezes é uma cura, outras vezes, uma provisão, como quando alguém de repente recebe um cheque na quantia exata de que precisava. No entanto, se aceitarmos a ideia de que milagres acontecem, ou que são *possíveis* e às vezes acontecem, temos que perguntar por que acontecem com certas pessoas em determinados momentos e não em outros. E em termos práticos, por que acontecem com uma pessoa determinada, e não com outra. Por que fulano foi milagrosamente curado de câncer enquanto sicrano não, mesmo com tantas pessoas orando por ele? Por que minha amiga Joni ainda é tetraplégica?

No capítulo 6 eu conto a extraordinária história de minha amiga Lolita Jackson, que, em 11 de setembro de 2001, claramente ouviu a voz de Deus guiando-a em segurança, pouco antes de as Torres Gêmeas desabarem. Mas não temos que pensar nos colegas que estavam com ela e pereceram? Não temos que pensar nos pais que faleceram pulando das chamas para a morte? Como isso pode fazer sentido? Regozijamo-nos por uma pessoa ter sido milagrosamente salva, mas dificilmente poderíamos esquecer os outros que não foram. Podemos enfrentar essas perguntas difíceis? Se não o fizermos, aquilo que consideramos "milagroso" se tornará míope e egoísta, e indigno de pessoas que dizem se preocupar com a verdade.

Como podemos levar a sério a ideia dos milagres se eles parecem tão aleatórios, se acontecem a este e não àquele, aqui, mas não ali? Acaso Deus é meramente caprichoso? Em *Rei Lear*, Gloucester disse: "Como moscas para meninos, somos nós para os deuses./ Eles nos matam por esporte". Essa é a visão pagã dos "deuses", que certamente não existem, e que, se existissem, obviamente não amariam a nós, mortais. Pelo que sabemos, eles nos tratam com indiferença e, muitas vezes, com absoluta crueldade, como um "menino cruel" que puxaria as asas de uma mosca. Mas esse não é o Deus que

* Conheci Joni em uma série de reuniões, e a ouvi falar sobre o que mencionei aqui. Ela também escreveu sobre isso. Mas foi nos estúdios da 100 Huntley Street, em Toronto, que ouvi pela primeira vez os detalhes de seu acidente, depois da minha entrevista com ela.

nos é apresentado na Bíblia. O Deus da Bíblia, se é que existe, é o que alega nos amar e que nos conhece de modo infinitamente mais íntimo que nós mesmos. Jesus diz que seu Pai contou cada fio de cabelo de nossa cabeça. Se estamos falando do Deus da Bíblia, temos que falar de um Deus que sofreu Ele próprio de modo terrível, e que morreu por nós. E que o faria de novo e de novo e de novo. Temos que falar de um Deus que nos cortejou como um amante corteja sua amada, correndo atrás dela e fazendo todo o possível para ganhar seu coração. Mesmo que vá sofrer e morrer por ela, sabe que isso não garante que ela retribua seu amor. Ainda assim, Ele o faz, pois essa é a natureza do amor.

Quem é Deus e como Ele tem tudo a ver com o tema dos milagres. Se Deus fosse um tirano cruel no céu, não nos surpreenderíamos se ele caprichosamente curasse um e deixasse outro morrer. Mas se Deus é quem a Bíblia diz que é, o que fazer quando *Ele* cura alguém e deixa outro morrer? O que fazer com o fato de *Ele* levar minha amiga Lolita a um lugar seguro, mas deixar que os outros perecessem? Como devemos entender isso?

O senso comum sugere que qualquer Deus que cure uma pessoa e deixe outra padecer uma morte horrível não parece o Deus que alguém gostaria de adorar, mesmo que realmente exista. Esse tipo de divindade parece repugnante; por isso, não podemos justificar nosso ódio por ele, ou pelo menos evitá-lo, como muitas pessoas fazem? Mas pensar em milagres nos obriga a pensar na natureza do Deus por trás dos milagres.

Milagres parecem atestar a presença de um Deus amoroso e compassivo, que quer nos ajudar, falar conosco e nos incentivar. Porém, assim que pensamos em quando os milagres *não* acontecem, achamos que o oposto é verdadeiro, que Deus é indiferente e sem amor, e que não se importa se estamos arrasados ou desanimados. Então, qual dos dois Ele é?

Se a última opção é a verdadeira, seria seguro dizer que Deus não existe mesmo, porque um Deus indiferente e sem amor dificilmente seria Deus em qualquer sentido real. E se às vezes ele é amoroso e carinhoso e, em outras, indiferente, como seria um Deus em quem poderíamos confiar, com o qual gostaríamos de nos relacionar?

É nesse ponto que a maioria das pessoas dá de ombros e vai embora. E é extremamente tentador fazê-lo. Sendo Deus tão complicado e confuso, é difícil se interessar por Ele. Mas dar-lhe as costas agora é trágico, exatamente porque é compreendendo isso tudo que podemos chegar ao ponto mais importante de todos. Dar de ombros nessa conjuntura é estar à beira do que procuramos — alcançando o deslumbrante cume —, mas perder o rumo e voltar atrás, ignorando os poucos e difíceis passos que restam rumo a algo glorioso.

Então, pensemos um pouco mais.

É lógico que se Deus *sempre* respondesse às nossas orações como gostaríamos que fizesse, as respostas não poderiam ser consideradas milagrosas. Seriam apenas parte de um sistema previsível que poderíamos manipular, se soubéssemos como. Isso faz Deus não ser "o" Deus, mas "um" Deus ou deusinho, a quem *nós*, em última instância, podemos controlar com nossos esforços, quer por meio de orações, quer por nossos atos "morais", concebidos para provocar uma resposta favorável. Se for esse o Deus em questão, nós, que nos consideramos seus devotos, não estaremos adorando a Ele, e sim a um resultado desejado, que é a realização de nossos pedidos, sejam nobres ou egoístas. Consequentemente, seremos bem indiferentes ao Deus por trás do resultado, se é que Ele está ali. É ao próprio resultado que nos devotamos. Portanto, nesse cenário, tratamos Deus como uma ferramenta a ser utilizada, e dificilmente seremos mais gratos que a um martelo ou uma serra.

ISSO É "VERDADEIRA FÉ" OU "RELIGIÃO MORTA"?

Se o objetivo da oração é "obter os resultados que desejo", então temos uma ideia estranha de Deus, como aquelas máquinas em que colocamos moedas e recebemos algo em troca. É como se só precisássemos dar algo e receber algo em troca. É um tipo de comércio. Com essa espécie de "Deus" não há dúvida de que se eu fizer X, Ele deve fazer Y. De certa forma, Ele não tem escolha. Se for verdade, por que haveria qualquer gratidão por parte da pessoa que recebe o que quer? Não é o que ela merece, por fazer sua parte? Se for verdade, ele não deve nada a Deus, porque fez o que era necessário e agora só espera o resultado. Em outras palavras, talvez eu faça certa oração certo número de vezes, e talvez eu me abstenha desse prazer por determinado período de tempo e, em troca, recebo o que quero. É um sistema que me permite ter o que quero sem a necessidade de dar reconhecimento a Deus ou me relacionar com Ele. Talvez o pensamento seja o de que Deus é tão rico que não lhe custa nada me dar o que eu quero. Assim, por que eu deveria ser grato? Talvez eu saiba que só estou usando Deus, porque o desprezo e só quero fazer o que for preciso para conseguir o que quero. Isso coloca a mim e meu desejo no centro das coisas, e, mais uma vez, cria um Deus que não é Deus.

Essa abordagem é o que anteriormente chamei de "religião morta",* e contrasta com o que designei como "fé verdadeira", na qual a relação com Deus é central, e as coisas que *obtemos* dele são periféricas. Podemos pensar da seguinte forma: se uma criança ama seu pai e sabe que ele a ama, confia nele. Quando ele lhe dá o que quer, ela é feliz e grata. Mas mesmo quando ele não lhe dá o que quer, ela sabe que ele tem uma razão para não dar; e não apenas qualquer razão, mas aquela que abriga no coração o bem-estar final dela e sua preocupação com ela. Assim, embora possa requerer certo esforço, no fim, ela não deixará de ser grata. Se tivermos esse tipo de Deus em mente, mesmo quando não conseguirmos o que queremos ou pedimos, poderemos confiar que há sabedoria e amor verdadeiro para conosco no ato de *não* nos dar o que solicitamos.

Muitas pessoas podem falar sobre Deus e a oração, e parecem ser muito religiosas por fora, mas, na verdade, estão apenas realizando ritos, atos e preces para que possam conseguir o que querem. Se achassem que esses ritos, atos ou orações não lhes proporcionariam o que querem, parariam de fazê-los. De modo que não estão realmente adorando ao Deus a quem afirmam se devotar. De forma egoísta, devotam-se ao que desejam. Para essas pessoas, Deus é apenas um meio para esse fim. Se não lhes dá o que querem, rompem com Ele. Nenhum pai quer que seus filhos o tratem desse jeito.

Se estivermos falando de um Deus amoroso, estaremos nos referindo a um Deus que nos pede para confiar nEle, tenhamos ou não conseguido o que lhe pedimos. Mas Deus nunca vai nos forçar a confiar nEle. É uma decisão nossa. Temos o livre-arbítrio e podemos aceitar seu amor ou rejeitá-lo, ou afirmar que não existe amor algum. Podemos confiar ou desconfiar dEle como quisermos. Mas se Ele for real e verdadeiramente o Deus da Bíblia, que me ama com amor imutável e sacrificial (o amor ágape), então posso confiar nEle de verdade, em todas as circunstâncias, o que é imensamente libertador. Na verdade, posso ir um pouco mais além. Para usar uma expressão bíblica, posso me alegrar nEle.** Mas isso só é possível se soubermos que Deus quer o melhor para nós em seu coração em todos os momentos. É claro que temos que decidir por conta própria se cremos nisso. Mas se concluirmos que é verdade e nos permitirmos crer, estaremos precisamente onde Ele planejou que estivéssemos ao nos criar: em Suas mãos amorosas.

* Em meu discurso de 2012 no National Prayer Breakfast, que pode ser visto em www.ericmetaxas.com, discuto a diferença entre "fé verdadeira" e "religião morta".

** Em sua carta aos filipenses, Paulo diz: "Alegrem-se sempre no Senhor" (4,4).

SE AGRADECEMOS A DEUS PELAS COISAS BOAS, POR QUE NÃO O CULPAR PELAS RUINS?

Um grande amigo comentou comigo várias vezes que atletas que agradecem publicamente a Deus o irritam, porque seria lógico que se agradecem a Deus por seus sucessos, também O culpariam por seus fracassos; e por que não? Essa é uma ótima pergunta. Todos já testemunhamos esse fenômeno. Não acho que haja algo de errado em agradecer a Deus em público nesse sentido. Na verdade, acho até que é apropriado e certo, uma vez que foi Deus quem nos deu o necessário para realizar o que realizamos. Mas, para ser justo com os atletas que expressam sua fé publicamente, eu também ouvi alguns deles dizerem que embora desejassem ganhar, são gratos a Deus independentemente do resultado.

Isso não quer dizer que devemos culpar Deus por nossas falhas porque somos gratos a Ele por nossos sucessos. Na verdade, em uma espécie de inversão chestertoniana, é correto dizer que não podemos agradecer pelas coisas boas, *a menos que também agradeçamos pelas coisas ruins*. Isso parece loucura, mas, na verdade, faz todo o sentido. Pois, se confiamos no Deus que conhecemos da Bíblia hebreia — e não em uma divindade greco-romana indiferente —, sabemos que Ele tem boas intenções para conosco em todos os momentos e de todas as formas possíveis; e daí decorre que, na verdade, podemos confiar nEle em tudo, inclusive em nossas falhas e dificuldades, como acabamos de dizer. Se Ele for realmente o Deus que nos ama acima de qualquer coisa que possamos imaginar, até as coisas ruins podem ser uma bênção. Na verdade, Deus quer que saibamos disso, porque nossos sofrimentos serão mais fáceis de suportar se soubermos que Deus está conosco em meio a eles, guiando-nos, em última análise, rumo a algo libertador e belo.

O autor do hino "Amazing Grace", John Newton, foi capitão de um navio negreiro e se tornou pregador cristão e inimigo do tráfico de escravos. Ele certa vez disse: "Tenho motivos para louvar [a Deus] por minhas provações, porque provavelmente eu estaria arruinado sem elas". O autor de *Arquipélago Gulag*, Aleksandr Solzhenitsyn, que sofreu por vinte anos nos infernais campos de concentração descritos em seu livro, escreveu: "Deus a abençoe, prisão, Deus a abençoe por estar em minha vida. Lá, deitado sobre a palha podre da prisão, percebi que o objetivo da vida não é a prosperidade, como somos levados a acreditar, e sim a maturidade da alma humana". Isso não quer dizer que Newton teria escolhido passar por suas provações, ou que Solzhenitsyn de alguma forma gostava do sofrimento de sua terrível prisão. Mas significa que, em retrospecto, eles puderam ver que Deus usou essas dificuldades para abençoá-los no longo prazo.

Naturalmente, ninguém quer sofrer. Deixemos claro. Também deixemos claro que isso é normal e saudável. Não temos que querer sofrer. Mas estamos falando de outra coisa. De compreender que, por mais que desejemos evitar o sofrimento, há mais coisas na vida que só evitá-lo. Na verdade, coisas boas podem advir do sofrimento. Saber disso muda o modo como sofremos. Dá sentido ao sofrimento. Então, o que desesperadamente queremos evitar é não apenas o sofrer, mas o sofrimento sem propósito.

Quando nosso sofrimento tem um propósito, é infinitamente mais fácil de suportá-lo que quando não tem nenhum sentido ou significado maior. Quando uma mãe sofre as dores do parto, sabe que disso decorrerá algo glorioso que mudará sua vida para sempre.

Viktor Frankl, que sobreviveu os campos de extermínio do Terceiro Reich, escreveu sobre isso em seu famoso livro *Em busca de sentido*. Ele disse: "De certa forma, o sofrimento deixa de sê-lo no momento em que encontra um significado, como o sentido de um sacrifício". Frankl observou isso em suas experiências nos campos de concentração nazistas. Ele também escreveu que "Quem tem um 'porquê' para viver consegue suportar quase qualquer 'como'".

A teologia bíblica é clara sobre isso, pois há vários versículos que tratam diretamente do tema. Talvez a mais direta citação esteja em Romanos 8,28. Lê-se: "Sabemos que Deus age em todas as coisas para o bem daqueles que o amam, dos que foram chamados de acordo com o seu propósito". Essa é uma declaração muito dramática, e se acreditarmos nela, tudo mudará. Porque significa que podemos ver tudo que acontece, bom e ruim, como parte do que Deus faz para nos levar ao bem maior. Em outras palavras, tudo que fazemos e vivemos, inclusive o sofrimento, tem um significado profundo. É parte de algo maior que acontece e que nos leva em direção a uma situação melhor. A tradução de J. B. Phillips desse versículo deixa ainda mais claro: "Além do mais, sabemos que, para aqueles que amam a Deus, que são chamados segundo Seu plano, tudo que acontece se encaixa em um padrão para o bem".

Portanto, aqueles que têm fé no Deus da Bíblia podem saber que, mesmo quando não conseguem o milagre que estão pedindo, podem relaxar e confiar que Deus, ainda assim, os guiará através daquilo que estiverem atravessando. Esse é um conceito absolutamente extraordinário, mas se cremos que Deus pode realizar milagres fabulosos, também devemos ser capazes de acreditar que Ele pode fazer isso.

TODOS OS MILAGRES VÊM DE DEUS?
POR QUE DEVERÍAMOS NOS PREOCUPAR?

Imagine que alguém que você ama está gravemente doente e outra pessoa conhecida se oferece para orar pela cura. A identidade da divindade para quem a pessoa ora é importante? E se você aprendeu que essa tal divindade era uma figura obscura? E se seu amigo estiver orando para o próprio Príncipe das Trevas? E se ele disser que os resultados são garantidos, que a pessoa amada vai se recuperar? É tentador, mas quem em sã consciência não teria medo de aceitar um "presente" desses, se essa fosse realmente a fonte? Pode a cura proveniente dessa fonte obscura não vir com graves consequências? Todos já vimos filmes ou conhecemos histórias em que alguém recebe algo extraordinário do diabo, mas acaba tendo que pagar com sua alma eterna. Não sabemos que há certas coisas as quais não vale a pena negociar?

Mesmo se não acreditarmos na existência de Satanás, o conceito é o mesmo. Se tudo que queremos é o presente — o milagre — e não nos importa quem é o doador, não pensamos muito bem nas coisas. Se alguém conseguiu o que queria pedindo a Adolf Hitler, o que devemos pensar dessa pessoa? Se alguém tivesse que dar sua lealdade a Hitler para obter algo em troca, a maioria, com razão, não consideraria essa pessoa um monstro imoral, em parte responsável por tudo que Hitler fez? De alguma forma essa pessoa não estaria participando da maldade das ações de Hitler se tácita ou abertamente aceitasse que o *Führer* fizesse algo por ela? Ou poderemos desviar a vista e ignorar os horrores sádicos dos campos de extermínio se conseguirmos o que queremos?

Podemos considerar a ideia de forma mais ampla, perguntando se é imoral aceitar um carro roubado como presente. Se aceitarmos, não seríamos cúmplices do roubo? Poderemos nos impedir de pensar na pessoa de quem o carro foi roubado? Não teríamos a obrigação moral de pensar nessa pessoa, e, portanto, a obrigação de recusar o "presente"? Não é verdade que tudo que vem de uma fonte suspeita não é um dom, e apenas nos deixa em dívida para com o doador? Se eu aceitar um "presente" de um criminoso, ele não esperará algo de mim em troca? Estou preparado para dar o que for?

O mundo sobrenatural não é *só coisa boa*. Ele é povoado por anjos e demônios também. De modo que, abrir-se para o reino do sobrenatural sem saber exatamente com quem se está comunicando não é somente tolo, mas também potencialmente prejudicial. Temos que admitir que talvez não saibamos o suficiente sobre o mundo sobrenatural para brincar com ele de forma imprudente. Se eu fizer contato com algum poder sobrenatural, seria melhor saber quem o exerce e como esse ser é, e, em última análise, como se inclina em minha direção. Ele está me dando algo para me atrair a um caminho que eu nunca tomaria se soubesse de antemão aonde ele vai dar? Temos que considerar que se Satanás existe, ele é um ser sobrenatural com a capacidade de usar poderes "milagrosos" para nos enganar. Essa é outra boa razão para ser crítico e cuidadoso e não acreditar em tudo e qualquer coisa.

Vivemos em uma cultura que se sente, por muitas razões, desconfortável de falar do mal ou de Satanás. Uma das razões é que muitas pessoas se sentem embaraçadas com essa noção porque, muitas vezes, ela está associada à imagem medieval de um ser vermelho, com cascos, chifres, cauda e um tridente. A Bíblia não diz nada sobre alguém assim, mas fala com clareza do adversário de Deus, e a palavra "Satanás" significa simplesmente "adversário". Temos que estar dispostos a separar essas noções de desenho animado daquilo que realmente existe. Mesmo se decidirmos rejeitar a ideia, teremos certeza do que estaremos rejeitando. Tenhamos ciência também de que muitas pessoas que se consideram inteligentes e sofisticadas levam a sério a ideia de um reino satânico. M. Scott Peck, que escreveu o best-seller de grande sucesso *The Road Less Traveled* [O caminho menos percorrido], também escreveu *People of the Lie* [Povo da mentira]. Esse psiquiatra de Harvard não levava tão a sério a ideia do mal também, até que, ao longo dos anos, encontrou um grande número de pacientes em seu consultório cujo comportamento não podia ser explicado em termos naturalistas. Quem quiser informações sóbrias sobre esse assunto fará bem em começar com esse livro.

A ORAÇÃO PODE FAZER MILAGRES ACONTECEREM?

Mesmo que as orações não sejam feitas apenas para se obter um resultado desejado, não há dúvida de que a maioria dos milagres é resultado de oração. Deus quer que oremos a Ele e lhe peçamos coisas, assim como quaisquer pais amorosos querem que seus filhos lhes digam o que lhes passa pela cabeça. Mas se nosso foco for apenas obter o resultado que queremos, a oração vai falhar, exatamente porque nossa crença estará colocada no lugar errado. Que grande ironia. Quando tudo que importa é o resultado, efetivamente fazemos do objetivo nosso deus, em vez de o próprio Deus. Então, quando oramos a nosso "deus" — o deus dos resultados —, em vez de ao próprio Deus, oramos a um "deus" que não é Deus, e, portanto, incapaz de nos ajudar.

Talvez a melhor maneira de falar sobre isso seja pensar nas orações de cura. Como funcionam exatamente? A resposta mais curta e precisa a essa pergunta é: não sabemos. Mas podemos descobrir algo a respeito. Por exemplo, podemos saber sobre a ligação entre nossos pensamentos e orações.

É certamente possível que nossa capacidade mental de "visualizar" a cura miraculosa possa afetar nosso corpo de forma física. Embora a ligação entre a mente e o corpo seja um profundo mistério, sabemos que ela existe. Quem é implacavelmente negativo tem mais chances de adoecer que o otimista e positivo. Isso não quer dizer que todas as doenças são resultado de nossos pensamentos, mas negar qualquer possível ligação é negar um grande corpo de evidências. A honestidade sobre esse assunto nos obriga a dizer que há algo aí, mas os detalhes e a extensão disso ainda são desconhecidos.

A oração, obviamente, envolve nossos pensamentos — pelo menos deveria. Não importa se oramos em voz alta ou só pensamos a prece, nossos pensamentos devem se engajar na oração. Quando lemos as orações de um livro ou recitamos uma prece memorizada, como o Pai-Nosso, devemos pensá-las enquanto oramos, não apenas lê-las ou recitá-las. Não somos papagaios. Não há nenhuma mágica em pronunciar os sons na frase "Santificado seja o Vosso nome" quando não se sabe o que ela significa. De modo que nossos pensamentos são vitais para a oração.

Mas vemos uma tendência, nas últimas décadas, de borrar a linha entre a oração e o pensamento. É comum ouvir a frase infeliz: *Nossos pensamentos e orações estão com fulano ou beltrano*. Ou ouvimos: *Enviamos nossos pensamentos e orações para tal e tal*. O que isso significa? Como, exatamente, nossos pensamentos podem *estar* com alguém? Significa simplesmente que estamos pensando *na* pessoa? Como podem nossas *orações* estar com alguém? Não quer dizer que estamos orando *pela* pessoa? Muito mais confusa é a ideia de que podemos "enviar" pensamentos e orações a alguém. Oramos a Deus para que Ele nos responda. Por que "enviar" as orações para alguém além de Deus?

Parece que a razão pela qual as pessoas usam esse tipo de linguagem elíptica e obtusa é porque estão confusas acerca do que é realmente uma prece. Segundo o modelo bíblico, oramos a Deus, que está fora do tempo e do espaço, e Ele vem ao tempo e espaço em resposta. Deus está "fora do sistema", como já dissemos, e o milagre se dá quando Ele "vem" ao nosso mundo "lá de fora", de além deste mundo. É fundamental entender isso. Deus criou o tempo e o espaço, mas Ele *não* está no tempo e no espaço, limitado como nós. Quem tem uma visão estritamente materialista do universo e acredita que não existe nada além do tempo e do espaço, com seus "pensamentos e orações" espera obter resultados de "dentro do sistema fechado" de tempo e espaço.

De fato, alguns acreditam que nós somos "deuses" e participamos do divino de certa forma, de modo que, em essência, "rezamos" para nós mesmos, ou para o "inconsciente coletivo" do qual fazemos parte. Mas isso não tem a ver com a oração ao Deus da Bíblia que criou o universo. Essas pessoas estão realmente falando sobre o uso de seus próprios pensamentos para provocar algum tipo de mudança ou ação, em vez de apelar a um Deus que é distintamente *outro* e que está fora do tempo e do espaço.

Vemos essa ideia equivocada sendo manifesta de duas maneiras: uma que podemos chamar de "falácia da nova era", e outra que podemos chamar de "falácia religiosa" ou "teologia da prosperidade". As duas falácias vendem a ideia de que devemos visualizar mentalmente o que queremos para forçar o "universo" a fazê-lo aparecer. As duas abordagens acreditam ter encontrado os princípios ocultos do universo e descoberto como fazer que trabalhem para nós. Ambas focam em nós e em nossos próprios esforços, em vez de em Deus e no que Ele faria para nós além de nos dar Seu amor.

A "falácia da nova era" é o que encontramos em ideias como o workshop *A Course in Miracles* [Um curso em milagres] ou o livro *The Secret* [O segredo], de Marianne Williamson. É a ideia de que o que realmente precisamos fazer é manter nossos pensamentos em sintonia com o "universo" e as coisas boas vão começar a vir em nossa direção. Mas essa é uma ideia limitada pelo tempo e pelo espaço, que procura respostas dentro do "universo". Não leva em consideração o Deus que criou o universo e que está além dele. Trata do que está aqui dentro do tempo e do espaço e como podemos fazer com que isso trabalhe para nós; do que podemos realizar se focarmos nossa mente nisso. Não trata de nos humilharmos perante o criador do universo, e sim de entrarmos em sintonia com o próprio universo, sentindo-nos "poderosos".

Como costumamos dizer, isso é extremamente diferente do ponto de vista histórico e bíblico da oração. Segundo esse enfoque, oramos a Deus, e Ele — não nós ou nossos pensamentos positivos, ou o "universo" — é quem ouve e responde às orações. Mas a importância da distinção entre essas duas visões de "oração" não pode ser exagerada. Orar ao Deus que está fora do tempo e do espaço é diferente que simplesmente ter bons pensamentos ou visualizar resultados positivos.

A "falácia religiosa", embora certamente invoque o nome de Deus, cai, no entanto, em uma armadilha semelhante à da "falácia da nova era". Ela coloca toda a ênfase na fé da pessoa que ora, e não no Deus a quem ela busca. Isso também é chamado de "teologia da prosperidade" ou "confissão positiva". Não se deve negar que a fé de alguém tem certa ligação com a eficácia de sua oração. Mas se levarmos essa ideia muito longe, acabaremos acreditando que é nossa fé que traz o resultado. Pensaremos que, se pudermos acreditar com fé suficiente, conseguiremos fazer com que Deus ouça nossa prece e a atenda.

Orar a Deus envolve nós e Deus. Ele quer que participemos do que faz, e, com certeza, uma das principais maneiras de fazermos isso é por meio da oração. Também podemos participar do que Ele faz alimentando os famintos, ajudando os pobres, cuidando dos doentes e compartilhando nossos recursos com aqueles que têm pouco. Deus quer que sejamos seus parceiros. Portanto, há um paradoxo e um mistério. Por um lado, a Bíblia diz que longe de Deus não podemos fazer nada. No entanto, por outro lado, Deus nos convida a fazer algumas coisas com Ele. Esse é o cerne do mistério da oração. Deus quer que usemos nossa fé e oremos. Mas podemos nos concentrar tanto na importância da fé e da oração que esquecemos Deus e achamos que elas é que realizam o milagre, e não Ele, a quem oramos e em quem temos fé quando o fazemos.

Ao cair nessa armadilha, convencemo-nos de que se nossa oração não foi atendida como gostaríamos, foi porque não oramos o suficiente, ou tempo suficiente, ou porque nossa fé é fraca. Isso põe demasiada ênfase em nosso próprio papel em tudo o que acontece ou deixa de acontecer. Isso também fará com que pessoas nos digam que, se estamos doentes e não somos curados, é porque nossa fé não é forte o suficiente. Culpar a vítima ou o doente por sua doença, e sugerir que ele seria curado se tivesse mais fé e orasse com mais força, é errado. Quando eu estava no colégio, tinha uma colega que sofria de esclerose múltipla, e, com o tempo, foi ficando mais e mais frágil. Depois do último ano, ela morreu. Eu sabia que ela e muitos outros estavam orando por sua cura, mas também sabia que alguns cristãos diziam que ela não havia sido curada porque não tinha fé suficiente. Isso é teologia barata.

Outra versão da "teologia da prosperidade" ou "confissão positiva" fala de encontrar um versículo da Bíblia e, a seguir, "reivindicá-lo". Os defensores desse pensamento acreditam que Deus *deve* cumprir a promessa que fez a nós em qualquer versículo que "reivindiquemos", porque o que Deus diz em sua Palavra, a Bíblia, é verdade, e podemos confiar que assim seja. Então, alguém pode orar: *Deus, sua Palavra diz em Isaías que por suas feridas fomos curados, e eu sei que você não é um mentiroso e que sua Palavra é a verdade, e reivindico a Escritura, em nome de Jesus, portanto, ficarei curado dessa dor de estômago!* Precisamos ter fé no que diz a Bíblia, mas temos que ter cuidado para não forçar Deus a fazer o que queremos. Isso é arrogância, em vez de humildade. Deus nos ama, mas não podemos exigir coisas dEle como se nossa fé estivesse no comando.

A quem acredita que é nossa fé que nos cura e esquece que é Deus quem o faz, devemos perguntar quanta fé tinha Lázaro. Lembremos que ele estava em decomposição em um túmulo quando Jesus o levantou da morte. Sua fé, obviamente, não importou. Foi Deus. É Deus, e o Deus da graça é quem cura, não nossas orações, não nossa "fé". Embora sejamos exortados por Deus a orar, não podemos obrigá-Lo a fazer o que queremos.

TODOS OS CRISTÃOS ACREDITAM EM MILAGRES?

Em uma palavra, não. Alguns cristãos, hoje, embora mantenham uma visão conservadora do que a Bíblia diz, também sustentam uma doutrina chamada "dispensacionalismo", que, em essência, diz que antes de a Bíblia ter sido concluída (cerca de 90 d.C., quando João escreveu o Apocalipse), houve uma necessidade peculiar de milagres, por isso Deus nos deu uma "dispensação" especial do miraculoso. Mas, desde então, agora que a Palavra de Deus existe em sua forma completa e final, não precisamos de milagres. Em sua opinião, Deus não precisa se revelar em qualquer lugar que não seja na Bíblia, que é completa e suficiente. Para essas pessoas, as "revelações" que vão além da leitura da Bíblia são heréticas e devem ser evitadas e desprezadas. Para eles, a Era dos Milagres se foi há mais de dezenove séculos.

Mas o tipo mais comum de cristão que não acredita em milagres é aquele que defende uma visão liberal da Bíblia. Esse cristão não concorda com a visão dispensacionalista, que diz que os milagres aconteceram até a Bíblia ser concluída. Porém, concorda com a visão de que os milagres na verdade nunca aconteceram, mesmo durante os tempos bíblicos. São propensos a buscar explicações naturalistas para os milagres da Bíblia, o que vamos abordar brevemente no próximo capítulo. A dificuldade com esse ponto de vista é que, se todos os milagres na Bíblia forem explicados de forma naturalista, teremos que perguntar: *O que resta da Bíblia?* Se removermos a ideia de um Deus sobrenatural que é livre para agir de maneira milagrosa, cairemos no pântano do desalento habitado pelos cientistas naturalistas. Essencialmente, removeríamos o próprio Deus da Bíblia. Por que alguém que se diz cristão sente a necessidade de fazer isso é complicado e misterioso, mas, grande parte desse fenômeno parece resultar do embaraço de estar "fora de sintonia" com a cultura secular em geral. Em outras palavras, eles aceitaram a falsa visão que coloca a "ciência" e o "progresso" contra a fé. É claro que, tragicamente, nesse desejo de se acomodar à cultura circundante, eles abandonam exatamente aquilo que pode trazer esperança e cura para a mesma cultura.

POR QUE É TÃO DIFÍCIL ACREDITAR?

Há muitas razões pelas quais é difícil acreditar em milagres, mas talvez a principal dificuldade de acreditar em qualquer coisa tenha mais a ver com a época e a cultura do que com algo que poderíamos descrever como "lógica". Somos inclinados a pensar que nossas objeções a crer em algo são "lógicas", portanto, "objetivas". Mas, na verdade, nossas próprias ideias sobre a lógica e como se deve chegar a conclusões sobre a realidade recebem informação dos pressupostos geralmente desconhecidos do mundo em que vivemos. Assim, o primeiro passo na tentativa de pensar os milagres é ver os pressupostos que temos no pensamento. Isso é difícil, talvez porque reconhecê-los é humilhante. Quem vai querer admitir que não vê com clareza, mas através de uma lente cultural escura? Cada cultura e era se vangloria de finalmente ver o que as anteriores não conseguiam por conta de seus antolhos e lentes ideológicas. Admitir que não somos, em certo sentido, diferentes dos camponeses caipiras do século XX é inaceitável para a maioria. Pode ser ofensivo. Aceitar isso pode exigir verdadeira coragem.

Só porque nossas lentes ideológicas são diferentes — cronologicamente posteriores e nascidas em fundações "científicas" mais sofisticadas — não significa que não sejam ideológicas. Por que o orgulho humano insiste em afirmar que nossa geração é a que finalmente vê a verdade sem adulteração ou intermediários? Os horrores utopistas do século XX (a guerra para acabar com todas as guerras, a Linha Maginot, o Arquipélago Gulag, a talidomida) não nos ensinaram mais humildade? Esse não seria o caminho mais sábio?

Ainda assim, é difícil. Parece evidente que rejeitar tudo que está além do mundo material é o caminho "científico" para a frente. Mas, e se a evidência científica cada vez mais nos levar a acreditar que talvez haja algo além do mundo material? Poderíamos considerar isso? Ou deveríamos nos curvar aos lemas de nossa cultura, temendo o desprezo de pessoas cujas opiniões significam muito para nós? Crer em milagres nestes tempos e era pode exigir um verdadeiro ato de bravura. A dificuldade em se abrir a tais crenças é que elas podem revelar algumas coisas desagradáveis sobre as pessoas cujas opiniões antes levávamos tão a sério. Mas talvez isso não seja tão ruim, afinal.

13. Os milagres bíblicos

Disse-lhe Jesus: "Se vocês não virem sinais e maravilhas, nunca crerão".
João 4,48

Falar de milagres sem citar os da Bíblia certamente seria estranho, se não perverso. Onde mais que na Bíblia devemos procurar algum modelo do que os milagres são ou podem vir a ser? O mais importante a dizer sobre os milagres do Novo Testamento, em particular, é que são todos sinais de coisas além de si mesmos. Consideremos primeiro os pressupostos que temos quando pensamos em milagres, sejam da Bíblia ou de outro lugar. A maioria de nós automaticamente parece dividir os relatos de milagres entre os que julgamos plausíveis e possíveis, e os que achamos improváveis e impossíveis, ou até mesmo ridículos. Se aceitarmos que o Deus da Bíblia criou o cosmo do nada, provavelmente aceitaremos que Ele é capaz de trazer um cadáver de volta à vida, ou multiplicar pães e peixes. Essas coisas podem forçar nossa credulidade, mas não parecem ir além dos limites do que a maioria das pessoas aceitaria como inserido no reino das possibilidades do criador do universo. Às vezes, porém, ouvimos relatos de milagres que, por uma razão ou outra, simplesmente não parecem certo. Mas por que não? A resposta é que quando analisamos uma obra de arte ou o relato de um milagre, cada um de nós tem um senso inato de limites e proporção, e isso entra em jogo quando formamos nossos julgamentos.

DEUS PODE FAZER TUDO, MAS FAZ?

Alguns anos atrás, traduzi um conto dos irmãos Grimm do original alemão. Intitula-se "O pescador e sua esposa", e não foi escrito no alemão dos outros contos dos Grimm, e sim em um dialeto da costa norte da Alemanha, o que faz sentido, visto que é uma história sobre um pobre pescador que pega um peixe que pode falar e conceder desejos. Mas a esposa mal-humorada do pescador nunca está satisfeita com o que o peixe lhes concede. Depois de ter uma casa grande, ela reclama que devem ter uma ainda maior. Então, ela pede um palácio e quer ser rainha, e a seguir, um palácio maior e quer ser imperadora. Por fim, refletindo a época em que a história acontece, ela exige que o peixe a faça papisa, com poder sobre todos os reis e rainhas da cristandade ocidental. E aí me veio uma dificuldade. Porque depois que o peixe realiza esse desejo, a mulher é descrita sentada em um trono de "duas milhas" de altura. Antes desse detalhe, tudo parecia fazer sentido. Não me foi difícil aceitar a ideia bizarra de um linguado falante, ou que podia realizar desejos, mas quando cheguei ao detalhe da altura do trono, empaquei. Alguma coisa estava errada. Por que eu podia aceitar tudo o mais na história, menos esse detalhe de um trono de duas milhas de altura? É que simplesmente parecia fora de proporção, e assim, continuei a escavar, e acabei descobrindo uma definição diferente, arcaica, da palavra alemã *myle*. O significado antigo não era "milha", e sim "braça", que é cerca de 1,8 metro. Assim, o trono, em vez de ter 3 mil metros de altura, tinha cerca de 3,6 metros. Isso fazia mais sentido. De alguma forma, nós intuitivamente sentimos o que está dentro da lógica e dos limites de uma história.

Quando lemos os milagres do Novo Testamento, levamos junto esse mesmo instinto. Assim, para a maioria dos leitores, os milagres de cura de Jesus não forçam especialmente nossa credulidade, considerando seu contexto. Nem transformar água em vinho. Nem mesmo levantar três pessoas da morte.* Mas quando chegamos a algo como Jesus andando sobre as águas, não podemos deixar de perguntar exatamente como isso aconteceu. É, de certa forma, mais difícil para a mente moderna compreender ou aceitar.

Lembrando, porém, mais uma vez que Deus inventou, criou e sustenta os confins infinitos do universo expandido, que criou uma realidade cuja superfície só os seres humanos mais brilhantes arranham quando exploram as implicações da física quântica, não podemos aceitar que, se fosse para encarnar no corpo de um ser humano, Ele seria capaz de andar sobre a água? Se aceitarmos que Ele pôde ressuscitar dos mortos e que depois podia aparecer e desaparecer como quisesse, atravessando paredes, e, a seguir, notadamente ascender ao céu, não podemos aceitar que Ele tivesse uma relação com a estrutura da matéria que é necessariamente diferente da que temos nós?

Mas há alguns relatos de milagres que são mais difíceis de aceitar, e por uma boa razão. Por exemplo, no Evangelho apócrifo de Tomé, que não está na Bíblia e que a Igreja e os historiadores sempre rejeitaram como ficção e

* Embora não seja mencionado com tanta frequência, Jesus levantou outros dois da sepultura além de seu amigo Lázaro. Foram o filho da viúva de Naim e a filha de Jairo.

espúrio, existe um relato de Jesus com cinco anos fazendo pardais de barro, e, a seguir, dando-lhes vida e fazendo-os voar para longe. Para a maioria das pessoas isso parece invenção, mas, por quê? Por que isso parece errado, assim como um trono de 3 mil metros de altura no contexto do conto de Grimm? Como é que intuitivamente entendemos que essa história é um pouco diferente dos milagres atribuídos ao Jesus dos Evangelhos canônicos?

Parte da razão é que a maioria de nós já leu tantas histórias de tantos tipos que pode perceber a que gênero o relato pertence. E essa, invariavelmente, cai no campo das histórias em que milagres fantasiosos são atribuídos a santos, como no relato de são Patrício afugentando todas as serpentes para fora da Irlanda. De alguma forma, sabemos que essas coisas nunca aconteceram de verdade, que são apenas um pouco de folclore e uma história meio exagerada. Mas há mais para nossa visão preconceituosa nessa apócrifa trama infantil. A ideia de Jesus fazendo pardais de barro também tem algo de inconfundível exibicionismo, que destoa radicalmente do caráter de Jesus que encontramos nos demais Evangelhos. Afinal, para que uma criança de cinco anos faria isso senão simplesmente para impressionar seus amigos no recreio? Isso parece evocar a imagem de um mágico de smoking mais que do Filho de Deus, heroico e cativante, que conhecemos pelas páginas do Novo Testamento.

Além disso, ao contrário de outros relatos de milagres, esse parece um beco sem saída, ou um apêndice. Aonde isso nos leva e o que quer dizer em um nível mais profundo? Cada um dos verdadeiros milagres atribuídos a Jesus é um sinal que aponta para além do milagre em si. Quando Jesus dá a visão a um cego, representa a ideia de que somos todos cegos espiritualmente e precisamos da ajuda de Deus para ver. Ele também cumpre as profecias do Antigo Testamento sobre o Messias. Quando multiplica os pães e os peixes, está fazendo algo com muitas esferas de significado; a mais fundamental é que Ele alimenta os famintos. Mas qual é exatamente o significado desse parquinho e os pardais? Apesar de sabermos que Deus pode fazer qualquer coisa, e a Bíblia diz que "nada é impossível para Deus", temos a sensação de que Jesus simplesmente não faria isso; e não fez. Não combina com Ele, e, de alguma forma, está fora do prumo.

Deus nos deu o bom senso e quer que usemos o cérebro quando pensamos sobre milagres. Portanto, é fato que, embora possamos acreditar que Deus *pode* fazer qualquer coisa, sabemos que certas coisas Ele *não* faria. Alguns milagres violariam seu caráter. Mas a ideia de que Deus tem um caráter é, em si, interessante. Muitos de nós temos uma ideia de Seu caráter, mas a questão é de onde a tiramos. Nossas ideias de quem é Deus muitas vezes podem ter sido formadas por fatores que pouco têm a ver com o Deus da Bíblia. Alguns de nós têm uma ideia do caráter de Deus formada pela reunião de pedaços e peças da cultura popular. Talvez pensemos que Ele é um pouco como George Burns em *Alguém lá em cima gosta de mim*, filmes dos anos 1970. Ou talvez nossa ideia de Deus venha de uma educação religiosa excessivamente severa e legalista, ou das muitas representações desse tipo de religiosidade na TV e nos filmes. Ou talvez pensemos que Deus, o Pai, é como nossos próprios pais, que podem não ter sido fiéis ou amorosamente consistentes. Então, quando falamos sobre o caráter de Deus, o único padrão que podemos consistentemente estabelecer — e que é totalmente subjetivo — é o que podemos ver nas histórias do Antigo e do Novo Testamento. Essas são as fontes originais, afinal. Então, de acordo com essa ideia do caráter de Deus, quando ouvimos qualquer relato de milagre, queremos avaliar, em parte, se ele se encaixa com o caráter do Deus da Bíblia.

Sabemos que, ao contrário dos deuses de alguns contos do folclore pagão, o Deus da Bíblia não é um trapaceiro ou alguém que "faz joguinhos" conosco. Por exemplo, algumas pessoas acreditam que o universo foi criado há milhares de anos, mas, quando confrontadas com evidências geológicas contrárias, respondem que Deus "pode fazer qualquer coisa", inclusive criar "evidência" geológica enganosa. Quando perguntamos por que, dizem que Ele fez isso "para testar nossa fé". Alguns até já afirmaram que Deus plantou ossos de dinossauros nos estratos de rocha pela mesma razão. Talvez a maior dificuldade em relação a tais argumentos seja que o caráter desse Deus de quem falam não é consistente com o do Deus da Bíblia. Jesus certamente nunca fez nada intencionalmente enganoso, nem o Antigo Testamento contém exemplos de Deus enganando as pessoas. Quem conhece o caráter do Deus da Bíblia é obrigado a rejeitar tais ideias.

A GRAÇA DE DEUS EM UMA HISTÓRIA DE PEIXE

No capítulo 17 do Evangelho de Mateus há outra história que estende as fronteiras do que parece possível e que nos fala do caráter de Deus. É aquela em que Jesus diz a Pedro para pagar o imposto pescando um peixe, cuja boca vai conter a moeda necessária. Eis a passagem:

> *Quando Jesus e seus discípulos chegaram a Cafarnaum, os coletores do imposto de duas dracmas vieram a Pedro e perguntaram: "O mestre de vocês não paga o imposto do templo?".*
>
> *"Sim, paga", respondeu ele.*
>
> *Quando Pedro entrou na casa, Jesus foi o primeiro a falar, perguntando-lhe: "O que você acha, Simão? De quem os reis da terra cobram tributos e impostos: de seus próprios filhos ou dos outros?".*

"Dos outros", respondeu Pedro.

Disse-lhe Jesus: "Então os filhos estão isentos. Mas, para não escandalizá-los, vá ao mar e jogue o anzol. Tire o primeiro peixe que você pegar, abra-lhe a boca, e você encontrará uma moeda de quatro dracmas. Pegue-a e entregue-a a eles, para pagar o meu imposto e o seu".

De todos os milagres do Novo Testamento, esse é, provavelmente, o mais peculiar. O que fazer com ele? Para compreendê-lo corretamente, precisamos analisar os detalhes.

A moeda referida na passagem é provavelmente de prata, um *shekel*, equivalente a duas dracmas alexandrinas. Sabemos que o imposto seria de meio *shekel* por pessoa, de modo que a moeda cobriria exatamente o imposto de Jesus e de Pedro. Em nome da plausibilidade da história, quem sabe algo sobre peixes pode facilmente comprovar que se alguém houvesse deixado cair essa moeda na água por acidente um peixe poderia rapidamente tê-la devorado, como costuma fazer quando vê coisas brilhantes. Há quem afirme que esses peixes — provavelmente o que hoje chamamos de tilápia — mantinham seus filhotes na boca por um tempo, e também pegavam seixos do fundo do mar. Quem pode dizer o que realmente aconteceu? Mas o detalhe de que um peixe tivesse uma moeda de prata na boca não é de todo improvável. No entanto, o problema das explicações "naturalistas" é que fazem o evento parecer plausível e simultaneamente o "explicam" como se não fosse um milagre. Este pode não ser o caso. Porque mesmo se entendermos que um peixe poderia ter uma moeda de prata na boca — e dado os anos de Pedro como pescador, ele poderia ter visto essas coisas muitas vezes —, ainda temos que justificar o fato seguinte, quando Jesus diz a Pedro para ir pescar sabendo que pegaria justamente o peixe que tinha a moeda na boca. Obviamente, esse é o milagre. Claro, há também a ideia de que Jesus teria sabido de antemão que o peixe estava com a moeda na boca. Como ele poderia saber isso, a menos que fosse por milagre? O texto deixa claro que Ele sabia.

Tal como aconteceu com todos os milagres que Jesus fez, há mais coisas além do que os olhos veem, e que se destinam a nos fazer ver algo além do próprio milagre. Certamente, um dos aspectos mais importantes dessa história é como ela demonstra um aspecto específico do caráter de Jesus, ou seja, de sua graça infalível. Jesus deixa claro no que diz a Pedro que eles não precisam pagar o imposto, mas que vão pagá-lo de qualquer maneira, "para não escandalizá-los". Ele deseja que seus discípulos — e nós — entendam que devemos sempre fazer mais que o necessário. Não fazemos o que somos obrigados a fazer; vamos além. Acreditando que Deus nos deu muito, podemos muito bem nos permitir dar aos outros mais do que é meramente "justo" ou "merecido". Deus tem sido generoso demais conosco, então, nós que somos seus filhos abençoados, também devemos ser demasiado generosos. O próprio Deus nunca nos dá só uma fatia do bolo, mas sim a fartura de graça, e devemos fazer o mesmo.

Essa ideia de graça, generosidade e doação voluntária está no cerne do conceito de amor ágape do Novo Testamento, e no pequeno detalhe dessa história a vemos mais uma vez. A ilustração mais importante e central dessa ideia está, claro, na morte de Jesus na cruz, quando Ele se sacrifica pelos outros por amor, e não porque merecemos o sacrifício. É essa graça que nos faz humildes e gratos a Ele, se entendermos a situação. Ele não precisava fazer o que fez, mas fez da mesma forma, não porque merecemos, mas porque Ele nos ama. Para quem não se dispõe a aceitar um presente como esse, tal ideia é decepcionante, até mesmo ofensiva.

Mas Jesus sempre chama seus seguidores para além da justiça do "olho por olho, dente por dente", para esse reino de amor — de generosidade, gentileza, doação altruísta, nutrido pela superabundância de um relacionamento com Deus. Até vemos isso no início da atividade pública de Jesus, quando Ele vai para o Jordão para ser batizado por seu primo João Batista. Sendo Jesus o Filho de Deus sem pecado, certamente não precisava ser batizado, ter seus pecados perdoados e ser simbolicamente lavado. Mas Jesus quis se identificar publicamente conosco, que precisamos ser batizados e purificados. Ele desce entre nós não apenas deixando a glória do céu para vir a Terra, mas também entrando publicamente nas águas do batismo, humilhando-se perante todos. Jesus ilustra o mesmo quando faz o trabalho do menor escravo, lavando os pés de seus discípulos. Mais e mais, Ele se humilha dessa maneira para mostrar que se quisermos ser como Ele, precisamos nos humilhar também. Pagar o imposto do templo com a moeda de prata é um pequeno exemplo disso. Portanto, esse detalhe faz com que essa história esteja em consonância com o caráter de Jesus e com os demais relatos do Novo Testamento, especialmente com seu ensinamento: que amemos nossos inimigos, que façamos mais que o necessário, que "demos a outra face".

Podemos fazer uma ligação com a famosa história da mulher junto ao poço, que nos dá uma imagem visual da radical graça de Deus. Nessa história, Jesus fala com uma mulher que está sozinha ao lado de um poço, tirando água no meio do dia. Acredita-se que ela era uma mulher de má fama, portanto, estava sozinha ali em uma hora atípica para pegar água. Jesus lhe diz que o que oferece não é apenas o copo de água de que necessita para saciar sua sede, e sim uma verdadeira fonte borbotante que vai inundá-la com mais do que possa pedir ou pensar. Ele não é um Deus utilitarista, analisando o mínimo de que necessitamos para nosso sustento. Ele é um Deus cujo amor e recursos são ilimitados e que quer nos inundar com eles.

> *Jesus respondeu: "Quem beber desta água terá sede outra vez, mas quem beber da água que eu lhe der nunca mais terá sede. Ao contrário, a água que eu lhe der se tornará nele uma fonte de água a jorrar para a vida eterna"* (João 4,13-14).

ALIMENTANDO OS 5 MIL HOMENS

O consabido milagre dos pães e dos peixes ilustra o mesmo princípio da graça superabundante de Deus. Também ilustra a ideia maior de que cada um desses milagres — ou sinais — de Jesus significava muito mais e apontava às pessoas presentes — e a nós — o próprio Deus.

Antes de Jesus operar esse milagre, havia acabado de ouvir sobre a decapitação de seu primo João Batista pelo malvado Herodes. Ele entra em cena cheio de dor.

> *Ouvindo o que havia ocorrido, Jesus retirou-se de barco em particular para um lugar deserto. As multidões, ao ouvirem falar disso, saíram das cidades e o seguiram a pé. Quando Jesus saiu do barco e viu tão grande multidão* [...].

Jesus claramente não tem vontade de ser esmagado por uma multidão de pessoas desesperadas por sua atenção. Ele quer ficar sozinho com seus discípulos para chorar o assassinato de seu amado primo, que não era apenas seu primo; na opinião de Jesus, fora o maior profeta de Deus. O fato de o malvado Herodes ter degolado João para satisfazer os caprichos da mulher com quem ele estava cometendo adultério — ou da filha dela —, deve ter sido avassalador e doloroso. Mas os inúmeros milagres que Ele andava fazendo haviam capturado a atenção e a imaginação do povo, e, então, literalmente milhares atravessavam o campo na esperança de vislumbrá-Lo. E quando Jesus saiu do barco, com o coração pesado e cansado, viu-se interceptado por essa massa humana. Assim, o texto diz que, apesar de sua tristeza e de sentir nas costas a fadiga de todos os homens, Ele "teve compaixão deles e curou os seus doentes".

Às vezes estamos tão familiarizados com o que a Bíblia diz que deixamos escapar palavras e perdemos completamente seu significado. A frase "[Jesus] teve compaixão deles e curou os seus doentes" é impressionante, magnífica em seu eufemismo. Jesus saiu do barco e viu milhares de pessoas à Sua espera. Havia um desespero selvagem entre eles, e Jesus se encheu de compaixão. Mas o versículo diz que Ele "curou os seus doentes". Alguns versículos depois, vemos que havia 5 mil homens no meio da multidão, o que significa que provavelmente havia 15 mil ou 20 mil pessoas no total. Muitos deles haviam ido para lá especificamente porque acreditavam que Jesus poderia curar "seus doentes" que haviam levado, e, em muitos casos, "carregado" para esse lugar remoto. Assim, quando o texto simplesmente diz "curou os seus doentes", dá para imaginar quantos milagres realmente aconteceram naquele dia? É provável que tenham sido centenas, mas nem um único deles é mencionado nos relatos dos Evangelhos. Vemos aqui novamente a superabundância de Deus e da extraordinária generosidade de Jesus. Os autores dos Evangelhos não sentiram a necessidade de mencionar algum desses milagres de cura especificamente, focando apenas o milagre final dos pães e peixes multiplicados. No Evangelho de João (21,25), usando uma hipérbole, o autor escreve: "Jesus fez também muitas outras coisas. Se cada uma delas fosse escrita, penso que nem mesmo no mundo inteiro haveria espaço suficiente para os livros que seriam escritos".

É só depois da realização de talvez centenas de milagres que chegamos ao milagre da multiplicação dos pães e dos peixes:

> *Ao cair da tarde, os discípulos aproximaram-se dele e disseram: "Este é um lugar deserto, e já está ficando tarde. Manda embora a multidão para que possam ir aos povoados comprar comida".*
>
> *Respondeu Jesus: "Eles não precisam ir. Deem-lhes vocês algo para comer".*
>
> *Eles lhe disseram: "Tudo o que temos aqui são cinco pães e dois peixes".*
>
> *"Tragam-nos aqui para mim", disse ele. E ordenou que a multidão se assentasse na grama. Tomando os cinco pães e os dois peixes e, olhando para o céu, deu graças e partiu os pães. Em seguida, deu-os aos discípulos, e estes à multidão. Todos comeram e ficaram satisfeitos, e os discípulos recolheram doze cestos cheios de pedaços que sobraram. Os que comeram foram cerca de 5 mil homens, sem contar mulheres e crianças.*

Antes de podermos apreciar a riqueza desse grande milagre, devemos primeiro extirpar a larva de uma ideia que diz que isso não foi um milagre, mas apenas um exemplo de Jesus inspirando a multidão mesquinha a compartilhar. Isso pode parecer engraçado, especialmente para quem nunca ouviu antes, mas muitas pessoas ouviram sermões baseados nessa ideia, de modo que vale a pena explicar por que essa interpretação ignora os fatos e deve ela mesma ser ignorada.

A noção de que o que realmente aconteceu naquele dia foi um "milagre da partilha" sustenta que, na realidade, havia muita comida, mas as pessoas, egoístas, escondiam-na uns dos outros, até que Jesus, de alguma forma, inspirou todos — ou os fez se mover por culpa — a compartilhar o que tinham, e assim, resolver o problema. Se nosso objetivo for explanar o milagre com outra "explicação naturalista", ou promover o comunismo, essa interpretação funcionará muito bem. Mas se quisermos realmente entender essa passagem, ela não vai funcionar. Na verdade, essa interpretação cai por terra com um único versículo do Evangelho de Mateus (15,32), no qual Jesus diz: "Tenho compaixão desta multidão; já faz três dias que eles estão comigo e nada têm para comer. Não quero mandá-los embora com fome, porque podem desfalecer no caminho". Jesus estava brincando ou fazendo joguinhos quando disse isso? O que nos permitiria acreditar que essas pessoas estavam mesmo escondendo comida? Com certeza, eram pessoas desesperadas que estavam seguindo Jesus pelos campos, acampados havia três dias, sendo curados e ouvindo seus ensinamentos, e, evidentemente, dando pouca atenção a suas necessidades físicas. Jesus sabia que eles não tinham mais comida, e seus discípulos sabiam também. Que outra interpretação podemos dar sem intencionalmente causar danos ao texto?

No relato de João sobre a história, Jesus pergunta a Filipe: "Onde compraremos pão para esse povo comer?". Jesus muitas vezes faz perguntas retóricas para se expressar. Ele sabia muito bem que custaria muito mais dinheiro do que qualquer um deles tinha para alimentar aquela vasta multidão. Também sabia o que estava prestes a fazer para alimentá-los. Então, os discípulos, percebendo o problema, vão a Jesus e, em essência, dizem que Ele deve dizer à multidão que o show acabou, que agora devem ir embora e cuidar de suas necessidades físicas, porque Jesus e seus discípulos simplesmente não têm dinheiro na mão para comprar a comida que seria necessária.

Mas é exatamente quando Jesus deixa claro que o show ainda não acabou, que tudo havia sido um preâmbulo do que Ele estava prestes a fazer. O milagre da alimentação dos milhares é o ponto alto de tudo que se passou antes, e significa uma série de coisas importantes.

Em primeiro lugar, comunica que o Pai celestial de Jesus se preocupa com as necessidades físicas das pessoas, não apenas com suas "necessidades espirituais". Assim como Ele tem compaixão dos enfermos e os cura, mostra compaixão perante a fome e os alimenta. Ele não é um Deus de espíritos desencarnados, mas de seres humanos de carne e osso, e assim como Jesus, em seu corpo ressuscitado, comeu e deixou claro que não era um fantasma, nesse milagre Ele deixa claro que a alimentação dos famintos é algo que Deus leva a sério.

Em segundo lugar, Jesus mais uma vez nos dá uma imagem da superabundância de Deus. Ele não é um Deus utilitarista que só dá a todos o que necessitamos. Depois que todo mundo está totalmente satisfeito, sobram doze grandes cestos. Ele quer nos inundar com as bênçãos do céu.

Um terceiro ponto desse grande milagre da "multiplicação" exige que lembremos o que a maioria dos presentes já sabia, em especial quanto aos outros milagres de multiplicação presentes em suas Escrituras. Muitos deles, ao testemunhar o milagre de Jesus, instantaneamente teriam se lembrado de que o profeta Eliseu multiplicara azeite, conforme relatado em 2º Reis 4,1-7. Segundo a história, uma viúva que estava em dívida tinha apenas um único jarro de azeite. Eliseu pediu-o e então começou a encher jarro após jarro com azeite, e o usou para pagar a grande dívida dela. Mais tarde, no mesmo capítulo, ele milagrosamente multiplicou vinte pães de cevada para alimentar cem homens. O texto em si é semelhante ao relato de Jesus alimentando os 5 mil.

> *Veio um homem de Baal-Salisa, trazendo ao homem de Deus vinte pães de cevada, feitos dos primeiros grãos da colheita, e também algumas espigas verdes. Então Eliseu ordenou ao seu servo: "Sirva a todos".*
>
> *O auxiliar de Eliseu perguntou: "Como poderei servir isso a cem homens?".*
>
> *Eliseu, porém, respondeu: "Sirva a todos, pois assim diz o Senhor: 'Eles comerão, e ainda sobrará'". Então ele serviu a todos, e conforme a palavra do Senhor, eles comeram e ainda sobrou.*

A multidão teria entendido que o que Jesus fez foi parecido com o que Eliseu havia feito, mas dramaticamente superior, uma vez que milhares foram alimentados. Esse milagre teria indicado a eles que Jesus era um profeta de Deus, como o grande Eliseu, mas teriam também entendido que Ele estava muito além de Eliseu.

O quarto ponto diz respeito a outro paralelismo. Os judeus sabiam que um dia o Messias chegaria, e que este seria como Moisés. Eles, claro, sabiam que Moisés havia alimentado as multidões no deserto com o maná, que aparecia milagrosamente a cada manhã e que era chamado de "pão do céu". Então, o que Jesus fez naquele dia teria explicitamente lembrado às pessoas o que Moisés havia feito, e em sua mente teriam ligado Jesus a Moisés.

O quinto ponto destacado por Jesus nesse milagre poderia ser ignorado por todos os presentes, mas não para aqueles familiarizados com o que Ele fez mais tarde na Última Ceia. Jesus orando e partindo o pão naquele dia, em meio à grande multidão, foi uma prefiguração e um prenúncio dEle partindo o pão no cenáculo, que, por sua vez, era uma prefiguração do corpo de Jesus sendo partido na cruz e, por meio da comunhão, está sendo compartilhado através dos séculos com todas as gerações.

Finalmente, o número de cestas que sobraram — doze — certamente tinha a intenção de nos recordar as doze tribos de Israel e os doze discípulos, que, por serem os primeiros seguidores de Jesus, representavam a "igreja" de todos os seus seguidores através da história, e aquele que devia ser o "novo Israel".

Desse modo, o relato de Jesus alimentando a multidão, assim como todos os seus outros milagres, não é uma boa história "naturalista" sobre compartilhar nossa comida, nem um mero truque de magia realizado por um feiticeiro para encantar a imprensa. É, antes e acima de tudo, um sinal que aponta para além de si, para a identidade da pessoa por trás dele e de todos os outros milagres. Como qualquer milagre sempre foi, é um sinal do que está além deste mundo, apontando-nos Deus, que veio para cá para nos levar de volta; e Ele próprio é o caminho de volta.

LÁZARO RESSUSCITADO DOS MORTOS

A história de Jesus ressuscitando Lázaro dentre os mortos é, em muitos aspectos, o milagre dos milagres. Isso nos dá uma imagem de Deus entrando e agindo em nosso mundo de um jeito não adulterado, de uma forma tão simples, inconfundível e dramática como qualquer outro relato dentro das páginas das Escrituras. A história é considerada, pela maioria dos estudiosos da Bíblia, como o ápice de todos os milagres de Jesus no Novo Testamento. Tudo que se passou antes constrói essa cena, que acontece justo antes do fim — antes da entrada de Jesus em Jerusalém em meio a gritos de aclamação, e antes de sua morte na cruz, alguns dias depois.

Para entender o significado desse milagre, temos que compreender o contexto em que ocorre. Antes de qualquer coisa, devemos lembrar que Jesus era muito próximo de Lázaro e de suas irmãs, Maria e Marta. Então, quando Lázaro adoeceu, suas irmãs mandaram imediatamente avisar Jesus, acreditando que Ele rapidamente entraria e curaria seu irmão. Jesus estava a muitos quilômetros de distância nesse momento, mas quando recebeu a notícia da doença de Lázaro, disse: "Essa doença não acabará em morte; é para a glória de Deus, para que o Filho de Deus seja glorificado por meio dela". Os discípulos, ouvindo isso, concluíram que Jesus sabia que Lázaro não morreria (mas, naturalmente, não entendiam isso muito bem), de modo que não tentaram fazê-lo ir até Lázaro imediatamente. Concluíram que ele tinha tudo sob controle — e claro que tinha. Jesus não se apressou para ir a Lázaro, mas permaneceu onde estava por mais dois dias. Fica claro, em retrospecto, que Jesus sabia que Lázaro de fato morreria, e que sua morte lhe daria a oportunidade de realizar o maior de todos os milagres e louvar a Deus com mais força que até então.

Dois dias depois de saber que Lázaro estava doente, Jesus decidiu que era hora de ir para Betânia, aldeia onde o amigo, Maria e Marta viviam, a menos de três quilômetros de Jerusalém. Seus discípulos sabiam que os chefes dos sacerdotes em Jerusalém andavam ameaçando Jesus de morte, por isso, estavam preocupados com sua ida para lá. Mas Jesus não estava preocupado, embora soubesse que o que estava prestes a fazer só enfureceria os chefes dos sacerdotes ainda mais.

Quando começou a viagem, Jesus esclareceu as coisas a seus discípulos: "Lázaro morreu, e para o bem de vocês estou contente por não ter estado lá, para que vocês creiam". Jesus sabia que isso seria mais poderoso que tudo que havia feito antes. Ele construiria dramaticamente a fé dos seus discípulos, e muitos que ainda não acreditavam nele passariam a acreditar como resultado do que estava prestes a ocorrer.

Quando Jesus chegou a Betânia, soube que Lázaro já estava no túmulo havia quatro dias. Os judeus acreditavam que a alma ficava perto do corpo por três dias, de modo que o detalhe de Lázaro estar no túmulo havia quatro dias deixava claro que não havia possibilidade de uma ressuscitação. As outras duas pessoas que Jesus ressuscitara dos mortos haviam falecido havia pouco tempo: o filho da viúva de Naim estava sendo levado de sua casa quando presumivelmente morreu, e a filha de Jairo morreu algumas horas ou talvez até mesmo poucos minutos antes de Jesus chegar. Mas Lázaro estava deitado no túmulo havia quatro dias e em decomposição.

As irmãs esperavam que Jesus voltasse a tempo de curar seu irmão. Elas também sabiam que Jesus havia levantado dois outros da morte, por isso, mesmo depois da morte de Lázaro, elas ainda deviam ter fé que Jesus chegaria a tempo de restaurar-lhe a vida. Mas depois de estar no túmulo por quatro dias, elas deviam ter abandonado qualquer esperança.

Quando Jesus encontrou Marta, disse-lhe: "O seu irmão vai ressuscitar", e ela respondeu: "Eu sei que ele vai ressuscitar na ressurreição, no último dia". Mas Jesus não havia ido até ali para relembrar-lhes o que já sabiam. Ele havia ido para lhes mostrar algo novo, algo que as assustaria como um raio. Ele fora para revelar a elas e ao mundo o poder desenfreado e insondável de Deus.

Nessa conversa com Marta, Jesus fez uma declaração verdadeiramente impressionante. Ele disse: "Eu sou a ressurreição e a vida". Essas palavras seriam pura arrogância sem paralelo, ou loucura, a menos que fossem verdadeiras. Ele então disse: "Aquele que crê em mim, ainda que morra, viverá; e quem vive e crê em mim, não morrerá eternamente. Você crê nisso?".

A razão pela qual quem crê nEle nunca morrerá é que Jesus é a própria fonte da vida. Foi Ele quem criou o universo e a vida. Embora os discípulos,

Maria e Marta acreditassem que Ele era o Messias, ainda não pareciam ter compreendido que seu amigo era o criador do universo e a fonte da vida em si. Mas enquanto Ele se aproximava do fim de seus dias na terra, era hora de revelar essas coisas, falar delas e demonstrá-las.

Mas, primeiro, temos que ver o outro lado de quem Ele é. Observamos a humilde humanidade de Jesus quando, vendo seus amigos e outras pessoas chorando, Ele próprio chorou. O versículo tem duas palavras: "Jesus chorou".* Essas palavras mostram que Aquele que é a própria vida não é uma energia impessoal, e sim uma pessoa, cujo coração se parte com a tristeza de seus amigos, e que provavelmente também chorava pelo poder que a morte ainda tinha no mundo alquebrado cuja integridade Ele viera restaurar.

Quando Jesus se aproximou do túmulo, estava dilacerado de emoção. O texto diz que "Jesus agitou-se no espírito e perturbou-se". Mas, então, fez o que havia ido fazer. "Tirem a pedra", disse Ele. Marta protestou, dizendo: "Senhor, ele já cheira mal, pois já faz quatro dias".

Jesus disse: "Não lhe falei que, se você cresse, veria a glória de Deus?". Tiraram a grande pedra da frente do túmulo, e, a seguir, Jesus orou em voz alta: "Pai, eu Te agradeço porque me ouviste. Eu sei que sempre me ouves, mas disse isso por causa do povo que está aqui, para que creia que Tu me enviaste". Ele não queria que o significado do que estava prestes a fazer se perdesse. Tal como acontece com todos os milagres, aquilo que Deus estava comunicando por meio do milagre era o mais importante. Portanto, não se tratava apenas da restituição de seu querido amigo Lázaro à vida; tratava-se de revelar sua verdadeira identidade de modo que muitos viriam a crer nEle, e essa fé restituiria todos para a verdadeira vida também.

"Lázaro, venha para fora!", gritou Ele. É uma coisa estranha de dizer a um cadáver. Mas fora Ele quem havia amaldiçoado uma figueira, quem repreendera o vento forte e as ondas, dizendo-lhes: "Aquiete-se! Acalme-se!". Lembramos que a figueira secou e o vento e as ondas lhe obedeceram, e agora vemos Lázaro também obedecendo ao criador do universo. Em um instante, ele saiu de sua tumba, vivo e ainda envolto em sua mortalha.

Como Betânia ficava tão perto de Jerusalém, havia muitos enlutados naquele dia para testemunhar a saída de Lázaro de seu túmulo. Todos os que viram isso devem ter ficado atordoados. Quem imaginaria ver um morto de quatro dias obedecendo ao comando de deixar a morte e a escuridão do túmulo e voltar para a vida e a luz do dia? Sabemos que era a intenção de Jesus

* Dos 31103 versículos da Bíblia, esse é o mais curto.

mostrar o poder e a glória de Deus, e sabemos que Ele conhecia o resultado. Ele sabia que as testemunhas contariam a todos que encontrassem, que a notícia desse milagre se espalharia como fogo e inflamaria uma fé apaixonada em muitos. Mas Ele também sabia que os líderes religiosos ficariam tão furiosos que entenderiam ser preciso matar Jesus. Por incrível que pareça, a notícia desse evento levou tantos a crer em Jesus que os líderes religiosos até planejaram matar Lázaro.

O milagre da ressurreição de Lázaro ilustra uma série de coisas, sendo a primeira, talvez, a simples existência do mal. Como é possível que quando Jesus levanta um homem para a vida os líderes religiosos fervam de raiva? Que boa pessoa poderia deixar de se alegrar por um jovem morto de quatro dias que volta à vida? Mas sabemos que esses homens estavam pensando apenas em seu próprio poder, gravemente ameaçado. Eles se permitiram cegar por seu próprio poder e não pensavam em Deus e na vida, só em si mesmos, e a culminação lógica disso termina em pensamentos assassinos, em atos de maldade.

A segunda é que Deus realmente faz milagres para se comunicar conosco. Jesus quis demonstrar o poder de Deus especificamente para que as pessoas pudessem ver quem Ele realmente era e passassem a crer nEle. Mesmo tendo feito o que fez por compaixão e amor por Lázaro e suas irmãs, Ele disse a seus discípulos: "e para o bem de vocês estou contente por não ter estado lá, para que vocês creiam". Se Jesus estivesse interessado apenas em manter seu amigo Lázaro vivo, poderia ter voltado mais cedo e o curado. Ou poderia ter voltado um pouco mais tarde e o ressuscitado dos mortos uma hora depois de morrer. Mas Jesus esperou deliberadamente. Ele queria ampliar o efeito do milagre para que este O mostrasse às pessoas como o Messias, e para que Deus fosse louvado.

Isso leva ao terceiro ponto: a fim de que Deus seja glorificado, algumas vezes, Ele permite que algo desagradável aconteça antes. Jesus poderia ter evitado que Lázaro morresse, ou poderia tê-lo ressuscitado dentre os mortos imediatamente, mas não o fez. Em certo sentido, esse milagre nos mostra que podemos confiar em Deus, e se confiarmos, Ele poderá nos guiar no caminho longo e difícil, mas é só para nos abençoar ainda mais no longo prazo. Portanto, temos que considerar as implicações disso. É possível que Deus nos permita passar por situações justamente para que tenhamos a oportunidade de confiar nEle, e, em seguida, vê-Lo fazer algo que não esperávamos, algo belo e extraordinário, que não teria sido possível se nossas orações tivessem sido atendidas quando e como queríamos? Se isso for verdade, não significa que qualquer dificuldade que encontramos é uma oportunidade de confiar em Deus, para ver como Ele pode tirar algo glorioso de nossas provações?

Não significaria também que, se nós não nos voltarmos para Deus nas dificuldades, perderemos a oportunidade de vê-Lo fazer algo mais maravilhoso que simplesmente eliminar a dificuldade? Ou talvez Ele queira nos dizer que se realmente soubermos quem é Deus, vamos querer confiar nEle, e vamos permitir que Ele nos tire as dificuldades ou o sofrimento, sabendo que, se permitirmos, Ele usará essas coisas para nos abençoar e fazer algo belo que não teria sido possível de outra maneira.

A história de Lázaro — porque é uma imagem de extremo contraste — nos dá um retrato daquilo que todos os milagres verdadeiros realmente são: Deus agindo sozinho, sem nossa ajuda. Lázaro não fez absolutamente nada para cooperar com Jesus. Estava inerte e passivo como uma pedra. Como um cadáver. Como tal, ele era, por definição, incapaz de ajudar. Lázaro não tinha a capacidade de "exercer sua fé" ou "confiar em Jesus" ou "acreditar". Como o texto diz que ele esteve no túmulo por quatro dias, não estamos sequer nos dando ao luxo de supor que seu "espírito" pairava nas proximidades e simplesmente reentrou em seu corpo como se poderia supor que tenha acontecido com os outros dois que Jesus ressuscitou. Aqui, nos dias finais da vida e ministério de Jesus, Ele nos dá um retrato autêntico do que é um milagre: Deus agindo de além deste mundo. Vemos claramente que tudo é Deus e graça de Deus. E por sua vez, isso nos dá uma imagem clara de nossa condição espiritual: *estamos espiritualmente mortos*. Além de Deus e da vida espiritual que Ele nos dá, não temos vida. Nós não somos apenas espiritualmente doentes e carentes da cura de Deus. Somos corpos espirituais que precisam da ressurreição que só Deus pode nos dar. Não podemos dar a nós mesmos e não podemos sequer ajudar Deus a fazê-lo. É um retrato de nossa total e abjeta dependência de Deus.

Esse milagre nos mostra aquilo que falamos no capítulo 10: Deus é a razão da vida. Vemos isso na ressurreição de Lázaro obrada por Jesus, mas é o presságio de sua declaração superlativamente poderosa: "Eu sou a ressurreição e a vida", que, de certa forma, é uma declaração de arrepiar. Podemos acreditar que essa alma querida que amava seus amigos e que chorou quando eles choraram é a mesma que criou a Lua, o Sol e as estrelas? Jesus declara que Ele é "a ressurreição e a vida" e, a seguir, prova, levantando um cadáver morto havia quatro dias para respirar, andar, para a vida consciente. Ao ressuscitar Lázaro dentre os mortos, Jesus queria que todos víssemos aquilo que talvez ninguém tivesse visto ainda: que Ele era Deus, o próprio Autor da vida. Uma vez que conseguimos entender isso, não só pensamos em Jesus de forma diferente, mas pensamos na vida de forma diferente também. Quando vemos árvores explodindo em folhas, e quando vemos ovos chocando para produzir as aves que voam no céu, pensamos nEle, o homem que chorou no túmulo de seu amigo. O milagre de Lázaro é a maneira de Deus nos forçar a ver que fora desse Jesus não há vida. Ele — o homem humilde, que teria uma morte horrível em um curto espaço de tempo — foi quem criou o mundo e a vida, e os sustenta desde então e até agora.

14. A ressurreição

Morte, não te orgulhes, embora alguns te provem
Poderosa, temível, pois não és assim.
Pobre morte: não poderás matar-me a mim,
E os que presumes que derrubaste, não morrem.
Se tuas imagens, sono e repouso, nos podem
Dar prazer, quem sabe mais nos darás? Enfim,
Descansar corpos, liberar almas, é ruim?
Por isso, cedo os melhores homens te escolhem.
És escrava do fado, de reis, do suicida;
Com guerras, veneno, doença hás de conviver;
Ópios e mágicas também têm teu poder
De fazer dormir. E te inflas envaidecida?
Após curto sono, acorda eterno o que jaz
E a morte já não é; morte, tu morrerás.
John Donne

O grande poeta Inglês John Donne, em seu famoso poema, declara aquilo em que os cristãos sempre acreditaram: que a morte foi assassinada em uma tumba, e que ambas não podem mais nos deter. Donne não se refere especificamente a esse túmulo porque não é necessário. Como bispo inglês, é nisso que ele e todos os cristãos têm crido: que a ressurreição de Jesus abriu a porta, conduzindo o caminho daquele túmulo e da morte para a liberdade e a vida eterna. Mesmo que a Morte ainda permaneça ao longo dos séculos, acaba morrendo. Mesmo que cada um de nós morra, podemos todos viver de novo agora, para sempre. Essa crença está na civilização ocidental há quase vinte séculos, mas é tão radical que pode ser facilmente tida como comum, pode ser ignorada como metafórica, como algo semelhante a dizer que cada primavera traz vida nova, ou que "a vida brota eterna". Mas não devemos tomá-la como comum. A morte da Morte não se refere ao ciclo recorrente da primavera. Pelo contrário, se a ressurreição aconteceu, trata-se do evento — simultaneamente histórico e lendário — do qual o recorrente ciclo da primavera é uma mera sombra.

A verdadeira derrota da Morte espera um evento tão improvável quanto se possa imaginar: em um túmulo de pedra talhado, fora de Jerusalém, o próprio cosmo, e não apenas o cosmo material, mas o universo temporal também — o que significa espaço e tempo — gira e reverte o curso, desfazendo a maldição da morte que havia caído sobre nós no Jardim do Éden. Isso é um mito bonito ou algo milagroso que literalmente aconteceu?

Como é possível que um ser humano morto, que real e verdadeiramente se tornou um cadáver inerte, com todos os atributos desagradáveis de fluidos corporais congelados e *rigor mortis*, possa reverter seu curso e voltar a ter vida, um ser humano que respira, caminha, fala e come? Não pode haver dúvida de que é impossível; portanto, para que isso aconteça, seria necessário um milagre nada pequeno.

A CENTRALIDADE DA RESSURREIÇÃO

A alegação de que isso aconteceu não é só importante para a fé cristã; é superlativamente central e crucial. Segundo o apóstolo Paulo, se não aconteceu de fato, não há nada mais para discutir sobre o cristianismo. O que Paulo disse foi que se Cristo não ressuscitou literalmente, a fé cristã é inútil. Se isso não acontecer, nossos pecados não poderão ser perdoados e lavados, de modo que a ideia central da fé cristã — que a morte e a ressurreição de Jesus fundamentalmente transformam e redimem cada um que coloca sua fé nEle — evapora. Se Ele não ressuscitou dentre os mortos, nós não renasceremos da morte, e ela vencerá. De fato, Paulo enfaticamente diz que se Jesus não ressuscitou dos mortos, "dentre todos os homens somos os mais dignos de compaixão".

Alguns estudiosos de século anteriores parecem ter perdido ou desconsiderado a passagem em que Paulo deixa isso tão claro como o dia. Eles parecem querer dizer: *Bem, hum... Não sejamos tão apressados. Podemos explicar isso. Se Jesus não ressuscitou literalmente dentre os mortos — porque a ciência é agora suficientemente avançada para nos dizer que nada disso poderia ter acontecido —, nem tudo está perdido! Pelo contrário, vamos ver o que podemos salvar desse naufrágio.* Então, eles dirão de forma comovente que Jesus não ressuscitou corporalmente, e sim *espiritualmente*, seja lá o que isso possa significar. Dirão que ele ressuscitou "no coração de seus discípulos"! Mas isso não é nada mais que um ardil retórico e uma falsidade linguística; que, em termos práticos, não tem sentido. É como se eu dissesse a minha mulher: *Deixe-me ajudá-la com essas sacolas pesadas — metaforicamente falando.* Ou como se dissesse a meu locatário: *O cheque do aluguel está no correio, espiritualmente falando.* Ou como se dissesse a minha filha: *Eu a amo tanto! Morreria por você, em sentido figurado!*

Pois bem, como estudiosos podem dizer tais coisas? Não é nenhum grande mistério. No ponto em que estão, não têm escolha. São materialistas que rejeitaram a ideia de uma ressurreição literal e, com isso, todos os outros tipos de milagres genuínos. Mas supervalorizando o mundo materialista e rejeitando a ideia de algo sobrenatural, é com ironia que eles inflam a metáfora para além do ponto de ruptura. Dizem que isso não pode acontecer literalmente, porque tudo que existe é o mundo natural e material. Então, de alguma forma, indo além do mundo material sem *literalmente* ir além dele, apenas colocamos todos os nossos ovos sobrenaturais em uma cesta metafórica. Eles vão pegar todas essas coisas que nós pensamos como irreais — porque arbitrariamente limitamos a realidade à percepção física, natural e sensorial — e colocá-las em uma cesta que existe *somente em nossa mente*, a qual, na verdade, não é real, mas que inflaremos até o ponto de um *tipo* de realidade. Faremos nossa definição circunscrita da realidade e correremos ao redor dela, e *voilà*, eis a quadratura do círculo. Mas isso eles também fizeram só na mente. O círculo deles ainda é tão circular como qualquer outro.

Mas parece claro, pelo que escreve, que Paulo já tinha ouvido isso antes, séculos à frente de seu tempo. De modo que ele definitivamente antecipou esse tipo de pensamento com a famosa passagem citada. E os pais da Igreja e a própria Igreja, em seus concílios, ratificaram seu pensamento como canônico. Não há como escapar. É tudo ou nada. Os cristãos não têm a opção de se proteger disso. Toda nossa crença é pregada com base nesse milagre. Podemos ignorar o que Paulo escreveu ou tentar marginalizá-lo, mas, ao fazer isso, marginalizaremos a nós mesmos do grande rio do pensamento cristão ao longo dos últimos dois milênios. Reivindicamos um pequeno afluente como o "verdadeiro rio" e remamos sozinho em um pântano.

Observando a famosa passagem de Paulo, vemos que ele não só diz o que diz como também o ressalta dramaticamente, trazendo à tona suas implicações fatais. Ele sela o portão e, a seguir, de novo e de novo. Ele diz que se Jesus não ressuscitou dos mortos, ficamos com absolutamente nada, e menos que nada, porque não só não teremos o perdão dos pecados ou qualquer outra coisa, como seríamos os mais dignos de compaixão dentre todas as pessoas do mundo; seríamos patéticos. Ele está dizendo que se Jesus não ressuscitou corporalmente dentre os mortos, estamos em situação pior que os pagãos e os infiéis.

O que Paulo faz nessa passagem é semelhante ao que Elias faz no primeiro livro dos Reis. Elias arma uma espécie de competição com os sacerdotes de Baal; ambos constroem altares de madeira, e, a seguir, pedem a seus respectivos deuses que os incendeiem; mas Elias derrama litros e litros de água em seu altar, como se dissesse: *Se Deus é Deus, creio que não só Ele pode incendiar a madeira, como pode fazê-lo se estiver molhada.* E, naturalmente, Deus a acende. É um esforço para enfatizar coisas, para aumentar as apostas de forma dramática, e é isso exatamente o que Paulo faz nessa passagem. Ele diz que não podemos ter as duas coisas. Ou Jesus ressuscitou corporalmente os mortos ou não, e se não, perdemos tudo e mais um pouco. Então, não nos enganemos.

Se alguém disser que o milagre da ressurreição não importa, lembre que Paulo diz que é mais importante que qualquer outra coisa; e 2 mil anos de Igreja têm dito o mesmo. Se alguém nos disser que Jesus "se levantou no coração dos discípulos", seremos obrigados a sorrir e dizer: "Legal", mas, infelizmente, não funciona. É uma contradição fundamental do que Paulo e todos os cristãos vêm dizendo desde o primeiro século.

Então, essa é a grande questão: esse milagre *realmente* aconteceu?

Antes de responder a isso, eis o maravilhoso poema de John Updike "Seven Stanzas at Easter" [Sete estrofes para a Páscoa], no qual ele defende o mesmo argumento:

Make no mistake: if he rose at all
It was as His body;
If the cell's dissolution did not reverse, the molecule reknit,
The amino acids rekindle,
The Church will fall.

It was not as the flowers,
Each soft spring recurrent;
It was not as His Spirit in the mouths and fuddled eyes of the
Eleven apostles;
It was as His flesh; ours.

The same hinged thumbs and toes
The same valved heart
That-pierced-died, withered, paused, and then regathered
Out of enduring Might
New strength to enclose.

Let us not mock God with metaphor,
Analogy, sidestepping, transcendence,
Making of the event a parable, a sign painted in the faded
Credulity of earlier ages:
Let us walk through the door.

The stone is rolled back, not papier-mache,
Not a stone in a story,
But the vast rock of materiality that in the slow grinding of
Time will eclipse for each of us
The wide light of day.

And if we have an angel at the tomb,
Make it a real angel,
Weighty with Max Planck's quanta, vivid with hair, opaque in
The dawn light, robed in real linen
Spun on a definite loom.

Let us not seek to make it less monstrous,
For our own convenience, our own sense of beauty,
Lest, awakened in one unthinkable hour, we are embarrassed
By the miracle,
*And crushed by remonstrance.**

A RESSURREIÇÃO REALMENTE ACONTECEU?

A ideia de que não há provas suficientes para tomar uma decisão informada sobre algo tão extraordinário e antigo como a ressurreição de Jesus dos mortos é, por si só, surpreendente e difícil de acreditar. Muitas pessoas (este autor é uma delas) acreditam que nunca poderemos saber muito mais

* Não se engane: se Ele se levantou/ foi como Seu corpo;/ Se a dissolução da célula não se reverteu, a molécula não se teceu de novo,/ Os aminoácidos se reacenderam,/ A Igreja vai cair.// Não foi como as flores,/ Recorrentes a cada suave primavera;/ Não foi como Seu Espírito na boca e nos olhos aturdidos dos/ Onze apóstolos;/ Foi como Sua carne; nossa.// Os mesmos polegares e dedos/ o mesmo coração vascular/ Que perfurado morreu, secou, pausou, e depois recomposto/ Pelo Poder duradouro/ Nova força para encerrar.// Não zombemos de Deus com metáfora,/ analogia, evasão, transcendência,/ Fazendo do evento uma parábola, uma placa pintada na desbotada/ credulidade de épocas anteriores:/ Vamos atravessar a porta.// A pedra está rolada, não papel machê,/ não uma pedra em uma história,/ Mas a grande rocha de materialidade que na moagem lenta do/ tempo eclipsará para cada um de nós/ A vasta luz do dia.// E se temos um anjo no túmulo,/ Façamos dele um anjo real,/ Pesado com o quanta de Max Planck, vívido com o cabelo, opaco à/ luz do amanhecer, vestido de linho real/ Tecido sobre um tear definido.// Não tentemos tornar isso menos monstruoso,/ Para nossa própria conveniência, nosso próprio senso de beleza,/ Para que, despertados em uma hora impensável, sejamos envergonhados/ Pelo milagre,/ E esmagados pelo protesto. (N. T.)

sobre isso do que sobre onde Adão e Eva estão enterrados, ou se Caim e Abel tinham sardas, ou como era a voz de Noé. Mas a vida e a morte de Jesus tiveram lugar bem dentro dos tempos históricos, e essas outras coisas certamente não. A *Ilíada* e a *Odisseia* foram escritas sete séculos antes. As peças complexas e brilhantes de Eurípides, Sófocles, Ésquilo foram escritas mais de quatro séculos antes, e todos nós conhecemos Alexandre, o Grande, Aristóteles e Sócrates, que existiram séculos antes de Jesus nascer.

Sabemos tanto sobre o que aconteceu no tempo de Jesus — sobre o Império Romano, sobre o que aconteceu na Palestina durante a ocupação romana, sobre a vida e costumes judaicos naquele tempo e lugar —, que embora possamos não ter um excesso de conhecimento e evidência, temos, pelo menos, um bocado. De modo que vejamos se é possível determinar se o milagre dos milagres aconteceu ou não, ou se é realmente impossível dizer.

Devemos começar simplesmente citando as grandes controvérsias e argumentos que giravam em torno desse evento épico no reinado de Pôncio Pilatos. Daí já fica claro que Jesus realmente viveu, foi crucificado e colocado em um túmulo, e que no terceiro dia, o túmulo foi encontrado vazio. Quanto a isso, a dúvida é quase zero. A dúvida só aparece quanto ao modo que Jesus deixou o túmulo. Nossas duas únicas opções para responder são: Ele deixou o túmulo por meio da ressurreição ou por outros meios menos dramáticos.

ALGUÉM ROUBOU O CORPO DE JESUS?

No momento em que esses eventos aconteceram havia um contingente feroz que insistia em que os discípulos de Jesus haviam roubado Seu corpo. Outros afirmavam que os romanos o haviam roubado. Outros ainda diziam que os líderes religiosos judeus que se opuseram a Jesus haviam roubado o corpo. É muito fácil fazer essas afirmações. E é ainda mais fácil dizer que o corpo foi roubado, porque no uso da voz passiva, a atenção se centra no verbo "roubar" e se distrai do "quem". Porque, ao analisar bem, a ideia de que o corpo foi roubado torna-se cada vez menos plausível.

Pois bem, vamos analisar cada ladrão proposto, um de cada vez, começando com a ideia de que foram os romanos que tiraram o corpo do túmulo. Eles teriam sido os únicos capazes de fazê-lo. Quem mais poderia ter passado pelos guardas armados postados fora do túmulo? Para apreciar o que estava em jogo, devemos entender como era esse túmulo e quem tomava conta dele. Aqui está o trecho do Evangelho de Mateus:

No dia seguinte, isto é, no sábado, os chefes dos sacerdotes e os fariseus dirigiram-se a Pilatos e disseram: "Senhor, lembramos que, enquanto ainda estava vivo, aquele impostor disse: 'Depois de três dias ressuscitarei'. Ordena, pois, que o sepulcro dele seja guardado até o terceiro dia, para que não venham seus discípulos e, roubando o corpo, digam ao povo que ele ressuscitou dentre os mortos. Este último engano será pior do que o primeiro".

"Levem um destacamento", respondeu Pilatos. "Podem ir, e mantenham o sepulcro em segurança como acharem melhor." Eles foram e armaram um esquema de segurança no sepulcro; e além de deixarem um destacamento montando guarda, lacraram a pedra.

No mundo romano, o ato de "lacrar a pedra" era feito oficialmente, com toda a força de direito. Uma vez que a gigante pedra redonda era posta no lugar, cobrindo a boca do túmulo, os soldados romanos passavam nela uma corda com um selo de cera oficial, que apresentava a marca imperial. Haveria testemunhas oficiais e legais disso. Esse lacre era infinitamente mais ameaçador que a fita plástica preta e amarela da polícia. Também era mais intimidante que a grande pedra que fechava o túmulo. Isso porque, se alguém se atrevesse a violar um selo romano, correria risco de morte. Seria como cuspir em uma imagem de César. Além desse selo imperial, havia a guarda romana, o que não significa um único guarda, e sim um número oficial de dezesseis — quatro dos quais ficavam em pé durante seu turno, e os doze restantes sentados em um semicírculo em torno daqueles.

Dizer que alguém seria capaz de passar por esses dezesseis soldados armados para rolar a pedra e roubar o corpo é absurdo. Alguns disseram que talvez os guardas tenham sido subornados, mas é possível imaginar que nunca teria ocorrido às autoridades romanas que os guardas poderiam ser subornados? A natureza humana não mudou em dois milênios. As autoridades romanas bem sabiam que tais tentações existiam, por isso, se um guarda em tal posição fosse descoberto aceitando — ou até mesmo pensado em aceitar — suborno, teria sido morto de maneira abominável: crucificado de cabeça para baixo ou incendiado. Quando um policial em nosso mundo aceita suborno, há um julgamento e ele pode perder o emprego, e, talvez, ir para a prisão por um tempo, mas não é condenado à morte. Os soldados romanos, no entanto, sabiam que a morte era quase certa se falhassem em seu dever, e eram poderosamente inclinados a não aceitar suborno. Até o mais inocente deles sabia que um morto não poderia apreciar o dinheiro ganho.

E além de perguntar *se* alguém poderia roubar o corpo, temos que perguntar *por quê*. Quais poderiam ser seus motivos?

MOTIVOS PARA ROUBAR O CORPO

Vamos começar pelos romanos; sabemos que a razão de consentirem que Jesus fosse executado foi para acabar com o mal-estar que sempre ameaçava explodir entre os judeus em Jerusalém. Na *Pessach* [Páscoa judaica], essa ameaça aumentou drasticamente, por isso, se jogar uma esmola aos líderes religiosos judeus, executando essa figura popular, lhes daria uma maneira de manter o povo sob controle, por que não? Mas eles sabiam que se o corpo fosse roubado, seria muito pior do que se Jesus não houvesse sido executado, de modo que tomaram todas as precauções para evitar qualquer furto. Entender a dimensão dessa precaução é saber que a ideia de roubo é frágil demais para ser levada a sério.

Mas pelo bem da discussão, podemos imaginar que por algum golpe de sorte, imprevisto e inimaginável, o corpo poderia ter sido roubado. Já sabemos que os romanos não tinham nenhum motivo para fazer isso. Então, quais poderiam ser as razões dos outros dois candidatos?

Os líderes religiosos judeus estavam na mesma posição que os romanos. Para eles, manter Jesus morto era o motivo por ter se dado o considerável trabalho de tê-Lo matado. Provar que Ele não era o Messias e que seus discípulos eram religiosos malucos, enlouquecidos pela ideia ridícula de que seu Senhor ressuscitaria dos mortos, foi um grande motivo da execução de Jesus. Mas foi também o meio para acabar com a agitação que Eles e seus seguidores andavam causando. Ele havia sido um encrenqueiro de marca maior, jogara areia nas engrenagens bem lubrificadas da ordem política da qual era parte. Mas como Jesus se tornou mais proeminente, ousado e problemático, eles viram que a única maneira de lidar com Ele era matando-o de uma forma que parecesse legítima e legal. Quando Jesus entrou em Jerusalém montado em um jumento, para a lisonja da multidão amontoada, Ele se atreveu a se identificar como o Messias profetizado nas Escrituras. Isso foi demais, e já não havia outro jeito: Ele tinha que ser executado. Uma vez morto, deviam mostrar, sem qualquer sombra de dúvida, que permanecia morto. O leve sopro de uma possível ressurreição jogaria por terra todos esses planos.

Na verdade, esse era o único risco de matar Jesus: que alguém depois dissesse que Ele havia ressuscitado dos mortos, como supostamente alegara que faria. Então, qual poderia ser o motivo de os líderes religiosos roubarem Seu corpo, se fosse possível? E se, por alguma razão, roubaram o corpo, não teria sido para silenciar todos os que afirmavam que Jesus havia ressuscitado dos mortos? Se os líderes religiosos ou os romanos apresentassem o cadáver, isso teria acabado de uma vez por todas. Essa poderia ser a única razão para roubarem o corpo, se é que roubaram. Mas eles não apresentaram o corpo;

por quê? Devemos concluir que não o apresentaram porque não o tinham, e eles mesmos ficaram desnorteados com seu desaparecimento. De modo que a única coisa que poderiam ter feito quando viram que a tumba estava vazia e o corpo, desaparecido, era alegar que os discípulos o haviam roubado, para criar a impressão de que Jesus havia, de fato, ressuscitado dos mortos.

Os terceiros candidatos, e certamente os mais frequentemente citados, para o suposto roubo foram os próprios discípulos de Jesus. Teria sido muito mais difícil para eles passar pela guarda romana que para os romanos ou as autoridades religiosas judaicas. Uma vez mais, em nome da discussão, vamos supor que, de alguma forma, conseguiram. A pergunta permanece: por que fariam isso?

As autoridades religiosas disseram que teriam feito isso para manter a magia, por assim dizer, para manter o "movimento" vivo. Que movimento era esse? Não era um movimento político ou algum tipo de "causa". O único discípulo que poderia ter pensado nisso como um movimento político era Judas, que, a essa altura, já havia tirado a própria vida. Os demais discípulos e muitos outros seguidores de Jesus devotamente acreditavam que Ele era quem dizia ser: um rei de outro reino. Por que de repente todos pensariam que não havia problema jogar fora tudo em que acreditavam só para dar continuidade a algo? Se Jesus estava morto, o que havia para continuar? Se eles acreditavam que Ele estava morto, e obviamente acreditavam, deviam estar arrasados; e, pelo que tudo indica, estavam. Qual poderia ser o objetivo de tentar enganar o mundo, dizendo que Jesus havia ressuscitado dos mortos se eles próprios não criam? O que, em suas ações anteriores, nos levaria a acreditar que eram embusteiros desse tipo?

Mas, mais uma vez, pela discussão, vamos supor que essa ideia maluca de alguma forma fizesse sentido, que esses devotos fervorosos de repente mudaram tudo que sabemos sobre eles e tentaram "dar continuidade às coisas", seja lá quais fossem. Alguns deles não teriam dito a verdade *um dia*? Podemos realmente acreditar que em todos os anos que se seguiram, com todas as terríveis perseguições, nenhum deles teria mudado sua história? É também um fato bem estabelecido que, quanto mais pessoas estão envolvidas em uma conspiração, mais difícil é mantê-las caladas. Se fosse uma conspiração, dezenas de pessoas estariam envolvidas. Mas os seres humanos se quebram sob tortura e ameaças de morte, e, com o passar dos anos, sob o peso de sua própria consciência. Então, como é possível que esses muitos discípulos e outros seguidores devotos de Jesus pudessem todos continuar contando a mesma mentira por anos e anos? Com exceção de João, todos os discípulos foram condenados à morte por afirmar essas coisas. Podemos realmente imaginar que nenhum deles teria se retratado para salvar sua própria pele?

Não podemos ver, por suas próprias reações à notícia da ressurreição de Jesus — que eles mesmos não criam que era possível —, que ficaram boquiabertos quando ouviram dela? Não podemos observar, por todas as narrativas desse período, que eles não eram revolucionários coniventes e astutos, e sim seguidores sinceros de alguém belo, bondoso e verdadeiro, o qual realmente achavam ser o Messias prometido por Deus, que os levaria ao Reino do céu — mas que estava morto, pois o haviam visto ser morto e selado em uma tumba, e que não os poderia guiar mais, partindo o coração deles?

Mas se Jesus ressuscitou mesmo dos mortos, apesar do ceticismo inicial obviamente compreensível dos discípulos, podemos imaginar que eles se comportassem de outra maneira? Se O haviam visto ressurreto e, a seguir, O viram muitas vezes em seu corpo ressurgido, e se mais de quinhentas pessoas O testemunharam nos quarenta dias que se seguiram e todos falavam disso, não podemos imaginar que algo poderia tê-los dissuadido de contar ao mundo sobre isso, apesar de terem sido perseguidos e assassinados um a um ao longo dos anos que se seguiram?

A "TEORIA DO DESMAIO"

Outra ideia de arrepiar os cabelos é a da incorreta teoria do desmaio, ou, para dignificá-la mais, a hipótese do desmaio. Ela foi proposta e popularizada pela primeira vez cerca de duzentos anos atrás. A teoria afirma que Jesus não morreu, apenas caiu em um "desmaio" ou coma temporário. Embora nos dias de hoje, por conta da ciência médica e outras evidências, a ideia seja risível, devemos considerá-la, porque ainda aparece em livros de vez em quando.

É importante lembrar que Jesus foi açoitado horrivelmente, e deve ter sangrado bastante como resultado, tanto que estava fraco demais para carregar a cruz até o local da crucificação. Um açoitamento promovido pelos cruéis soldados romanos, armados com um flagelo, não é algo que se desejasse contemplar. O flagelo tinha vários fios, e no final de cada um estava afixado um pedaço de osso ou de metal, que mordia e rasgava a carne do flagelado. Eusébio, historiador do terceiro século, diz que as "as veias foram desnudadas, e [...] os músculos, tendões e entranhas da vítima estavam abertos à exposição". Pelos registros da história, não temos a impressão de que as demais vítimas de crucificação eram açoitadas e brutalizadas dessa forma. Muitas das pobres almas que foram crucificadas viveram em agonia por dois a quatro dias, ou mais, sobre suas cruzes. Diz-se que Jesus morreu em seis horas, e quando Pilatos soube, ficou espantado. (A reação de Pilatos ao saber da morte de Jesus é um dos muitos detalhes nas narrativas do Evangelho que parecem bizarros demais para ser inventados.)

Sabemos também que as mãos e os pés de Jesus foram pregados na cruz. Dá para imaginar que esses pregos perfurando Suas mãos e pés não teriam lhe tirado uma quantidade considerável de sangue? Sabemos também que, como o pôr do sol estava se aproximando naquela sexta-feira à tarde, os soldados queriam que as três vítimas crucificadas estivessem mortas antes do anoitecer. Na verdade, devemos esclarecer que eram as autoridades religiosas que queriam vê-los mortos antes do anoitecer, pois tê-los nas cruzes no sábado, aos seus olhos, profanaria o *shabbat*. Por isso, por conta desse monstruoso detalhe religioso, os crucificados ao lado de Jesus tiveram as pernas cruelmente quebradas na altura das canelas, esmagadas com um martelo de ferro pesado pelos soldados. Com as pernas assim quebradas, ficava impossível para esses homens erguer-se para respirar, e logo sufocariam. Mas os soldados romanos só fariam isso se a vítima ainda estivesse viva, é claro. À primeira vista, Jesus parecia estar morto, mas, para ter certeza, um dos soldados espetou o Seu flanco com a lança. Jesus não se moveu, por isso, parecia claro que Ele estava realmente morto. Pelo menos era prova suficiente para os soldados romanos, que tinham muita experiência nisso e davam muita importância a esse detalhe. Como mais uma prova para nós de que Ele estava morto, os escritores dos Evangelhos dizem que algo que parecia "sangue e água" fluía da ferida. Dois mil anos atrás, as testemunhas oculares e os escritores do Evangelho não tinham ideia alguma do que isso significava, mas a ciência médica de hoje nos diz que depois que alguém morre, o sangue dentro do corpo começa a coagular e se separa do soro aquoso. Então, podemos saber agora o que eles não sabiam: que quando o soldado romano perfurou Jesus com sua lança, Ele já estava morto havia algum tempo.

Também temos que pensar sobre o que aconteceu depois que se confirmou a morte de Jesus. O corpo da maioria das vítimas de crucificação ficava na cruz, onde as aves comiam sua carne. Essa visão horrível servia como alerta para quem pensasse em desafiar as autoridades romanas. Se e quando esses corpos fossem baixados, seriam jogados em um poço, onde os cães e outros animais os comeriam. Mas sabemos que José de Arimateia, que era muito rico, armou-se de coragem para se aproximar de Pilatos e "implorar" pelo corpo de Jesus. Pilatos o atendeu, e José de Arimateia, então, concedeu a Jesus a dignidade de ser enterrado em um túmulo seu. Convenientemente, o túmulo ficava perto.

Descer um corpo morto de uma cruz não era fácil. Os grandes pregos teriam que ser removidos. Se houvesse a menor vida em Jesus, certamente José de Arimateia, ou a mãe de Jesus, Maria, ou os outros o teriam testemunhado; de fato, teriam se esforçado para vê-la. Mas, como isso seria possível, dado o que Ele havia passado, e se os soldados romanos estavam convencidos de que Jesus estava morto? O texto nos diz que eles estavam com pressa de enterrá-lo na tumba porque o pôr do sol estava chegando. Jesus morreu às três da tarde, por isso, não teriam muito mais tempo para tirá-lo da cruz e transportá-lo para o túmulo. O procedimento normal para um corpo ser enterrado seria ungi-lo com especiarias, mas embora Maria e outras mulheres tenham feito o que podiam no pouco tempo que tinham, não puderam terminar, de modo que planejavam retornar o mais breve possível depois de passado o sábado, ou seja, ao nascer do sol na manhã de domingo.

Pois bem, temos que ver que tudo que os Evangelhos registram faz sentido. Onde estão as lacunas nesses relatos? São todos lógicos, dado tudo que sabemos agora. De fato, como sabemos muito mais hoje, podemos dizer que esses relatos são muito mais lógicos agora do que teriam parecido dois séculos atrás, quando a teoria do desmaio foi proposta pela primeira vez.

MANHÃ DE DOMINGO

Podemos considerar também os vários relatos do que aconteceu no início daquela manhã de domingo. Tudo que sabemos sobre isso aponta para o fato de que, naquele sábado, todos os discípulos de Jesus o consideravam morto. Não há qualquer indício de outra possibilidade, e dado o fato de Ele ter falado de Sua ressurreição, isso é, em si, estranho e triste. Fosse qual fosse a fé que eles poderiam ter tido nisso, parece ter evaporado pelos acontecimentos dos dias anteriores. Segundo essa suposição, Maria Madalena, a mãe de Jesus e uma mulher chamada Salomé foram tristes, mas obedientes, ao Jardim do Sepulcro ao nascer do sol do domingo, para terminar o que não haviam sido capazes de concluir na sexta-feira à tarde. Se algum dos discípulos houvesse subtraído o corpo, certamente essas mulheres teriam sabido. Mas elas esperavam encontrar o corpo de Jesus ali. Nos primeiros versículos do capítulo 16 do Evangelho de Marcos, elas perguntam umas às outras quem vai ajudá-las a rolar a pedra. Sabemos que era uma pedra grande, cobrindo completamente a entrada, que tinha um metro e meio de altura. Alguns sugeriram que seriam necessários muitos homens para movê-la. Mas quando as mulheres chegaram, a pedra já havia sido removida.

Os quatro relatos evangélicos variam em alguns detalhes. O Evangelho de Mateus diz “E eis que sobreveio um grande terremoto, pois um anjo do Senhor desceu dos céus e, chegando ao sepulcro, rolou a pedra da entrada”. O texto continua, dizendo: “Sua aparência era como um relâmpago, e suas vestes eram brancas como a neve. Os guardas tremeram de medo e ficaram como mortos". Imaginamos o que esses guardas teriam pensado se houvesse um grande terremoto seguido por um anjo resplandecente que rolasse a enorme pedra. Certamente não esperavam por isso, e seu senso inato de que algo avassalador e genuinamente sobrenatural estava acontecendo teria mandado seu treinamento militar para o espaço. O Evangelho de Marcos diz que quando as mulheres chegaram ao sepulcro vazio e viram o anjo no túmulo, ficaram amedrontadas. E depois que o anjo falou com elas: "Tremendo e assustadas, as mulheres saíram e fugiram do sepulcro". É de admirar? Somos obrigados a perceber que aqueles guardas e essas mulheres não estavam mais acostumados que nós hoje a ver esse tipo de coisa. Seria surpreendente supor que os guardas haviam se contaminado com o medo e depois corrido para Jerusalém para contar aos líderes dos sacerdotes "tudo o que havia acontecido", como o texto diz? Quais foram suas opções após a tumba ter sido aberta e o homem morto que deveriam custodiar ter desaparecido do mapa com fanfarra sísmica e angelical? O texto prossegue dizendo que os anciãos de Jerusalém deram aos guardas dinheiro suficiente para garantir que ficassem calados sobre o que haviam visto, e para que dissessem que os discípulos haviam roubado o corpo, um boato efetivo repetido por séculos e ainda hoje.

Sabemos também que foram essas mulheres que informaram aos discípulos que Jesus não estava no túmulo, dizendo que um anjo havia lhes aparecido e contado o que acontecera. Naquela cultura patriarcal, não faz muito sentido colocar esses detalhes nas Escrituras, a menos que houvessem realmente acontecido como descritos. Se o relato fosse inventado, com certeza as mulheres seriam as últimas cogitadas para ser as primeiras a ver o túmulo. Na verdade, de acordo com o que seria de esperar, depois que elas correm para contar aos discípulos o que aconteceu, Pedro e os outros não acreditam nelas. Os discípulos, "não acreditaram nas mulheres; as palavras delas lhes pareciam loucura". Isso ressalta o simples fato de que, naquele momento, todo mundo pensava que Jesus só poderia estar morto.

Existe tanta dificuldade em relação a cada uma dessas teorias que, por mais louco que pareça, a alternativa mais plausível, segundo os fatos que conhecemos e a lógica que emana deles, é que Jesus ressuscitou dos mortos. A menos, é claro, que descartemos a ideia, como fazem muitos. Mas, ao fazer isso e descartar a possibilidade de todos os milagres, qual seria a explicação para tudo que sabemos agora? E como descartar essa ideia é diferente de aceitá-la, ou a qualquer outra, sem pensar criticamente e analisar todas as alternativas? Com base em quê podemos fazer isso?

Novamente devemos lembrar que a ressurreição dos mortos era tão implausível antes como é hoje, e que foi tão desconcertante para aqueles que passaram a crer nela quanto para os que não creram. Isso, e somente isso, pode explicar a repentina ousadia com que aqueles que acreditaram falavam sobre o assunto. Só porque haviam testemunhado um milagre extraordinário foi que tiveram a coragem de falar dele sem parar, apesar de terem sido ameaçados de morte se não parassem. Para eles, a realidade da ressurreição foi o modo como a autoridade de Deus manifestamente superou todas as autoridades terrenas. Não era apenas uma ideia teológica, e sim uma realidade que testemunharam. Eles próprios haviam testemunhado o poder de Deus — e da pessoa de Deus — na ressurreição de Jesus de Nazaré. Depois disso, nada neste mundo poderia dissuadi-los de crer, e nenhuma autoridade neste mundo poderia inibi-los de proclamar. Eles não tinham medo da morte porque a haviam visto ser vencida por aquele que dizia ser "a ressurreição e a vida". Eles podem ter sido chamados a crer antes, mas, depois da crucificação e da ressurreição, não restou dúvida nenhuma.

O que fazer com pessoas assim? Como os romanos aprenderam, não muito. Parte do milagre da ressurreição é que ele fortaleceu tanto um grupo heterogêneo de pescadores e coletores de impostos que estes se sentiram encorajados a se posicionar contra toda autoridade e poder terrenos, e, por fim, derrubariam a antes inviolável ordem do poderoso Império Romano. A história nos diz que isso aconteceu. Então, que melhor explicação pode ser oferecida para o ocorrido? A menos que tenhamos perdido algo, não existe outra. E se não existe outra, somos convidados a nos submeter à lógica do que agora sabemos: que o mais celebrado e mais desprezado milagre dos milagres realmente aconteceu; e, talvez — o mais milagroso de tudo — ainda possa ser entendido como real.

15. Como os milagres podem mudar sua vida

Nós, seres humanos, vivemos no mundo natural, o mundo da natureza, da matéria e do tempo. Conceber o que isso pode significar e que não é fácil que algo entre em nosso mundo de espaço e tempo vindo de fora. Mas quando acreditamos que existe um Deus que criou este mundo de espaço e tempo, já aceitamos a ideia do milagre.

Os maiores milagres da Bíblia são exemplos claros desse conceito. O nascimento de Jesus na gruta de Belém — o que chamamos de encarnação — é o exemplo típico da eternidade entrando no tempo. Deus, que é por definição externo ao tempo e espaço, que é separado de sua criação de tempo e espaço, de repente entra no tempo e espaço na forma de um recém-nascido humano. Mas, na verdade, essa é uma afirmação poética e nada precisa. A eternidade entrou no tempo não no estábulo em Belém, quando Jesus saiu do ventre de Maria, e sim no momento em que Deus tocou seu ventre e um zigoto humano se formou nele. Na verdade, foi nesse segundo que Deus veio a este mundo, e não nove meses depois.

Da mesma forma que, na ressurreição, a vida de Deus rompe e divide a morte em dois, como uma árvore poderosa, que cresce em uma calçada, rompe o cimento. Aí também a eternidade entra no tempo. Os cristãos acreditam que nesse momento toda a realidade foi alterada, foi resgatada. Por meio desse ato de Deus, ressuscitando Jesus no túmulo, um caminho foi aberto entre o céu e a terra, entre este reino — o reino do tempo e do espaço — e o reino da eternidade. Subitamente havia um caminho entre eles, e assim foi o próprio Jesus, crucificado e ressurreto. E por causa dessa quebra de fronteira entre esses dois reinos, cada ser humano que já viveu pode agora fazer essa viagem também. O céu de repente foi aberto para nós. Jesus o abriu e podemos tomar esse caminho.

Antes não havia nenhuma barreira entre nós, Deus e a eternidade. No

Jardim do Éden, Deus andava com Adão e Eva. Não havia separação entre Ele e sua criação. Mas na queda do homem, independentemente de como se interprete essa história, a liberdade que ele teve um dia chegou a um abrupto fim. É a história infinitamente trágica de nosso abandono da eternidade e da presença de Deus, de nosso ser exilado de seu verdadeiro lar. Assim, a história de Jesus é a história de resgate, de nos trazer de volta ao lugar ao qual pertencemos, onde deveríamos estar desde o início. Há uma grande poesia nesse trabalho. É como se Jesus escapasse do céu para a terra nesta minúscula forma de vida, o ser humano unicelular, e então crescesse e crescesse; mas para sair deste mundo e voltar à eternidade, Ele teria que morrer. E Ele estava disposto a fazer isso por nós. E depois que morreu, Deus O ressuscitou, e o trajeto entre o céu e a terra foi novamente aberto. Jesus poderia voltar para o céu, e agora poderia nos levar para lá consigo.

Se aceitarmos pela fé o que Ele fez, já teremos voltado ao Paraíso e seremos capazes de viver sem essa barreira entre o céu e a terra. Pela fé somos capazes de experimentar o milagre como uma parte natural de nossa existência. E nossa nova vida torna-se um prenúncio e uma promessa de que vamos fazer com plenitude quando morrermos, quando voltarmos de uma vez por todas para o lugar para o qual fomos criados, além do tempo e do espaço.

A ideia de que existe um Deus que nos ama e que deseja nos ajudar a ser aquilo que fomos feitos para ser, que quer que cresçamos até a medida que originalmente criou para nós, é um conceito impressionante. Dizer que esse Deus não está longe de nós, e sim sempre bem próximo, querendo se comunicar conosco e intervir em nossa vida para nosso benefício, é "fortalecer" uma ideia de um modo que ninguém poderia imaginar. Então, a pergunta que devemos fazer é: por que ignorar essa ideia ou até mesmo resistir ativamente a ela? O que poderia nos impedir de receber o benefício do maior recurso que se possa imaginar?

A primeira resposta seria simples ignorância. Nossa cultura é tão profundamente materialista que faz com que pensar em Deus assim pareça "não científico". Ou retrata Deus como nosso inimigo, e não como nosso amigo e defensor. Retrata Deus como alguém a ser evitado, como alguém que deseja nos restringir, e não como alguém que nos oferece maior liberdade. Mas há um grão de verdade em cada mentira, e o dessa é que o Deus da Bíblia é, de fato, muito parecido com um pai. Na verdade, a Bíblia diz que Ele é o nosso Pai celestial. Então, a questão é: que tipo de relacionamento temos com esse Pai? Somos adolescentes rebeldes que não confiam que o pai realmente tem em vista o melhor para nós, e é, portanto, alguém a quem resistir ou evitar?

Ou podemos acreditar que esse Pai é alguém que tem recursos que não temos, que tem a sabedoria que nunca poderemos ter, que nos conhece melhor do que jamais nos conheceremos, e que nos ama e quer nos abençoar além de nossa imaginação mais ousada? Estamos, talvez, confundindo Deus com nossos próprios pais, ou com figuras de autoridade em quem não era sábio confiar na vida? Em última análise, temos que nos livrar de nossas noções preconcebidas e fazer uma escolha informada sobre a mais importante de todas as questões. Não podemos deixar que as pessoas que arruinaram nossa vida quando éramos crianças continuem fazendo o mesmo hoje, eclipsando nossa visão do Deus que nos ama, mantendo-nos afastados da fonte de tudo que procuramos. É demais dizer que, na verdade, fazer essa escolha com base nos fatos mudaria nossa vida? Como sempre, temos que fazer a pergunta clichê: Queremos realmente mudar? Não temos um pouco de medo das implicações? E se estivermos errados?

Diante dessas questões, podemos procurar em Dietrich Bonhoeffer uma resposta. Dizem que certa vez ele afirmou: "O silêncio diante do mal é o próprio mal". E passou a dizer: "Não falar é falar. Não agir é agir". O princípio é que achamos que podemos evitar tomar uma decisão, mas não podemos. Podemos nos enganar pensando que estamos evitando a pergunta, mas evitá-la, evitar respondê-la, é respondê-la, quer reconheçamos ou não. Nós nos enganamos ao pensar que adiar a questão ou esperar mais tempo antes de respondê-la e tomar uma decisão nossa é sábio, mas, na realidade, é autoilusão e bobagem. O grande rio da cultura em que vivemos está fluindo nessa direção errada. Ele nos diz que o "agnosticismo" é o mais sensato, que não decidir é a decisão mais inteligente. Diz que se comportar como se o universo fosse tudo que existe é o caminho mais seguro. É fácil flutuar no extenso rio da cultura agnóstica, materialista, naturalista. Mas em nosso devaneio preguiçoso, Jesus faz a seguinte afirmação: "Entrem pela porta estreita, pois larga é a porta e amplo o caminho que leva à perdição, e são muitos os que entram por ela". Podemos fingir que não lemos essas palavras? Podemos fingir crer que Jesus não disse isso, ou, se disse, que ele era um maníaco religioso a ser ignorado?

Essa é a difícil situação em que nos encontramos. Tudo nos diz que se abrir para esse Deus é correr um grande risco; e é. Mas e se os fatos mostram que correr esse risco é muito mais seguro que não o correr? E se nadar para a praia, em vez de ficar boiando no grande rio de nossa jornada, for uma ação que salva vidas, porque o rio está ficando mais forte e mais rápido a cada segundo, e acabaremos não conseguindo chegar à margem, pois a corrente será muito poderosa e rápida, e só então ouviremos o rugido da cachoeira que vai nos destruir?

Essa é a questão.

Agradecimentos

Este livro não foi ideia minha, por isso, se alguém encontrar erros nele, pode encaminhá-los ao responsável. De fato, a ideia para o livro surgiu em uma conversa com meu editor, Brian Tart, a quem eu contei a história de um milagre que havia experimentado. Fomos almoçar no SoHo (desculpe pelo clichê), e eu mal havia acabado de contar minha história quando ele, brilhante e fortemente sugeriu que eu escrevesse um livro sobre milagres, e prestativamente prometeu me mandar um esboço para tal obra. Lisonjeado por sua insistência em que eu escrevesse o livro, não obstante rejeitei firmemente a ideia, e não apenas no início, mas cada vez que ele a sugeriu nos meses que se seguiram. Mas Tart foi muito persistente, e por fim disse que se eu não pudesse encontrar um jeito de escrevê-lo, ele ia encontrar alguém que o fizesse, porque achava que um livro sobre esse tema era muito importante. Visto que qualquer coisa que se diga é possível de ser feita, pode ter sido essa ideia que começou a me descolar da rocha na qual eu me havia fixado.

Gostaria também de agradecer a minha esposa, Susanne, por me ajudar a decidir escrever este livro. Sem seu incentivo para escrevê-lo, ele não existiria.

Por fim, gostaria de agradecer a orientação espiritual, ao longo dos anos, dos pastores e pessoas da Igreja de Saint Paul, em Darien, Connecticut, e da Igreja da Times Square, em Manhattan, Nova York. A abertura dessas comunidades e de seus líderes para o milagroso e sua vontade de respirar — corajosa e cautelosamente — o ar rarefeito do outro mundo, mudou minha vida e a de muitos outros.

TIPOGRAFIA Adriane por Marconi Lima
DIAGRAMAÇÃO Verba Editorial
PAPEL Pólen Soft
IMPRESSÃO Gráfica Bartira, março de 2015

FSC
www.fsc.org
MISTO
Papel produzido a partir de fontes responsáveis
FSC® C105484

A marca FSC® é a garantia de que a madeira utilizada na fabricação do papel deste livro provém de florestas que foram gerenciadas de maneira ambientalmente correta, socialmente justa e economicamente viável, além de outras fontes de origem controlada.